初心最美

国务院国资委党委宣传部　编写

红旗出版社

图书在版编目（CIP）数据

初心最美 / 国务院国资委党委宣传部编写. --北京: 红旗出版社， 2019.3

ISBN 978-7-5051-2076-1

Ⅰ. ①初… Ⅱ. ①国… Ⅲ. ①先进工作者—先进事迹—中国 Ⅳ. ①K820.7

中国版本图书馆CIP数据核字(2019)第040166号

书　　名	初心最美		
编　　写	国务院国资委党委宣传部		
出 品 人	唐中祥		
总 监 制	夏庆丰	责任编辑	朱小玲
总 策 划	董朝辉	内文设计	张　敏
出　　版	红旗出版社	地　　址	北京市沙滩北街2号
邮政编码	100727	编 辑 部	010-57274497
发　　行	北京华景时代文化传媒有限公司	电　　话	010-83638551
印　　刷	北京文昌阁彩色印刷有限责任公司		
开　　本	710毫米×1000毫米　1/16		
字　　数	248千字	印　　张	18.5
版　　次	2019年5月北京第1版	印　　次	2019年6月北京第4次印刷
ISBN	978-7-5051-2076-1	定　　价	68.00元

序言

习近平总书记在党的十九大报告中深刻指出："中国共产党人的初心和使命，就是为中国人民谋幸福，为中华民族谋复兴。这个初心和使命是激励中国共产党人不断前进的根本动力。"中国共产党成立以来，团结带领全国各族人民进行革命、建设和改革事业，始终坚定信仰的力量、怀着无限的忠诚、秉承不变的初心，走过了艰辛而辉煌的奋斗历程。初心，正是激励共产党人砥砺前行的不竭动力。

国有企业从诞生之日起就始终不忘初心、牢记使命，坚持党的领导、听从党的召唤、服从党的事业，与国家和民族的前途命运紧紧联系在一起，以卓越贡献支撑起共和国红色江山，铸造出新中国经济辉煌。在新中国成立后一穷二白的基础上，我们党通过发展一大批国有企业，在较短时间内建立起了独立的、相对完整的、有相当规模和较高技术水平的工业体系，奠定了我们国家以公有制为主体、以国有经济为主导，多种所有制经济共同发展的基本经济制度。改革开放以来特别是党的十八大以来，国有企业在改革开放中蓬勃发展，为我国经济社会发展、科技进步、国防建设、民生改善作出了历史性贡献，功勋卓著！功不可没！如果没有长期以来国有企业为我国发展打下的重要物质基础，就没有我国的经济独立和国家安全，就没有人民生活的不断改善，就没有我国今天在世界上的地位，就没有社会主义中国在世界东方的岿然屹立。

国有企业的初心，在一代代爱国奉献、开拓进取、坚韧不拔、勇攀高峰的国企人身上体现得淋漓尽致。在这个群星荟萃的光荣榜上，有以钱学森、邓稼先等为代表的老一辈科学巨匠，他们自力更生、艰苦奋斗，铸就了“两弹一星”彪炳史册的光辉伟业，极大地增强了民族自信心和自豪感；有以孟泰、王进喜等为代表的全国劳模，他们顽强拼搏、无私奉献，为国家分忧解难、为民族争光争气，为振兴中华注入了强大精神动力；有以王启民、许振超等为代表的改革先锋，他们勇立潮头、敢为人先，书写了国有企业披荆斩棘改革发展的壮丽篇章；有以罗阳、黄群等为代表的时代楷模，他们履职尽责、许党报国，在得失抉择中坚守本心，在生死考验中挺身而出，用热血乃至生命铸就了一个时代的精神高地；有以陈建新、郭旭光等为代表的青年楷模，他们朝气蓬勃、斗志昂扬，在劈波斩浪中开拓前进，在攻坚克难中创造业绩，向世人展示了当代国企青年奋发有为的时代风貌。

在喜迎中华人民共和国成立 70 周年之际，国资委党委宣传部与红旗出版社精心编辑推出的《初心最美》这本书，生动记录了新中国成立以来国有企业战线部分先进典型人物的奋斗励志故事。这些先进典型怀抱崇高理想、充满奋斗激情，是走在时代前列的奋进者、开拓者、奉献者，是国资国企战线广大干部职工学习的榜样。希望国有企业广大干部职工以习近平新时代中国特色社会主义思想为指导，树牢“四个意识”、坚定“四个自信”、坚决做到“两个维护”，不忘初心、牢记使命，始终沿着习近平总书记擘画的社会主义现代化强国宏伟蓝图阔步前进，以先进典型为榜样，把奉献铭记在国资国企事业中，把光荣镌刻在祖国大地上，为做强做优做大国有资本、培育具有全球竞争力的世界一流企业，为实现“两个一百年”奋斗目标、实现中华民族伟大复兴中国梦贡献力量。

国资委党委书记、主任 郝鹏

二〇一九年五月

目 录
CONTENTS

第一章
勿忘初心，忠诚报国，把国企做强做优做大

第二章
秉持初心，坚定理想，耸立起精神支柱

第三章
坚定初心，履职担当，把工作当事业做

第四章
永葆初心，艰苦创业，用奋斗赢得幸福

第五章
不负初心，夙夜在公，甘为人民谋幸福

第一章

勿忘初心，忠诚报国，把国企做强做优做大

一个正在走向伟大复兴的民族不能没有精神力量，春意盎然的事业不能没有“时代楷模”引领。在“时代楷模”身上，能见美好初心、信仰信念，能见人格风骨、家国情怀，彰显着为祖国美丽富强和人民美好向往而不懈奋斗的至诚大爱。

习近平总书记说：“伟大时代呼唤伟大精神，崇高事业需要榜样引领。”榜样的力量是无穷的。新中国成立 70 年来，许多国有企业涌现出一批又一批先进典型、英雄模范人物，他们站在时代的前列，艰苦奋斗，开拓创新，爱岗敬业。平凡之中见伟大，关键时刻显本色，在广大党员、领导干部和员工中有着广泛的影响力和较强的感召力。他们是新时代最可爱的人，犹如一面面旗帜、一盏盏明灯，挺立起推动“中国号”巨轮破浪前行的精神桅杆，汇聚起砥砺前行的磅礴力量。

哪里有榜样，哪里就有新气象。大力学习和宣传“时代楷模”和先进典型，形成崇尚先进、学习先进、争当先进、追求卓越的浓厚氛围，是我们党的优良传统，也是新时代党的建设的重要工作。时代楷模、先进人物的事迹可亲可敬可信可学，在国有企业中广为传颂。榜样的精神鼓舞人、启迪人，在许多国企人心中引发共鸣，焕发初心不改、信仰弥坚的品格，培育至诚奉献、为民造福的情操，激励我们撸起袖子加油干，凝聚起同心共筑中国梦的磅礴力量。

习近平总书记指出，在中华民族几千年绵延发展的历史长河中，爱国主义始终是激昂的主旋律，始终是激励我国各族人民自强不息的强大力量。热爱祖国、报效祖国的方式有很多种，最美的方式则是为祖国不懈奋斗。不忘初心、忠诚报国，是根据追求的目标献出全部精力乃至整个生命的心态和行为，体现了“鞠躬尽瘁，死而后已”的精神，表现为忠于职守、默默耕耘的品格。忠诚是一种责任。责任源于忠诚，忠诚激发责任，体现敬业精神。“石可破也，而不可夺坚；丹可磨也，而不可夺赤。”忠于祖国，忠于人民，忠于事业，既是政治素养层面的要求，又是具体实践的要求。

“修身、齐家、治国、平天下”的传统情怀，“学必有成、学成必归、归必报国”的现代精神，是中国知识分子的内心使命和无上荣光。新中国成立 70 年来，从钱学森、邓稼先、郭永怀等一批知识分子，到郭明义、罗阳、王小谟、张黎明等一批又一批“时代楷模”、先进人物，他们既是有形的正能量，也是鲜活的价值观。他们心有大我、至诚报国，既见信仰信念，又见人格风骨，更见家国情怀，彰显着为中国梦不懈奋斗的至诚大爱。他们将个人理想追求融入波澜壮阔的国家和民族事业当中，始终与党和国家的发展同向同行，把为国争光的拳拳赤子之情、报国之志和巨大热情投入伟大祖国的崇高事业之中。他们不计名利、无私奉献，为国家建设倾注了全部心血，对国家、对人民一往情深，为国家和人民建立了彪炳史册的功勋，谱写了绚丽的人生篇章，昭示了人生价值，书写了传奇故事。

家是最小的国，国是千万家，国有企业的党员干部的生命体验都与家国紧密相连。爱国、奉献，重在践履，贵在立行，从来都是实实在在的具体行动，需要用热血绘就，用奋斗书写。2015 年 7 月，习近平总书记在吉林调研期间强调，坚持国有企业在国家发展中的重要地位不动摇，坚持把国有企业搞好、把国有企业做强做优做大不动摇。国有企业是中国特色社会主义的重要物质基础和政治基础，是中国特色社会主义经济的“顶梁柱”。我们是优秀的中华儿女，要不忘初心、牢记使命，不畏艰难向前方；我们要把亲爱的祖国变得更加美丽富强，谱写新时代的华章！

英雄无悔报国志

旗帜领航

“爱国”一词，古已有之。倡导爱国主义、表达爱国热情，在任何时代、任何国家，都是主旋律。《汉纪·惠帝纪》中也有“亲民如子、爱国如家”的道德要求。《礼记·儒行》说：“苟利国家，不求富贵。”可见，早在古代，爱国情感就已在中华大地广为播扬，成为中华民族的凝聚力和精神的支撑点。

在中华文化中，“家”和“国”两个概念始终一体不二。许多志士仁人胸怀家国、心有大我，自觉将个人追求与国家、民族的前途命运紧密联系在一起，融入人民创造历史的伟大奋斗之中，留下了许多可歌可泣的感人事迹，建立了彪炳史册的功勋。

热爱祖国，是一个民族的神圣感情，是一个有觉悟的人的崇高美德。列宁有句名言：“爱国主义就是千百年来固定下来的对自己的祖国的一种最深厚的感情。”习近平总书记在纪念五四运动 100 周年大会上的讲话中指出：“爱国主义是我们民族精神的核心，是中华民族团结奋斗、自强不息的精神纽带。”艾青诗云：“为什么我的眼里常含泪水？因为我对这土地爱得深沉。”对国有企业每个党员干部而言，爱国是再朴素不过的情感，是再自然不过的认同，也是再基本不过的责任。爱国情怀，是沉醉于璀璨文明中的由衷赞叹，是仰望高高升起的五星红旗时的激动骄傲，是留恋大好河山时的无限热爱。

楷模风采

在他心里，祖国为重，科学最重，名利最轻。5 年归国路，10 年“两弹”成，开创祖国航天，他是先行人。钱学森（1911—2009），1959 年加入中国共产党，世界著名科学家，中国火箭、导弹、航天事业的奠基人，中国“两弹一星”功勋奖章获得者。中国实现强国之梦，钱学森功不可没。

资深评论家米博华在《钱学森的青少年时代》的序言中写道：“20 世纪 80 年代中期，我曾在一次关于‘科学与艺术’的学术报告会上得瞻钱学森的风采，至今历历在目。由于听众甚多，十分拥挤，只能踮着脚尖眺望。钱学森具有磁石一样的魅力：宽大敞亮的前额，慧光四射的眼神，清新儒雅的语言，仰之如望云霓。尤其是，他对未知世界的不懈探索，对学术创新的理解宽容，以及在和年轻人交流时的谦逊态度，给所有人都留下难以磨灭的印象。”

1911 年 12 月，钱学森出生于上海一个正直、爱国、进步的知识分子家庭，他后来的人生道路受这个家庭影响很大。幼时的钱学森天资聪颖，悟性极高，记忆力特强，3 岁时已能背诵百首唐诗宋词。他在父亲钱均夫爱国思想的熏陶下，决心以科学技术复兴中华为己任。在读书时，他就有好几位地下党员朋友。此外，他还参加过共产党外围组织的活动，并通过各种渠道知道了工农红军和红色根据地的存在。他读过马克思、布哈林等人的书，从而认可了唯物史观和辩证唯物主义。1934 年 6 月，钱学森考取了清华大学公费留学。

1935 年 9 月，钱学森到美国麻省理工学院航空系学习，只花了一年时间，他就戴上了飞机机械工程硕士的方尖帽。1936 年，钱学森转学到加州理工学院。他是慕名而来：这所学院有一位空气动力学教授，是这一领域的顶尖人物——冯·卡门。冯·卡门抬头仔细打量着这位仪表庄重、个子不高的年轻人，提出了几个问题，钱学森稍加思索便作了准确回答。冯·卡门暗自赞许：这个中国人思维敏捷而又富于智慧，于是收下了这位高才生。钱学森先后获航空工程硕士学位和航空、数学博士学位，冯·卡门提升钱学森为助手和科学研究伙伴。

从 1935 年到 1955 年，钱学森在美国度过了 20 年，在航空科学上取得了卓越的成就，成为有名的火箭专家，为美国的军事科学做出了贡献。1947 年，刚刚 36 岁的钱学森被美国麻省理工学院聘为终身教授。这是一个很高的荣誉，它预示着钱学森将享有优厚待遇和远大前程。钱学森说："我在美国前三四年是学习，后十几年是工作，所有这一切都在做准备，为了回到祖国能为人民做点事——因为我是中国人。"

姓钱非爱钱，大义薄云天。钱学森在美国被誉为"在美国处于领导地位的第一位火箭专家"，金钱、地位、声誉都有了，然而他始终眷恋着生他养他的祖国。1949 年，钱学森得知新中国成立了，顿时沉浸在极大的喜悦之中，并下定决心，立誓回到魂牵梦绕的祖国。他对中国留学生说："祖国已经解放了，国家急需建设人才，我们要赶快把学到的知识用到祖国的建设中去。"

1950 年 8 月，他在洛杉矶被美国司法部移民归化局扣押。美国当局不想让"可抵得上五个师"的钱学森返回祖国，于是无中生有，说他是"中国间谍"，同年 9 月 7 日把他逮捕，关在特米诺岛的拘留所 14 天。即便如此，钱学森仍不改归国初衷。他想：我的根在中国，我能够放下在美国的一切，但不能放下祖国。他被同事以 1.5 万美元保释后，他的行动处处受到移民局的限制和联邦调查局特务的监视。在被监视的 5 年当中，钱学森在教书之余，不忘继续研究自己的学术，并在 1953 年发表了《从地球卫星轨道上起飞》一文，1954 年出版《工程控制论》一书，引起了该行业领域的轰动。钱学森没有屈服，向美方提出严正抗议，回国的决心更大了。

钱学森向祖国求救，周恩来想方设法营救他回国。中国政府公开发表声明，谴责美国政府监禁钱学森。1955 年，中国最高人民法院依法判决，提前释放 11 名美国飞行员。

1955 年 8 月 4 日，11 名美国飞行员抵达中国香港的当天，美国撤销了禁止中国留学生回国的限制——钱学森终于获准回国。途经马尼拉港时，美联社记者问钱学森："你是不是共产党员？"钱学森坦率地回答："我还不够格做一名共产党员，而共产党人是具有人类最崇高理想的人。"

钱学森回国后，任中国科学院力学研究所所长、研究员。他做的第一件事就是调整学科方向，将纯理论研究调整为国家需要的航空发动机方向。1956 年，钱学森提出了《建立我国国防航天工业的意见书》，详细地阐述了中国导弹、火箭工程的发展、建设规划，受到党中央的高度重视。

同年，毛泽东在中南海接见了钱学森。毛泽东说："学森同志呀，听说美国人把你当成 5 个师呢！我看呀，对我们来说，你比 5 个师的力量大多啦！我现在正在研究你的工程控制论，用来指导我们国家的经济建设呢！"毛泽东告诉钱学森，国家决定根据他的工程控制论，组织各个学科各个部门一起奋力搞导弹，请他这个工程控制论的创始人来牵这个头。中国建立的第一个导弹、卫星试验基地，也请他当负责人。

在国家的扶持下，钱学森主持成立了中国第一个火箭、导弹研究机构——国防部第五研究院，而钱学森是该研究院众多科研学者的领头人。为了让从未接触过导弹的学者尽快地融入导弹、火箭的研发之中，钱学森首先给新分配过来的 156 名大学生和一些专家教授讲述了《导弹概论》，并亲自拟订空气动力学、发动机等相关专业的学习计划。

1958 年初，钱学森提出入党申请，之后被党组织批准为预备党员。1959 年 11 月 12 日，钱学森成为正式党员，他激动得彻夜难眠。他终于成为共产党人，成为长久以来他心中认为"具有人类最崇高理想的人"。

1960 年，苏联撕毁了支援中国的工业项目的合同，包括给我们提供原子弹、火箭、导弹样品的合同，撤走了所有援华的科学家，中断了援助。这无疑是"釜底抽薪"，中国的航天事业面临着夭折的危险。赫鲁晓夫甚至扬言："有人不愿参加核保护伞，要自己搞。我看不仅得不到原子弹，到时恐怕连裤子都穿不上。"

疾风知劲草，国难显忠良。苏联撤走专家的第二天，钱学森来到聂荣臻元帅家里，两人深情地对视着，久久没有说话，还是聂荣臻元帅先问："你觉得我们的事业还能顺利继续下去吗？""能，当然能！"钱学森坚定地回答。从来不在外国人面前服输的他，脸上充满着自信。因为他已作了全面的分析和反复的思考，他深信自己的专家队伍有共同的人生经历、共同的爱国热情、共同的强国之愿、共同的强国之尊，这样的队伍是过硬的、可靠的。

钱学森与专家们多次会商，迅速调整、修订了研制计划，大大加快了事业的进程。钱学森和专家们一样，吃粗干粮、睡帐篷，同甘共苦。尽管国外对我国进行技术封锁，但是钱学森的科研队伍能攻克重重难关。在钱学森领导下，以工程控制论作为指导，在 1960 年 11 月 5 日，中国发射了第一枚导弹，准确命中目标！

1964 年 10 月 16 日，中国自行研制的第一颗原子弹爆炸成功！两年之后的 1966 年 10 月 27 日，中国第一枚携带核弹头的中程导弹打靶试验发射成功。9 分 14 秒后，核弹头在距发射场 894 公里之外的罗布泊弹着区靶心上空 569 米的高度爆炸。原子弹、导弹结合完全成功，使我国的国防力量到达了世界尖端的位置，震惊了全世界。

钱学森强调创新，“科学精神最主要的就是创新”，敢于突破传统观念和思维定式，敢于研究别人没有研究过的科学前沿问题。他 28 岁就与导师一起建立了“卡门—钱近似公式”，成为世界知名的空气动力学家，后来又开创了工程控制论、物理力学两门新兴学科。在我国航天事业的创立和发展过程中，他又提出了一系列有创见的理论思想，如现代工程科学技术理念、系统工程管理理论、总体设计部思想等。技术创新、体制创新和管理创新的有机结合，促使我国航天在较短时间内、用较少的投入实现了跨越式发展。

一个个重大科技成果，一个个重要科学贡献，在钱学森为实现国家富强的奋斗过程中产生，它充分说明这样一个道理：中国的知识分子以及不甘落后的国企人，只要把自己的命运和振兴中华的伟大事业结合在一起，他们的人生价值就是无法用具体数字估量的。

中国拥有“两弹”之后，下一个目标便是拥有人造地球卫星，以强有力的火箭把“星”送上太空。1965 年 1 月 8 日，钱学森正式向国家提交报告，建议早日制定我国人造卫星的研制计划并列入国家任务，这引起了党中央和国务院的高度重视。领导研制发射人造卫星的神圣使命又历史地落到了钱学森和他的科研队伍肩上。

要将理论设计变为现实，关键在于精密研制和艰苦试验。在钱学森领导下，经过 3 年紧张攻关，排除了各种干扰，最终顺利完成各项任务。1970 年 4 月 24 日，在戈壁大漠的试验场，"长征 1 号"运载火箭喷射着橘红色烈焰，负载"东方红 1 号"卫星腾空而起，疾速地飞向太空。"箭星分离！"卫星轨道平面与地球赤道平面夹角 68.5 度，绕地球一圈 114 分钟。同日晚上 9 时 50 分收到了卫星发射的《东方红》激越的乐章。中国是继美国、苏联、法国、日本之后，成为第五个自行研制并发射卫星成功的国家。

"西方游学子，归来敌百师。一星兼两弹，建国谱天书。青衫封将印，科技等大儒。天功开物者，不与圣贤殊。"钱学森的一生坎坷曲折，但他挺直了民族的脊梁，不愧为国人的骄傲。钱学森为中国导弹、航空、火箭等科学技术的发展付出了 40 多年的努力，有着"中国导弹之父""火箭大王""中国航空之父"之美誉。由于他回国效力，中国导弹、原子弹的成功发射至少加快推进了 20 年。

他是知识的宝藏，是科学的旗帜，是中华民族知识分子的典范。1991 年 10 月，国务院、中央军委授予钱学森"国家杰出贡献科学家"荣誉称号、一级英雄模范奖章。随后，钱学森又担任中国科学技术协会的名誉主席。1999 年 9 月 18 日，中共中央、国务院、中央军委授予他"两弹一星"功勋奖章。这位"两弹元勋"，用他对党和人民的忠诚、对国家的卓越贡献书写了 98 岁人生的壮丽篇章。

励志延伸

2012 年 1 月 18 日，习近平同志来到国家最高科技奖获得者闵恩泽家中，亲切看望他并致以诚挚的问候和新春的祝福，听取他对深入实施人才强国战略的意见和建议。习近平同志高度赞扬闵恩泽放弃国外优厚生活待遇回到中国，为发展我国石油化工事业做出的突出贡献，要求广大科技工作者学习闵恩泽等老一辈科学家的爱国奉献精神。

闵恩泽（1924—2016），1994 年当选中国工程院院士。我国炼油催化应用科学的奠基人、石油化工技术自主创新的先行者、绿色化学的开拓者，2007 年度国家最高科学技术奖获得者，并被评为“感动中国 2007 年度人物”。2011 年，一颗小行星被永久命名为“闵恩泽星”。

闵恩泽，1924 年出生在四川省成都市，自幼酷爱读书，为人忠厚。1942 年秋，闵恩泽从成都来到重庆，以优异的成绩考入国立中央大学（今南京大学）。1946 年大学毕业后，他按银行家舅父吴晋航的建议来到上海，经过考试，被分配到中国纺织建设公司下属的上海第一印染厂实习。一年后被分配到漂炼车间担任值班技术员，手下有 120 多名工人，每周值班 7 天，每天工作 12 个小时。

1948 年 3 月，闵恩泽带着一张只够半年生活费和学费的外汇支票，以及借来的 25 美元，登上了去美国的“哥顿”号邮轮，开始了在美国的求学经历。1948 年 12 月，闵恩泽获得硕士学位，随后继续攻读博士学位。1950 年与陆婉珍喜结伉俪。1951 年获得博士学位。

1951 年至 1955 年，闵恩泽在美国芝加哥纳尔科公司工作。因此，他有机会在实践中了解一家工业公司如何从市场、用户那里发现科研课题，然后在实验室研究，解决后又如何回馈用户、开拓市场，获得了宝贵的工业开发经验。闵恩泽夫妇工作后收入很高，生活优渥。1955 年，他们毅然舍弃国外优越的工作生活条件，历尽波折，返回祖国。

青春投学，爱国有志。对闵恩泽来说，爱国是盼望祖国富强的深切愿望，是他为祖国忘我工作的不竭动力。1955 年，闵恩泽加入石油工业部北京石油炼制研究所，接手的第一份工作是铂重整催化剂试验。铂重整工艺生产的甲苯是生产硝基苯的原料，后者则用来生产炸药，对国防有重要意义。

闵恩泽回忆说：“1956 年，我去大连石油研究所第一次看到催化剂实物。我们这一批承担任务的科研人员中，没有一个人经历过从实验室几十克催化剂开始，一直到成吨催化剂生产的过程。我们就边实践边学习，不断总结经验教训，不断前进。”

从 1960 年开始，闵恩泽承担了研发国防急需的小球硅铝裂化催化剂的任务，并将其推向工业化。石油工业部决定自力更生在兰州炼油厂建设自己的小球硅铝裂化催化剂厂，闵恩泽被任命为副总指挥，负责解决催化剂厂建设期间所有技术问题，包括工厂设计、开工方案、操作规程以及分析化验等。

1964 年 5 月，兰州小球硅铝裂化催化剂厂开始试运转，首先防止了水玻璃高压釜超温，后又攻克了油柱成型柱反混、干燥带湿胶球干燥不透、焙烧炉进气口堵塞等一系列问题；一座年生产能力 2400 吨的小球硅铝裂化催化剂厂正式投产，所生产出的催化剂的性能完全达到了从苏联进口的催化剂水平，其中完整率、抗磨损性能和杂质含量等都优于苏联产品，而且价格仅为进口催化剂的一半。最重要的是，当时兰州炼油厂库存的进口催化剂只够运转两个月了，小球硅铝裂化催化剂厂的及时建成投产，保障了军用和民用航空汽油的供应。

当闵恩泽沉浸在成功的喜悦中时，病魔悄悄向他袭来。由于患上肺癌，闵恩泽右肺的两片肺叶被切除，并取掉了一根肋骨。

1965 年，一座千吨级的微球硅铝裂化催化剂制造工厂在兰州炼油厂建成投产。从实验室研究开始算起，只用了 5 年时间。按常规程序，至少需要 8 年到 10 年时间。后来，这个工厂又经过少量技术改造，生产能力达到了 8000 吨 / 年。在长期的摸索实践中，闵恩泽成长为一名优秀的石油炼制催化剂专家。

20 世纪 80 年代初，我国石油炼制催化剂已赶上世界先进水平，并开始面临与国外催化剂在国内市场上的竞争，因此迫切需要开发一些具有中国特色和自主知识产权的催化剂。

闵恩泽在石油化工科学研究院筹建了基础研究部，在新催化材料、新反应工程等方面进行了多年的实践，逐渐形成这样的认识：新催化材料是创造发明新催化剂和新工艺的源泉，新反应工程是发明新工艺的必由之路。在这两个领域组织开展的研究成果丰硕，如主持了新型分子筛、非晶态合金等新催化材料，磁稳定流化床、悬浮催化蒸馏等新反应工程的导向性基础研究。发明的异晶导向合成和磷酸铝改性方法制备水热稳定性优异的 ZRP-1 分子筛，被评为 1995 年“国家十大科技成就”之一，支撑了“重油催化裂解制取低碳烯烃”新技术的开发；将雷尼镍的科学基础从晶态转为非晶态，引入稀土提高热稳定性，集成冶金急冷法与化学抽铝法；以磁稳定床代替釜式反应器，形成稳定有序的链式操作状态，设计磁场均匀反应器结构，在国际上首次实现非晶态合金和磁稳定床的工业应用；“非晶态合金催化剂和磁稳定床反应工艺的创新与集成”获 2005 年国家技术发明奖一等奖。

1995 年，闵恩泽主持化工部咨询项目“推进化工生产可持续发展的途径——绿色化学与技术”。他主持的“环境友好石油化工催化化学与反应工程”重大项目结题时被评为特优，还被评价为“促进知识创新和技术创新有机结合的成功范例”。

2008 年 1 月 8 日，国家科学技术奖励大会隆重召开，科技界的优秀人物聚集在人民大会堂。闵恩泽从胡锦涛同志手里接过 2007 年度国家最高科学技术奖证书。

在 2008 年 6 月 20 日中国石油化工集团公司举办的“闵恩泽先进事迹报告会”上，闵恩泽在题为《我还想再干点事》的发言中说：“在我获得国家最高科学技术奖之后，媒体常常问我，你获得的 500 万元奖金，准备怎么花？我告诉他们，用于科学家自主选题的 450 万元，准备用于中国石化发展战略性、前瞻性、基础性的课题，也就是明后天需要开展研究的课题。”

耄耋赤子，报国有恒。2008 年 2 月，中国石化总工程师曹湘洪院士与时任中国科学院副院长李静海商讨开展合作项目，邀请闵恩泽担任顾问，确定在新能源领域开发“微藻生物柴油成套技术”。2008 年 5 月，闵恩泽组织召开了微藻生物柴油技术研讨会，争取在 2015 年取得户外微藻生物柴油中型成套技术成果，为建设万吨级的微藻生物柴油示范装置奠定基础。

他的音容笑貌，他的嘉言懿行，使人萦绕于心，让人油生敬意，令人高山仰止、心灵震撼。闵恩泽获得国家最高科学技术奖后，撰写了两本关于创新的书：《石油化工——从案例探寻自主创新之路》和《博览实践创新》，并对 1997 年出版的《工业催化剂的研制与开发——我的实践与探索》一书进行了修订。“敢问路在何方，路在脚下。”这也正是闵恩泽创新之路的写照，一直向前走，就走出了属于自己的路。

在众多的国有企业中，尽管工作岗位不同、生产经营的品种不同，但都需要有一批鲜活生动、有血有肉的先进典型来激励人们实现心中的梦想。实践证明，哪里有榜样，哪里就有新气象。

伟大出自平凡，英模来自人民。担当正当时，初心常相随，砥砺精气神，远航至愿景。奋斗，是这一代人的梦想；报国，是这一代人的情结。把自己的人生和理想同祖国的前途、国企的命运紧密联系在一起，秉持初心，践行使命，至诚报国，矢志奉献，追求卓越，勇攀高峰。

奋力扬帆正当时

旗帜领航

中国近代史，写满了中华民族受世界列强侵略、欺侮的屈辱史实。“振兴中华”，一直是一代又一代炎黄子孙魂牵梦萦的追求。从历史逻辑看，自从中国共产党登上政治舞台以后，中国共产党团结带领人民经过长期奋斗，使中华民族实现了从站起来、富起来到强起来的伟大飞跃，用实践证明了只有中国共产党，只有社会主义，才能救中国。

爱国奋斗精神，是国企人以身报国的立德之本。国有企业广大知识分子发扬爱国奋斗精神，以生死不移的爱国之情、矢志不渝的报国之志，为民族复兴伟业而奋斗不息。以钱学森、邓稼先、郭永怀、黄旭华等为代表的老一辈科技工作者，用自己的忠诚和担当、智慧和才能、奉献和牺牲，书写了担当使命、奉献报国的奋斗之歌。

楷模风采

邓稼先（1924—1986），参加、组织和领导了我国核武器的研究、设计工作，是我国核武器理论研究工作的奠基者之一。从原子弹、氢弹原理的突破和试验成功及其武器化，到新型核武器的重大原理突破和研制试验，他均做出了重大贡献。在原子弹、氢弹研究中，他领导开展了爆轰物理、流体力学、状态方程、中子输运等基础理论研究，对中国第一颗原子弹的物理过程进行了大量模拟计算和分析，迈出了中国独立研究核武器的第一步；领导完成了中国第一颗原子弹的理论方案，并参与指导核试验前的爆轰模拟试验。1982 年获国家自然科学奖一等奖，1985 年获两项国家科技进步奖特等奖，1986 年获“全国劳动模范”称号，1987 年和 1989 年各获一项国家科技进步奖特等奖。

邓稼先出生于安徽省怀宁县一个书香门第。他的父亲邓以蛰是我国著名的哲学家和教育家，当时在北京大学任教。从中学时代开始，邓稼先越来越喜爱数学和物理，后来在高他两届的杨振宁的帮助下，学习进步很快。1937 年，北平沦陷后，他秘密参加抗日救国活动。1941 年，17 岁的邓稼先考入国立西南联合大学物理系。为了实现科技强国的夙愿，他刻苦读书，对科学知识孜孜以求，高唱着“千秋耻，终当雪；中兴业，须人杰”的西南联大校歌，走上科学之路。

1947 年，邓稼先参加了赴美研究生考试，一考即中。1948 年至 1950 年，他在美国普渡大学留学，获得物理学博士学位，此时他只有 26 岁，人称“娃娃博士”。他并没有被美国的优越生活和工作条件诱惑，毕业后谢绝了恩师和同校好友的挽留，毅然回到一穷二白的祖国，实现了他的诺言：“我学成后一定回来。”

邓稼先回国后，被分配到中国科学院工作。在北京外事部门的招待会上，有人问他带了什么回来，他说：“带了几双眼下中国不能生产的尼龙袜子送给父亲，还带了一脑袋关于原子核的知识。”1956 年 4 月，他加入中国共产党。1958 年 8 月的一天，中国科学院原子能研究所的一位领导对邓稼先说：“钱三强同志极力推荐你参加一项秘密工程——搞原子弹。”邓稼先听到这番话，兴奋得几乎跳起来。8 年前，他在美国普渡大学获得博士学位，为的不就是报效祖国吗？

当时搞原子弹，必须隐姓埋名，不能发表学术论文，不能公开做报告，不能出国，甚至不能随便和朋友交往。回到家里，他对妻子说：“以后家里的事，我可能无法帮你管了。我要调动工作，去干一件事。干好这件事，我这一生就过得很有意义，就是为它死了也值得。”要调往何处？去干什么？他却不能说。

1958 年 10 月，邓稼先告别妻子和两个幼小的儿女，和一大批科学家一起被调去研究原子弹。起初，他们准备接受苏联专家的培训，但不久，苏联撕毁协议、撤走专家。邓稼先率领 28 位平均年龄只有 23 岁的大学毕业生，开始了艰难跋涉。在没有资料、缺乏试验条件的情况下，邓稼先挑起了探索原子弹理论的重任。

邓稼先一方面办起“原子理论扫盲班”，亲自讲课、辅导并组织翻译和学习外文资料；另一方面思考原子弹研制的主攻方向。经过一段时间的认真分析，他决定选择中子物理、流体力学和高温高压下的物质性质三个方面作为他们的主攻方向，这意味着邓稼先和他率领的科学家团队要采用最原始的计算方法，向当时世界尖端科技进军。他们用算盘这样简单的工具进行相关的数学计算，其繁重程度可想而知。为了演算一个数据，一日三班倒，算一次，要一个多月，算九次，要花费一年多时间，常常是工作到天亮。作为理论部负责人，邓稼先跟班指导年轻人运算。每当过度疲劳、思维中断时，他都着急地说：“一个太阳不够用呀！”意思是说，要把一天时间当两天用。邓稼先带领一班年轻人夜以继日地轮班进行紧张的计算，用特性线法得出与苏联专家完全不同的突破性结论，从而解决了关系中国原子弹试验成败的关键性难题。

邓稼先，这个出身于书香门第的高级知识分子，对个人生活毫不讲究，不挑吃、不挑穿、不挑住。当时的工地食堂简陋，连桌椅都没有，人们打好饭菜只能端出来露天就餐，经常是几个人一伙，蹲在地上吃。

邓稼先在科研院所里费尽心血，有时工作到凌晨三四点钟，就和衣在办公室的长椅上休息，天亮又继续投入工作。他还经常到飞沙走石的戈壁试验场，冒着酷暑严寒现场指导核试验。他在试验场度过了整整 8 年，从而掌握了大量第一手资料。1964 年 10 月 16 日下午 3 时，蘑菇云从沙漠中升起，中国成功爆炸了第一颗原子弹！第一次核试验后，他率领研究人员迅速进入爆炸现场采样，以证实效果。

原子弹试验成功后，他立即组织力量，探索氢弹设计原理，选定技术途径，使氢弹的研制和实验取得了实质性进展。1967 年 6 月 17 日，中国成功地爆炸了第一颗氢弹，震惊了世界。

由邓稼先和周光召合写的《我国第一颗原子弹理论研究总结》一书，成为国内第一部有关核武器理论设计的开创性基础巨著。为了培养年轻的科研人员，邓稼先在从事领导研究工作的同时，还先后撰写了电动力学、等离子体物理、球面聚心爆轰波理论等方面的许多讲义，并着手编写了《量子场论》和《群论》等教材。

1972 年，邓稼先担任核工业部第九研究院副院长。1979 年，升任院长。1984 年，邓稼先在大漠深处指挥我国第二代核武器试验成功。谁料这竟是他一生中最后一次指挥核试验。1985 年 7 月，他在北京 301 医院被确诊为直肠癌，入院治疗。同事竺家亨再次看到邓稼先时，他已经接受了直肠癌切除手术。当时他还可以出门走动，一听说今天有工作会议，他马上说："我也去开会吧！"

1986 年 7 月 16 日，国务院授予他全国五一劳动奖章。同年 7 月 29 日，邓稼先病逝于北京。他临终时留下的话仍是如何在尖端武器方面努力，并叮嘱："不要让人家把我们拉得太远……" 1999 年，在中华人民共和国成立 50

周年之际，党中央、国务院、中央军委追授邓稼先“两弹一星”功勋奖章。

“唯大英雄能本色，是真名士自风流。”邓稼先的风度、气质有一种天然的亲和感，让那些矫饰作态的人相形失色。即使到了老年，他的笑容仍然有这个年龄段的人罕见的稚气。孟子说：“大人者，不失其赤子之心者也。”邓稼先无疑就是科技界永怀赤子之心的大英雄、真名士。他甘当无名英雄，隐姓埋名 28 年，在茫茫戈壁上日夜兼程，付出了何等艰辛与努力。他一直坚守不改的初心、不变的信念、不懈的追求，默默无闻地奋斗；常常在关键时刻，不顾个人安危，出现在危险的岗位上。他使中国的核武器发展快步推进了 10 年。

中国人民解放军高级将领张爱萍曾对邓稼先评价道：“邓稼先的名字虽然鲜为人知，但他对祖国的贡献将永载史册。他不愧是中华民族的好儿子，不愧是中国共产党的优秀党员，不愧是中国知识分子的优秀代表。”张爱萍悼邓稼先词：“踏遍戈壁共草原，二十五年前，连克千重关，群力奋战自当先，捷音频年传。蔑视核讹诈，华夏创新篇，君视名利如粪土，许身国威壮河山，功勋泽人间。”

邓稼先逝世后，著名物理学家杨振宁撰文悼念：“邓稼先是中华民族核武器事业的奠基人和开拓者。”“邓稼先是中国几千年传统文化所孕育出来的有最高奉献精神的儿子。”

励志延伸

改革开放以来，南仁东、钟扬等新一代科技工作者勇担重任、矢志报国，用灿烂人生唱响“我爱你中国”，在新时代书写了人生传奇。在喧嚣的尘世中，在向善的追求中，人们看到了一个个榜样：他们继承和弘扬优秀传统，秉持高远的理想与情怀，以国家繁荣昌盛、民族伟大复兴、人民幸福安康为己任，为中华民族伟大复兴献计出力。这种精神在当今弥足珍贵。

改革开放试验田“蛇口模式”的探索创立者袁庚，是招商局集团原常务副董事长、蛇口工业区管委会原主任。袁庚在少年时期追求革命真理，参加抗日救亡活动。1939年3月，加入中国共产党。历任两广纵队炮兵团团长、中央驻香港办事处主任、蛇口工业区党委书记等职。1978年，已经61岁的袁庚被交通部党组委派赴港参与招商局的领导工作。他不断冲破思想禁锢，大胆创新实践，提出了一系列与市场经济相适应的新观念，开展了一系列体制机制的新变革，率先在深圳打响改革开放“第一炮”，创办培育了我国第一个外向型工业园区——蛇口工业区，成为我国改革开放“排头兵”，并由此催生招商银行、平安保险等一批优秀企业。2003年，袁庚荣获香港特别行政区政府授予的“金紫荆星章”。2018年12月18日，党中央、国务院授予袁庚“改革先锋”称号。

2016年1月31日凌晨，袁庚因病医治无效，在深圳蛇口逝世，享年99岁。

纵观袁庚的一生，前半生他是个游击战士、炮兵指挥员、外交官，不曾涉足经济运作。但就是这个没有经济管理背景的人，在其后半生，抛开计划经济的束缚，成就了蛇口改革，也成就了自己激情澎湃的改革人生。改革开放之初，荒滩一般的蛇口被袁庚相中，成为经济开发区的试验田，已入花甲之年的袁庚就此展开了他激情澎湃的改革岁月人生。

袁庚执掌招商局时，创办于1872年晚清洋务运动时期的招商局已走过了100余年的历程。由于历史的变迁和时代的影响，当时招商局仅处香港一隅，实力薄弱。袁庚以开发蛇口为契机，为百年招商局注入了新的发展活力，将招商局从一个单纯的航运企业发展成为业务综合、实力强大的企业集团，创造了招商局历史上的第二次辉煌。

而在“以民为重”的政治体制改革中，媒体的监督作用被高度重视。袁庚曾对《蛇口通讯报》总编辑说，要“敢于刊登批评蛇口领导干部的文章，包括批评我的文章，目的就是让当官的敬畏百姓，而不能让百姓怕官”。当得知《蛇口通讯报》真的要登批评他的文章时，袁庚竟兴奋异常，要求批评稿“一字不改见报”，并立即召开全体干部大会宣告此事，从而开创了我国同级党报批评同级党委“一把手”的先例。1988 年，袁庚提出，要切实保卫宪法赋予的言论自由的神圣权利，绝不允许在蛇口发生以言论治罪的事情。

梁启超说：“人生须知负责任的苦处，才能知道尽责任的乐趣。”国有企业领导干部在其位就要谋其政，履职尽责，坚持胸怀大局、心有大我，把自身的前途命运同国家和民族的前途命运紧紧联系在一起，始终追求真理，艰苦奋斗，甘于奉献，将自己的人生融入实现民族复兴的历史洪流中。

追求卓越、不辱使命，尤为需要有使命意识和责任意识，尤为需要弘扬爱国奋斗精神，涵养家国情怀，把人心凝聚起来，增强对新时代爱国奋斗精神的思想认同、情感认同、价值认同。要学思践悟、知行合一，激发使命担当，坚定地为实现“两个一百年”奋斗目标、实现中华民族伟大复兴的中国梦而努力奋斗。

用生命书写励志歌

旗帜领航

忠诚，是完成神圣使命与成就人生不可或缺的要素。古往今来，无论是做官，还是为人，忠诚都是天下至德，都是一种值得敬佩的品质。岳飞“精忠报国”；杨家将满门忠烈，前仆后继、喋血沙场；林则徐抵御外侮，不辱使命、无怨无悔……这些感动天地的故事不胜枚举，这些英雄人物被一代又一代人奉为楷模，他们撑起了民族脊梁。

忠诚是一种发自内心的情感，是惠及他人的一种大德，是服从内心的信仰与信念。拥有忠诚品格的人总是尽心竭力为国家、为民众做好事。忠诚作为一种尽责意识，受理性力量的驱使，是对履行责任的态度和行为的督促。

国有企业党员干部要把忠于祖国、忠于人民、践行使命作为自己的基本立场和执着追求。自中国共产党诞生后，无数共产党人浴血奋战，视死如归，冲锋在前，头可断、血可流，不背叛党、不背叛同志、不背叛信仰，为了胜利不惜牺牲生命，是忠诚。在改革开放和为祖国建设做贡献的事业中，敢想敢干，敢抓敢管，为了真理、为了事业义无反顾、无怨无悔，是忠诚。

在对祖国、对人民忠诚问题上，不是抽象的而是具体的，不是有条件的而是无条件的。党员干部作为党和人民事业的倡导者、带领者和执行者，使命神圣，责任重大，必须具备比普通群众更严格的素质能力、更积极的精神状态，要有永远忠于职守、不完成使命绝不罢休的坚定信念，要有生命不息、奋斗不止的无私奉献精神，要有宁让生命透支、不让使命欠账的英勇气概。

楷模风采

2018 年 7 月，由中国科学院紫金山天文台发现的两颗小行星分别被命名为“郭永怀星”和“李佩星”。这对科学伉俪在空中重聚，光耀星空！郭永怀，中国力学科学的奠基人和空气动力研究的开拓者，是一位在中国原子弹、导弹和人造地球卫星领域均做出巨大贡献的科学家。

在美国留学和工作期间，郭永怀与钱学森合作完成重要数论论文，首次提出“上临界马赫数”概念并得到实验证实，为解决跨声速飞行问题奠定了坚实的理论。他也因此在国际学术界声名鹊起，成为康奈尔大学航空工程研究生院的三个著名攻关课题主持人之一。

郭永怀 30 多岁就受聘到康奈尔大学任教。郭永怀从事科学研究工作，经常会接触到一些机密资料，于是美方就要他填一张调查表，其中一项是“你为什么要到美国来？”郭永怀回答：“到美国来，是为了有一天能回去报效祖国。”

当年，他和钱学森一样，是美国不想轻易放走的尖端科技人才。1955年8月，《朝鲜停战协定》签订后，日内瓦中美大使级会谈开始，周恩来和美方进行了谈判。不久，美国政府取消禁止中国学者出境的禁令。郭永怀坐不住了，整天盘算着回国的事。美国的一些朋友劝他，康奈尔大学教授的职位很不错了，你的孩子将来在美国也可以受到更好的教育，为什么总是记着那个贫穷的家园呢？别人越劝，郭永怀越发火：“家穷国贫，只能说明当儿子的无能！”郭永怀曾说：“我只是新中国一个普通的科技工作者，我希望自己的祖国早一天强大起来，永远不再受人欺侮。”

1956年国庆节的前一天，郭永怀冲破重重阻力，义无反顾回到祖国。到北京后，毛泽东专门接见了他。在与周恩来见面时，周恩来对他说：“有什么要求和想法尽管提。”郭永怀说：“我和钱学森等同志相比，已经回来晚了，我只想尽快投入工作。”他如愿和钱学森、钱伟长一起投身刚组建的力学研究所的科技领导工作。1956年年底，刚刚成立几个月的力学研究所迅速发展为全国力学研究中心。不久，郭永怀受命出任研究所常务副所长。

1958年9月，当中国人民解放军炮击金门时，美国向中国台湾海峡地区大量增兵，将能装上核弹头的8英寸榴弹炮运抵中国金门。随后，美国多次进行了针对中国的核战争演习。一时间，核讹诈、核战争的阴云密布在新中国的上空。为了捍卫祖国的尊严和维护世界和平，毛泽东果断决定研制核武器，发展核工业。郭永怀临危受命，他与王淦昌、彭桓武形成了中国核武器研究最初的三大支柱。

1959年6月，苏联拒绝向中国提供原子弹技术资料，之后撤走所有专家。1960年，郭永怀负责力学和工程方面的领导工作。当时九院（今中国工程物理研究院）的首要任务就是在一无图纸、二无资料的情况下，迅速掌握原子弹的构造原理，开展原子弹的理论探索和研制工作。为了便于科技攻关，九院成立了四个尖端技术委员会，郭永怀领导场外试验委员会，负责进行核武器研制的试验和武器化。场外试验涉及结构设计、强度计算和环境试验任务，郭永怀一方面为科研人员传授爆炸力学和弹头设计的基本理论；另一方面致力于结构强度、振动和冲击等方面的研究，加速建立自己的实验室，组织开展一系列的前期试验。

在郭永怀的倡议和积极指导下，我国第一个有关爆炸力学的科学规划迅速制定出台，从而引导力学走上了与核武器试验相结合的道路。同时，郭永怀还负责指导反潜核武器的水中爆炸力学和水洞力学等相关技术的研究工作。此外，在潜地导弹、地对空导弹、氢氧火箭发动机和反导弹系统的研究试验中，他都做出了巨大贡献。

在对核装置引爆方式的采用上，他提出了“争取高的，准备低的，以先进的内爆法为主攻研究方向”的思路。为确立核武器装置的结构设计，他提出了“两路并进，最后择优”的办法，为第一颗原子弹爆炸确定最佳方案，对一些关键问题的解决起了决定性作用。这一方案不仅为中国第一颗原子弹研制投爆所采用，而且被中国整个第一代核武器研制投爆一直沿用。

为了加快核武器的研制步伐，1963 年，党中央决定将集中在北京的专业科研队伍，陆续迁往海拔 3800 米的青海高原地区。那里气候变化无常，冬季最低温度零下 40 摄氏度，一年中有八九个月要穿棉衣。加上缺氧和物资匮乏，试验现场十分荒凉，50 岁的郭永怀因此显得特别苍老，许多研究人员都营养不良，出现高原浮肿。郭永怀与年轻的科研人员一起，同甘共苦，喝碱水，睡铁床，风餐露宿，实在支撑不下去了，才钻进帐篷恢复一下体力。

他们在这种不为人知的险恶环境中奋战着，在绝境中固守信念、开辟新路，闯过了一道又一道艰难险阻。有好几次，郭永怀累得差点晕倒，但他稍作休息，又硬挺着和试验人员一道作业，一道攻关；他指导科研人员反复进行物理引线、引爆方式、环境试验和炸药爆轰波理论计算及安全论证等研究，一项一项熟练，一项一项突破，一天一天地把研究试验推向成功。

1964 年 10 月 16 日，中国第一颗原子弹爆炸试验成功！当蘑菇云扶摇升腾之时，全体工作人员一片沸腾，无不欢呼雀跃，但郭永怀却满含热泪瘫晕在试验现场，他实在太累了！现场有人说：“让郭院长休息一会儿吧……”

1965 年 5 月 30 日，周恩来和邓小平、贺龙等人在人民大会堂亲切接见了郭永怀等参加第一次、第二次核武器试验的专家和学者，并为他们设宴庆功。

原子弹的爆炸成功、党中央的鼓舞激励，使“郭永怀们”士气大振。1965 年 9 月，我国第一颗人造卫星的研制工作再次启动，郭永怀受命参与“东方红”卫星本体及返回卫星回地研究的组织领导工作。

在核弹武器化的后期研究中，郭永怀不断提出了一些具有独到见解的主张，后来的实践一次又一次地证明了这些主张的科学性和严密性。对于氢弹，郭永怀也从结构形式、弹体重量、减速装置等方面提出了一些科学见解，从而保证了我国第一颗氢弹空投试验的圆满成功。

1968 年 12 月 4 日，在青海基地忙了两个多月的郭永怀，在试验中发现了一条重要线索，他急着要赶回北京，把这个新得到的数据带回去。同事们劝他：“晚上不安全，您就明天去吧。”郭永怀笑笑说：“晚上好，睡一觉就到了。”

12 月 5 日凌晨，郭永怀带着第二代导弹核武器的一份绝密资料，匆匆乘飞机从青海基地赶往北京。飞机即将降落北京的机场时，不幸发生了。据唯一的重伤生还者回忆，在飞机开始剧烈晃动的时候，他只听到郭永怀大喊：“我的文件！我的文件！”飞机不幸坠毁。找到郭永怀的遗体时，在场的人失声痛哭：郭永怀与警卫员紧紧地抱在一起，费了很大力气将他们分开后，中间掉出一个装着绝密文件的公文包竟完好无损。

当天，周恩来正在中南海怀仁堂会见外宾，这时，一位秘书慌忙走了进来，对他耳语，说机场的一架飞机着陆时失事，乘客中有郭永怀。周恩来当场失声痛哭。

郭永怀牺牲 22 天后，我国第一颗热核导弹成功试爆，氢弹的武器化得以实现。“郭永怀是中国知识分子的表率，是中国共产党人的表率。”中国工程院原副院长杜祥琬曾动情地说。

“两弹一星”元勋、著名科学家朱光亚评价他：“郭先生是一位才华横溢、有远见卓识的著名科学家和技术领导人。他理论功底深厚、思维敏捷、思路开阔，而且注重理论联系实际，善于在工作中准确把握科学研究的方向。在中国工程物理研究院工作期间，郭先生始终深入到科研工作第一线，为中国核武器事业的发展做了许多开创性的工作。”

“两弹一星”元勋、著名科学家钱学森在《写在〈郭永怀文集〉的后面》中写道：“郭永怀同志是一位优秀的应用力学家，他把力学理论和火热的改造客观世界的革命运动结合起来了。”“作为我们国家的一个科学技术工作者，作为一个共产党员，活着的目的就是为人民服务，而人民的感谢就是一生最好的评价！”

斯人已逝，事迹不灭，精神长存。郭永怀精神激励着一代又一代国人。2016 年 10 月 16 日，在我国第一颗原子弹爆炸成功 52 周年纪念日之际，郭永怀事迹陈列馆在郭永怀家乡——山东荣成正式开馆。

郭永怀是中国科学技术大学的创始人之一，讲述郭永怀故事的《爱在天际》成为中国科学技术大学新生入学的必看音乐剧；2003 年，中国科学技术大学设立了“郭永怀奖学金”，激励广大学子像郭永怀那样为建设祖国努力学习、认真钻研。

2007 年 5 月 28 日，89 岁高龄的李佩带着随身的花布口袋，走出归国以后一直居住的中关村科源社区 13 号楼，来到中国工商银行海淀支行，将自己的全部积蓄 30 万元汇到中国科学技术大学，用以补充 2003 年成立的“郭永怀奖学金”。

励志延伸

忠诚不是一种纯粹的付出，忠诚会有忠诚的回报。用忠诚创造的价值，大部分可能不属于你，但忠诚赢得了信任，为你自己创造了好形象、好名声，使你拥有“无形资产”，让你的才华有一个施展的天地，有了可持续发展的前途。

新时代国有企业党员干部要有新作为，创造卓越业绩，形成和谐、融洽的人际关系，必须以忠诚为前提，把政治意识、大局意识、核心意识、看齐意识体现到日常工作生活之中。忠贞不贰是为人立世之本，是成长的力量源泉。要做讲忠诚的“知行合一者”，以“无我”示忠，以“小我”示忠，以“成仁之心”示忠，以“敢于担当”示忠。

忠诚是一种操守，也是一种坚守，具备忠诚品格的人可以扛住压力，抵制诱惑。我们今天讲忠诚，不仅是个人修养的要求，而且是政治上的明确要求。忠诚是政德体系中重要的原则和规范之一，是党性纯洁的重要标志，是衡量领导干部人品的基本准则，是权力运作过程中所展现出的一种德行、素质，是一种高于云天的信念，是一种不求回报的境界。

面对公和私、义和利、是和非、正和邪、苦和乐，是选择前者还是后者，体现的就是觉悟，最终检验的是对党和人民的忠诚。做到行稳致远的忠诚，就要敢担当，就要有作为，有不同凡响的业绩。对党忠诚就要敢于担当负责，敢于较真碰硬，面对矛盾敢于迎难而上，面对挑战敢于挺身而出，面对失误敢于承担责任，负重拼搏，奋发有为，这是新时代对党是否忠诚的重大考验。

力挽狂澜显本色

旗帜领航

岁月如流，很多事情如过眼烟云，不曾给人们留下记忆；许多东西则如昙花一现，在历史长河中烟消云散。而对于最美好的东西，人们都会倍加珍爱，使之化为真金永世流传。自古以来，中华民族英雄辈出。一代代英雄成为中华民族不屈不挠、追求真理的英勇精神的代表。英雄的风采仍使人们萦怀，英雄的情操仍使人们崇敬，英雄的精神仍激励着人们前进。

正如诗人臧克家在纪念鲁迅的诗中所言：“有的人活着，他已经死了；有的人死了，他还活着。”古往今来，生命的意义不在于人生的长度，而在于灵魂的高度。文天祥说：“人生自古谁无死，留取丹心照汗青。”即便是在和平时期，“一不怕苦，二不怕死”仍是中国共产党人苍劲风骨的真实写照。

今天，许多国有企业都有一大批党员干部讲奉献、讲担当、讲品格，以汗水、以鲜血、以生命践行着自己的誓言，忠诚党和人民的事业，为党的崇高目标而奋斗，为做强做优做大国有企业而拼搏，这是美好的初心内化于心、外化于行的信仰的力量、意志品质的展现，他们用信仰成就了“大写的人生”。

中国船舶重工集团有限公司第七六〇研究所的黄群、宋月才、姜开斌 3 位同志，用生命谱写了初心不改、信念当先、许党报国的壮歌，让人们再次感受到中国共产党人的信仰与忠诚。英雄已逝，精神长存，他们用实际行动诠释了共产党员对党忠诚、恪尽职守、不怕牺牲的优秀品格，用宝贵生命践行了共产党员“随时准备为党和人民牺牲一切”的初心和誓言。

楷模风采

2018 年 8 月 20 日，第 18 号台风“温比亚”过境，大连市深受其影响。停靠在中国船舶重工集团有限公司第七六〇研究所的国家某重点试验平台出现险情，罕见的暴雨狂风使平台剧烈摇晃。生命诚可贵，使命高于天。第七六〇研究所的 17 名同志首先考虑的不是个人安危，而是国家财产的损失，他们组成抢险队，冲上码头，把生死置之度外，迎战风浪，奋不顾身，对试验平台进行加固作业时，不幸被狂风巨浪卷进了大海，用生命保住了试验平台。他们践行了“随时准备为党和人民牺牲一切”的入党初心和誓言，用生命奏响了“履职尽责、许党报国”的时代壮歌。

“天地英雄气，千秋尚凛然。”面对台风和巨浪，黄群、宋月才、姜开斌 3 名勇士临危不惧，加固作业。监控视频里留下了他们一往无前的身影：300 米长的码头，一个巨浪袭来，他们倒下了；浪头过去，他们又站了起来，继续奋力前冲！

“浪打在身上很疼，睁不开眼睛，那时候考虑不了个人安危，就想赶快过去，把平台控制住，把平台上的人保住。”第七六〇研究所规划处副处长孙逊说，“黄群副所长就是那样一个人，如果还有一次这种情况，他还会是同样的选择。”

黄群 51 岁，宋月才 61 岁，姜开斌 62 岁，他们义无反顾地迎战风暴，与“飞夺泸定桥”的勇士们一样，以大无畏的英雄身手在沧海横流中彰显出中流砥柱的党员本色。在对试验平台进行加固作业过程中，他们被巨浪卷入海中，英勇牺牲，定格成顶天立地、力挽狂澜的英雄雕塑。牺牲的 3 位勇士已经年过半百，宋月才、姜开斌更是已经到了退休年龄，本该可以安度晚年，但是他们为了自己心爱的事业，依然奋斗在需要他们的工作岗位上，夜以继日，不辞劳苦，直到生命的最后一刻。

危险关头、关键时刻，最能看出一个人的品行。有的人会权衡取舍，瞻前顾后、进退失据。狂风呼啸、海浪汹涌，是迎上还是撤离？是前进还是后退？黄群、宋月才、姜开斌 3 位共产党员挺身而出时，没有多么复杂的心理活动；让他们义无反顾的，是共产党员的一腔热血，是为党为民的一片赤诚。在好友眼中，黄群虽然不会游泳，但他们相信：“只要他在那里，就一定会冲上去！这是职责所在！”

中国船舶重工集团有限公司第七六〇研究所抗灾抢险英雄群体的先进事迹经新闻媒体广泛报道后，在全社会引起强烈反响，广大党员干部和军工企业职工通过多种方式，表达对他们的敬重和悼念。大家认为，中国船舶重工集团有限公司第七六〇研究所抗灾抢险英雄群体的英雄事迹令人感动、钦佩，他们为保护国家财产，在关键时刻豁得出去、冲得上去，充分体现了新时代军工人对党忠诚、许党报国、献身国防的军工精神，为干部群众树起了一面鲜红的精神旗帜，必将激励广大党员干部不忘初心、牢记使命，努力创造无愧于时代、无愧于人民、无愧于历史的业绩。

2018 年“时代楷模”发布仪式在中央电视台举行，现场宣读了《中共中央宣传部关于授予中船重工第七六〇研究所抗灾抢险英雄群体“时代楷模”称号的决定》，播放了反映抗灾抢险英雄群体先进事迹的短片。中宣部负责同志为获奖群体颁发了“时代楷模”奖章和荣誉证书。

英雄是时代的标杆，爱国奉献是新时代奋斗者的价值追求。习近平总书记作出重要指示，黄群、宋月才、姜开斌 3 位同志面对台风和巨浪，挺身而出、英勇无惧，为保护国家重点试验平台壮烈牺牲，用实际行动诠释了共产党员对党忠诚、恪尽职守、不怕牺牲的优秀品格，用宝贵生命践行了共产党员“随时准备为党和人民牺牲一切”的初心和誓言，他们是共产党员的优秀代表、时代楷模。广大党员干部要以黄群、宋月才、姜开斌同志为榜样，坚定理想信念，不忘初心、牢记使命，履职尽责、许党报国，为实现“两个一百年”奋斗目标、实现中华民族伟大复兴的中国梦贡献智慧和力量。习近平总书记的重要指示是对壮烈牺牲的优秀共产党员的关怀和礼赞，也是对这个英雄群体的深切关爱。以黄群等同志为代表的抗灾抢险英雄群体，是贯彻落实习近平新时代中国特色社会主义思想的先进典型，也是新时代军工报国、产业报国的优秀楷模。要以英雄为榜样，学习他们不忘初心、牢记使命、坚定信念、履职尽责，为了自己热爱的事业、为了祖国的财产勇于献身的优秀品格；学习他们淡泊名利、清廉自守、清白做人、干净干事的道德情操；学习他们始终保持共产党人的政治本色，自觉践行共产党人的价值观。

励志延伸

时势造就了无数英雄，而无数英雄又创造了时代的辉煌。捷克作家伏契克说："为了将来的美好而牺牲的人，都是一尊卓然而立的雕像。"日月星辰是天空的光彩，英雄豪杰是国家的光彩。

2018 年 5 月 14 日，四川航空股份有限公司 3U8633 航班在从重庆至拉萨飞行任务中，在 9800 米高空，驾驶舱右侧风挡玻璃破损脱落，导致座舱失压，机组成功处置航班险情，在成都双流机场安全迫降，确保了机上 119 名乘客和 9 名机组人员的生命安全。

为表彰先进、弘扬正气，中国民用航空局、四川省人民政府授予川航 3U8633 航班机组"中国民航英雄机组"称号，授予刘传健"中国民航英雄机长"称号，并享受省级劳动模范待遇；给予机长、副驾驶员和乘务组适当奖励。

国务院于 2018 年 9 月 30 日举行国庆招待会。招待会前，习近平总书记会见了 9 名机组人员，并邀请他们参加庆祝中华人民共和国成立 69 周年的国庆招待会。习近平总书记表示："得知你们的英雄事迹，我很感动，为你们感到骄傲。授予你们'英雄机组''英雄机长'的光荣称号，是当之无愧的。"

《中国民用航空局 四川省人民政府关于表彰成功处置险情的川航 3U8633 航班机组和个人的决定》中说，在这次重大突发事件中，机组临危不乱、果断应对、正确处置，避免了一场灾难的发生，反映出以刘传健同志为责任机长的机组高度的政治责任感、高超的技术水平、超强的应急反应能力和优良的职业素养，体现了忠诚担当的政治品格、严谨科学的专业精神、团结协作的工作作风、敬业奉献的职业操守。

习近平总书记强调，平时多流汗，战时少流血。"5 · 14"事件成功处置绝非偶然。处置险情时，你们所做的每一个判断、每一个决定、每一个动作都是正确的，都是严格按照程序操作的。危急关头表现出来的沉着冷静和勇敢精神，来自你们平时养成的强烈责任意识、严谨工作作风、精湛专业技能，你们不愧为民航职工队伍的优秀代表。我们要在全社会提倡学习英雄机组的英雄事迹，更要提倡学习英雄机组忠诚担当、忠于职守的政治品格和职业操守。

习近平总书记指出，伟大出自平凡，英雄来自人民。把每一项平凡工作做好就是不平凡。新时代中国特色社会主义伟大事业需要千千万万个英雄群体、英雄人物。学习英雄事迹，弘扬英雄精神，就是要把非凡英雄精神体现在平凡工作岗位上，体现在对人民生命安全高度负责的责任意识上。飞行工作年复一年、日复一日，看似平凡，但保障每一个航班安全就是不平凡。希望你们继续努力，一个航班一个航班地盯，一个环节一个环节地抓，为实现民航强国目标、为实现中华民族伟大复兴再立新功。

铁骨丹心铸忠诚

旗帜领航

忠诚是一个人的品质。所谓忠诚，从词义上说，“忠”，就是崇敬和恪守；“诚”，就是言而有信，言行一致。忠诚贯穿于为人处世的方方面面，是最被看重的品德之一。诸葛亮有言，鞠躬尽瘁，死而后已。“人无忠信，不可立于世”，忠诚是做人的底线，它不同于阿谀奉承，它从不寻求丰厚的回报，更没有其他的企图。

战争时期，冲锋在前，为了胜利不惜牺牲生命，是忠诚。和平年代，敢想敢干，敢抓敢管，为了真理、为了事业义无反顾、无怨无悔，是忠诚。忠诚的人具有无私的奉献精神，忠诚的人总是主动追求卓越，尽最大努力把工作做得尽善尽美。忠诚这一道德规范和价值取向，能让自己赢得组织和群众的信任，为自己创造好形象、好名声。

在改革开放的环境下，党员干部接触的人形形色色，被人“围猎”的风险很大，如果不忠诚或不够忠诚，就难以经受住种种复杂严峻的考验：立场就会偏离，政治上就容易摇摆，在利益面前就可能失态，关键时刻就可能变节。因此，我们的忠诚要加上“绝对”二字，做到百分之百纯洁，没有丝毫杂质。党的十九大后，习近平总书记带领中央政治局常委同志到上海瞻仰党的一大会址时，面对一大代表群像浮雕久久凝视，一一说出 13 名代表的姓名，感叹英雄辈出，也感叹大浪淘沙。

楷模风采

航天科技事业创新发展的重要推动者孙家栋是中国航天科技集团有限公司高级技术顾问、风云二号卫星工程总设计师、北斗二号卫星工程和中国第二代卫星导航系统重大专项高级顾问、原航空航天工业部副部长、中国科学院院士。他经历了我国航天事业从开创初期到不断发展壮大的奋斗历程，是我国人造卫星技术和深空探测技术的开拓者之一。从事航天工作以来，他主持研制了 45 颗卫星。他在担任我国北斗导航系统第一代和第二代工程总设计师时，实现了北斗卫星导航系统的组网和应用。作为我国月球探测工程的主要倡导者之一，担任月球探测一期工程的总设计师，树立了我国航天史上新的里程碑。曾荣获“两弹一星”功勋奖章、国家最高科学技术奖、国家科学技术进步奖特等奖等荣誉，并获得“全国优秀共产党员”“改革先锋”称号。

从 1958 年进入国防部第五研究院一分院从事导弹研究开始，到今天，孙家栋将自己 60 多年的人生都奉献给了我国的航天事业。他的人生还与中国航天的多个“第一”紧密联系在一起。孙家栋参加了我国第一颗人造地球卫星、第一颗返回式卫星、第一颗静止轨道试验通信卫星以及卫星导航系统工程、月球探测工程等多项航天工程的研制工作。

孙家栋，无论是投笔从戎、出国留学，还是放弃航空专业投身航天事业；无论是从导弹研制转为卫星研制，还是从技术岗位转为行政岗位，始终坚持国家利益高于一切，看名利淡如水，视事业重如山。

“感动中国2016年度人物”颁奖词对孙家栋这样评价：“少年勤学，青年担纲，你是国家的栋梁；导弹卫星，嫦娥北斗，满天星斗璀璨，写下你的传奇；年过古稀未伏枥，犹向苍穹寄深情。”

即使90岁高龄，他仍然在为中国的航天梦呕心沥血、奋斗不息，并且对我国航天事业的未来充满渴望和期待。孙家栋爱航天事业爱得那么炽烈，他说：“国家需要，我就去做！”

忠诚于国家、忠诚于职守，是后天养成的，往往需要经历荣与辱、生与死的考验和锤炼，而只有危难时刻显身手，经受风雨不动摇，才能得到组织的认可与信任。

提起钱三强，人们会想到他为研制中国第一颗原子弹和氢弹做出了卓越贡献。1948年夏，钱三强和夫人放弃国外优裕的生活和工作条件，毅然回国，为祖国的强盛而奋斗。钱三强是党的高级领导干部，在国家经济困难时期，即使有“特供证”，他也不去使用，还经常到职工食堂吃普通饭菜。20世纪70年代，他回到中国科学院工作，每天乘公共汽车上下班。冬天刮风下雪，他就身穿棉大衣，颈间系一条围巾，头上戴一顶能遮耳朵的棉帽子，还是乘公共汽车上下班。那时，机关食堂离办公室足有半站地，但他一直和大家一起走着去就餐，风雨无阻。

钱三强的住房，是20世纪50年代初建的中关村专家楼，之后周围建筑物多了、高了，采光不好，遇到阴雨天气屋里就更暗了。而且由于暖气管道老化，供热不好，冬季只能穿着棉衣伏案工作。即便如此，他依然无怨无悔。

忠诚，是党员领导干部必备的政治品质，是一种统率其他能力的核心。毛泽东在《反对自由主义》一文中强调：“一个共产党员，应该是襟怀坦白，忠实，积极，以革命利益为第一生命，以个人利益服从革命利益。”对党忠诚、永不叛党，是党章对共产党员的基本要求。党的十九大报告强调，要“弘扬忠诚老实、公道正派、实事求是、清正廉洁等价值观”。

励志延伸

每当我国发射“长征”系列运载火箭将卫星送入太空，最扣人心弦的场面就是火箭点火的那一瞬间，火箭推进剂喷出巨大火焰，发出撼天动地的吼声。在“两弹一星”系统工程建设中，推进剂研制必须先行，这就不能不说到中国化工集团公司所属黎明化工研究设计院原院长、中国火箭推进剂创始人之一的李俊贤。多年来，党和国家授予李俊贤许多荣誉，1987年，全国科学大会授予他“重大贡献先进工作者”奖状；1988年，国务院授予他“国家级有突出贡献专家”；1990年，国务院批准他享受国务院政府特殊津贴。他还是“全国先进工作者”“全国五一劳动奖章”获得者。

1958年5月，毛泽东发出了“我们也要搞人造卫星”的号召，提出了“两弹一星”及其推进剂研制任务。1960年1月，30岁出头的李俊贤被抽调到北京化工研究院第五研究所，加入高能推进剂研制队伍，承担起偏二甲肼等4个课题的研究。

火箭推进剂的研究存在资料缺乏、经验不足、基础薄弱等困难，李俊贤和团队在生活条件异常艰苦的高原深处，为了获得试验的第一手资料，往往要在没有围墙、零下20摄氏度的车间里连续观察、研究、试验十几个小时，根本没有休息时间，也没有节假日。但功夫不负有心人，他们最终成功研制出特殊燃料偏二甲肼并顺利投产，从而满足了我国国防和航天部门的需要。

当时，进行保密研究的条件更为艰苦，建厂之初吃的是盐水煮蚕豆、青稞粉，结果李俊贤得了严重的胃病，最后不得不住院治疗。如今说起这些，老人家只是一笑而过：“那个时候，一般见面不谈困难，大家就是说完成没有啊，主要是想怎么样把这个国家急需的东西搞出来，都希望越快越好，为国家争口气。”

“为国家争口气”，怀着这样的初心，李俊贤在青海一待就是16年。

其间，在他的带领下还成功研制出性能指标追赶世界先进水平的鱼雷推进剂——796 燃料。他果断提出："要搞就要搞世界一流的！要相信科学，相信我们所的实力。"他主动承诺按预定时间提供所需批量大于吨级的 796 燃料，保证及时满足鱼雷研制需要。有关部门被李俊贤的执着感动了，采纳了他的意见，国家也因此避免了过渡性型号鱼雷的研制，节省了大量人力和物力，也把先进鱼雷研制的时间提前了 3 年。

"796 燃料是一种硝酸酯的化合物，危险系数很高。当时我们院没有防爆实验室，但是李院士带头做实验。他经常说的一句话就是'如果国家需要，我们就做'。"在黎明化工研究设计院教授级高工薛金强看来，创新离不开担当，李俊贤就是这样一个人。

李俊贤认为，只有创新才是科研工作者的灵魂。继偏二甲肼、796 燃料后，李俊贤领导黎明化工研究设计院又先后完成了一甲肼、高氯酸铵固体氧化剂等 60 多种关键推进剂原材料，已广泛应用于"长征"系列运载火箭、"神舟"系列飞船、"东风"系列导弹等武器型号和重点工程项目上。

李俊贤始终保持旺盛的科研热情，作为项目负责人，他主持完成了河南省杰出人才创新基金项目"DMC 催化剂和低不饱和度聚醚多元醇的中试研究"，该技术绿色、环保和高效，符合可持续发展的战略要求，达到了世界先进水平。

在几十年的科研岁月中，李俊贤想得最多的就是国家需要，技术不能受制于人，不能被别人掣肘。如今已经 91 岁高龄的他依然在工作，跟踪最新科研动态，为黎明化工研究设计院的发展建言献策。"我希望培养博士，让他们发挥更大的作用，把我们的事业往前推一步。"李俊贤说。

无论何时何地，在何种情况下，党员干部都要对党忠诚，保持政治清醒和政治定力，在重大原则问题上做到立场坚定、态度坚决，当好政治上的明白人，确保走对路、不偏向；为党分忧、为党担责、为党尽责，增强政治意识、大局意识、核心意识、看齐意识，老老实实说话，尽心竭力办事。

功成不必在我

旗帜领航

我们共产党人的初心和使命，就是为中国人民谋幸福，为中华民族谋复兴。周恩来的敬业和勤勉举世皆知，他平均每天工作超过 12 个小时，工作 16 个小时以上也司空见惯，以至于有外国友人称他为“全天候总理”。焦裕禄、孔繁森、杨善洲、廖俊波等许多优秀党员干部也堪称为民谋福的楷模。

习近平同志早年在浙江工作，曾在《要甘于做铺垫之事》一文中写道：“领导干部要以正确的政绩观为指导，抓好各项工作。‘功成不必在我’，要甘于做铺垫性的工作，甘于抓未成之事。”这个政绩观体现了中国共产党人的崇高价值追求和人生的崇高境界，展示了中国共产党人的宽广胸襟和高尚情怀，激励共产党员不问前程，埋头苦干，接力奋进，久久为功。

在参加 2018 年山东省人大代表团审议时，习近平总书记再次强调，“功成不必在我”。胡适先生 1932 年在《独立评论》中指出：“功成不必在我，而功力必不唐捐。”大意是，功绩、事业的成功，没有必要看我一个人，成功的必然因素不在于我。每个人要为革命事业做出最大的贡献，但革命事业的成功未必就在我手中。因此，要以广的角度、宽的视野，审时度势，以功成不必在我的境界和功成必定有我的担当，坚持行动至上、马上就办，在接续奋斗中焕发新气象，在发展难题前谋求新突破，在开创局面时施展新作为。

楷模风采

2005 年，李天当选中国科学院院士，但他说：“荣誉并不重要，重要的是，人要有一种精神，要为科学事业扎扎实实做点工作。”李天，1963 年 9 月参加工作，1982 年 6 月加入中国共产党，历任沈阳飞机设计研究所

（六〇一所）技术员、专业组长、副主任、副总设计师、首席专家等职务，先后荣获“沈阳飞机设计研究所优秀共产党员标兵”“中国航空工业集团有限公司优秀共产党员”称号，是我国著名飞机空气动力学专家、隐身专业领域的开创者、气动隐身一体化设计的奠基人，是歼-8系列飞机和歼-11飞机气动力专业总师、我国四代机背景项目课题主要负责人。

航空是他的梦想，蓝天是他的舞台。李天1963年从清华大学工程力学数学系流体力学专业毕业后，就来到了航空工业沈阳飞机设计研究所。他坚守航空人“干惊天动地事、做默默无闻人”的优秀品质，默默耕耘、执着探索，远离“聚光灯”，甘坐“冷板凳”，在预研领域一干就是几十年，用生命和智慧书写了航空工业预研和技术创新领域的光辉篇章。他以培养航空事业合格接班人为己任，毫无保留地将知识和经验传授给同事和学生。他常说，“飞机设计是集体的事业，一个或几个人强不算强，只有集体强才是真正强”。他时刻关注年轻人的成长，经常与他们谈心，积极帮助他们解决困难。

李天一生秉持“对党忠诚、对事业忠诚”的信念，恪守“功成不必在我”的品格，毕生为党和人民的事业不懈奋斗，始终坚守共产党员的政治信仰，始终保持共产党员的政治本色，始终发挥共产党员的先锋模范作用。他在患病期间，仍然不忘肩负的责任与使命，在病床上看资料、审报告。临终时，他说的还是“这条曲线不对”“这个数不对”。他以志在超越、自强不息的奋斗精神，以敢于攻关、甘于奉献的忘我精神，完美诠释了一名共产党员的政治本色。

励志延伸

昨天的成功并不代表着今后能够永远成功，过去的辉煌并不意味着未来可以永远辉煌。许多奋进者成功的秘诀，在于他们不忘初心，以顽强的毅力实现自己的目标。巍峨高峻的峰峦，才是雄鹰歇息的地方；飞流湍急的水流中，没有无根的浮萍。

李建榕，航空发动机领域著名专家，自然科学研究员，中国航空工业集团有限公司沈阳发动机设计研究所高级专务兼副所长，中航工业空天研究院总工程师。她曾长期从事航空发动机总体性能研究，目前主要致力于航空发动机基础技术研究的体系构建和自主研发能力的培养与提升。

李建榕坦言“自己很幸运”，能够见证一个型号的发动机从一张图纸到实物、从静态到运转、从试飞到服役的全过程，很幸运；能够在工作之初就遇到良师，得到行业大家的指点，更幸运。张恩和是“太行”发动机总设计师，这位为我国国产航空发动机事业披肝沥胆一生的“科学匠人”，是李建榕在航空发动机自主研制新长征路上的重要领路人之一。

四海为家，她不曾停下奋斗的脚步。过去30多年，从最初的测绘仿制到型号研制，再到基础技术研究与自主创新，她的人生和航空发动机事业早已密不可分，即便布满荆棘，她始终笑意盈盈。

她从2002年开始跟飞，长期坚持在一线，像金子一样，在哪里都闪光。她以阎良为家，时常利用飞行间隙到北京、成都、沈阳参加技术工作会，处理台架调试和技术问题。外场工作条件艰苦，冬季严寒刺骨，炎夏酷热烤人，2003年夏季最热的时候，李建榕曾一次连续跟飞4个多月。有时候，李建榕回家不到12个小时，接到通知又马上启程。由于丈夫工作也忙，只好将孩子托付给年迈的父母。她早已习惯这种紧张的工作状态。

试飞中，李建榕数次根据现场监视数据的变化，向现场指挥和飞行员提出应急处理方案，增减飞行科目。她主持分析、解决了发动机地面喘振、空中异常响声、试车温度异常等试飞中遇到的多种技术问题。十余春秋结硕果，“太行”发动机研制终于迎来了历史性的成功，航空动力事业正朝更高的目标迈进。

多年来，李建榕荣获国防科工委、中国一航多项奖励。在出色的工作业绩和荣誉面前，她以共产党员的标准严格要求自己。国务院国资委授予李建榕的颁奖词是：“风华正茂时，为试飞你走南闯北，身经百战不回头。天命之年，你接过自主创新的军令状，在高精密的航空发动机研发中，以毫厘之功受千钧之力。携手动力三十年，你珍视如命；千淘万漉始到金，筑梦大国航空。”

“一张蓝图绘到底，一任接着一任干。”习近平总书记 2018 年 4 月 13 日在庆祝海南建省办经济特区 30 周年大会上发表重要讲话，强调要有“功成不必在我”的精神境界和“功成必定有我”的历史担当。领导干部发挥“顶梁柱”的作用就要通盘考虑、统筹运作、运筹帷幄，最大限度地减少“失误”“错误”，让所做的工作和事业发挥长期性、长效性的作用。

让人民有获得感、幸福感绝非一朝一夕之功，这要求我们要甘于做铺垫之事，甘于抓未成之事，甘于“吾辈栽树，后人乘凉”。在现实工作中，不能以“功成不必在我”为借口，多一事不如少一事，消极、怠政、不作为，抱着“不求有功，但求无过”的思想，不愿担当、不想奉献、不去作为。“功成不必在我”为我们指明方向：一是树立正确的人生观和价值取向，能够进行客观的自我评价，既不矮化形象也不狂妄自大，认清自身不足和局限；二是学会赏识他人，认可别人的聪明才智。“功成”是实现中华民族伟大复兴，是共筑“中国梦”；“不必在我”是荣辱不惊、不计得失，真诚而坦然地将接力棒传递给下一代，将一张蓝图绘到底。

时代是出卷人，我们是答卷人，人民是阅卷人。我们要有博大的胸怀，乐于奉献，敢于牺牲，努力担负起“跑好自己这一棒”的任务，靠能力吃饭，拿实绩说话，交出无悔于人生、不负时代的新答卷。

撸起袖子加油干

旗帜领航

人类美好理想的实现都离不开筚路蓝缕、胼手胝足的艰苦奋斗。“功崇惟志，业广惟勤。”实现中华民族伟大复兴的中国梦，创造全体人民更加美好的生活，需要我们每一个人付出辛勤劳动和艰苦努力。实干苦干，锲而不舍，不尚空谈，不玩虚招，务求实效，才是最可敬的。正因为党内有一大批埋头工作、拼命实干、“只顾攀登莫问高”的实干家，中国共产党才成为当代中华民族的脊梁、时代的先锋。

“撸起袖子加油干”，是习近平总书记在2017年新年贺词中讲的，形象生动，温暖人心，催人奋进，让人们深受鼓舞。“撸起袖子”，是一种敬重，热爱自己的工作；“撸起袖子”，是一种精神，一种认真干的状态。“撸起袖子”和“加油干”，二者统一于真干，激励人们“撸起袖子加油干”，把自己热爱的事业向前推进。

习近平总书记强调，面向未来，全面建成小康社会要靠实干，基本实现现代化要靠实干，实现中华民族伟大复兴要靠实干。“实干”二字的深意，既在于“埋头苦干”，又在于“认准了就干”。“加油干”，就是扑下身子抓落实；就是不能停留在文件上、讲话中，而是要提高执行力，付诸实施；就是不能贪图安逸，而是要舍得流汗吃苦。正如李克强总理所言：“喊破嗓子不如甩开膀子。”

“加油干”，是中国共产党的优良传统，也是国有企业先进典型的先进品质和本色。实干才能梦想成真，那些获得成功、名垂青史的人，无不是实干家。在改革开放条件下，国有企业许多重大举措，无不是通过实干家的点点突破而全面推进的。

“撸起袖子加油干”，就要把学习和工作有机统一起来，在学习中工作，在工作中学习，循环往复、始终坚持，提高驾驭复杂局面的本领，开创工作新局面。

楷模风采

岁月如流，许多事情如过眼烟云，不曾留下记忆，然而铁人精神却生生不息，成为取之不尽、用之不竭的精神动力。李新民，现为大庆油田中东分公司经理、钻探工程公司哈法亚项目部经理，被誉为“大庆新铁人”。

李新民 1990 年从大庆石油学校钻井专业毕业后，幸运地来到王进喜工作过的大庆油田钢铁 1205 钻井队工作，2003 年成为钢铁 1205 钻井队第 18 任队长。在接过铁人队旗的那一刻，他感到肩上责任重大，并立下了誓言：“一定要接好铁人老队长的班，让铁人精神薪火相传，代代发扬光大。”

20 多年来，他带领大庆油田钢铁 1205 钻井队累计钻井 1800 多口，总进尺 250 多万米，相当于钻透了 283 座珠穆朗玛峰；他带领钻井队勇闯苏丹、伊拉克，实现了从国内到国际打井的历史性跨越，屡建奇功。

石油勘探开发远离繁华城市，沙漠、戈壁、深山、荒原是成就事业的舞台；石油钻井工人与轻松舒适无缘，“脏、累、苦、险”是每天工作的写照。从祖国辽阔的松嫩平原，到中东的美索不达米亚平原，李新民的钻井队一次又一次面临复杂的情况，但让他无比自豪的是：“我带的队伍没有一个人在井上操作时受过伤，没有出过一次安全事故。”“我最深的感受是，国内打井要有一股劲儿，一股不服输的劲儿；国外打井要争一口气，为国争光的气。”

每个人的一生都会面临许多艰难的时刻，在困难面前的态度决定着一个人的成功和失败。李新民，他以非凡的毅力和勇气，将一个个艰难的时刻变成了一个个展示能力的辉煌瞬间。他作为铁人队的带头人，在苦活脏活累活面前，总是抢在先；遇到危险和困难，总是冲在前，每年都有 270 多天守在井上，有 2800 多个小时跟班作业。

李新民时刻叮嘱自己：“干工作常想自己是党员，标准要高；带队伍常想自己是队长，作风要硬；打井常想自己是石油人，技术要强。”他始终向人们展现着“当了干部还是个钻工”的本色。司钻家里有事，他顶替司钻上岗，在冰天雪地里，一干就是 20 多天；运送石粉的车辆陷入距离井场 300 米远的泥沟，他带领大家硬是将 26 吨的石粉扛到井场。

2004 年，在 1205 队钻井进尺向 200 万米大关突破的关键时刻，井架立管油壬刺漏，如果不及时修复，将造成严重的钻井事故。李新民系上安全带爬上井架，在零下 30 多摄氏度的天气中进行应急处理。戴手套用不上力，他就甩掉手套。20 多分钟后，故障排除了，而他的双手却冻僵了。

作为队长，李新民始终认为钻井要苦干，更要巧干。掌握钻井新工艺、新技术，是他永远追求的目标。在李新民的带领下，1205 钻井队不断创造新辉煌。2003 年，首次打出丛式定向井；2006 年，提前 20 天完成了大庆油田首口长水平段取芯井施工任务，成为一支具备多种井型施工能力的钢铁钻井队。

让中国钻井队拥有国际最先进的技术，一直是李新民的梦想。他说："大庆油田 1205 钻井队走出国门，实现了铁人老队长把井打到国外去的夙愿，赋予了大庆精神、铁人精神新的时代内涵，这和习近平总书记在党的十九大报告中提出的'培育具有全球竞争力的世界一流企业'完全合拍。"

从 2006 年开始，1205 钻井队先后到苏丹、伊拉克打井，"有条件要上，没有条件，创造条件也要上。"海外打井的第一站是多年战乱的苏丹，没想到柴油发电机在海上运输时被严重毁损，外方一口认定开钻期限内设备不可能修好，要求中方撤离。急得几夜没合眼的李新民冒着被流弹袭击的危险，开着皮卡车跑了上千公里，终于找到一台准备大修的同品牌发电机，然后冒着 50 多摄氏度的高温，四处奔波找配件修理，昼夜不停地改装调试。

在被称作"世界火炉"的苏丹，从早到晚都在"蒸桑拿"，一天喝上十几瓶水都不用上厕所，都变成汗水蒸发了。野外毒蚊、毒虫扑面而来，有时遮挡得连灯光都透不出来。李新民和队友不畏艰难险阻，仅用 17 天时间就拿下了海外的第一口井，惊人的"中国速度"让外方折服。首井完工那一刻，所有中国钻井队队员都热泪盈眶。在苏丹 5 年多时间里，他们先后创出当地 23 项高指标和新纪录，两度获得苏丹政府授予钻井施工队伍的最高荣誉"PDOC 杯"。

2010 年，李新民和队友转战伊拉克，在这个被业界公认为世界最难的区块打井，每天穿着 20 来斤重的防弹背心，戴着重重的钢盔，在拿着冲锋枪的安保人员的护送下，坐上防弹汽车，往返于工地。一次，3 名队友去井场途中，一枚火箭弹穿车而过，差点车毁人亡。李新民和队友们只用 47 天就成功打完了一口 3167 米深的水平井，比计划提前了 19 天，一举创出哈法亚地区的钻井新纪录，为哈法亚油田提前 15 个月完成一期目标做出了重大贡献，成为唯一一支没有井下事故的钻井队，创造了业界奇迹。“从队伍发展看，我的梦想就是把我们的队伍变成国际化的队伍，随便拉出去都能与国际大公司同台竞技。”李新民说。

在倾听李新民讲述海外钻井历程时，我们会发现，铁人那股不向困难低头的劲儿，早溶入了他的血液里。有人问他：“新时代我们应该如何弘扬和传承铁人精神？”他说：“手中有绝活，别人能做的，我们干得精，别人不能做的，我们要干得好，在国际市场上，用铁人精神树立中国石油人的良好形象。”1205 钻井队精益求精，把每一项工程技术服务都打造成精品，实现了 12 年海外钻井零失误。这就是对铁人精神最好的诠释与传承，叫响了铁人队伍的品牌。

习近平总书记在阐述中国梦时强调，“空谈误国，实干兴邦”。这是千百年来人们从历史经验教训中总结出来的治国理政的一个重要结论。正是由于一代代人的勤勉苦干和接力奋斗，中华民族才屹立于世界民族之林，“当惊世界殊”。真抓实干，埋头苦干，务求实效，才能凝聚人心；兑现承诺，树立形象，我们的事业才能兴旺发达。多年来，国有企业艰苦奋斗的工作作风突出地表现为“实干”二字。我们所肩负的光荣使命，要求国企人必须保持艰苦奋斗、埋头苦干的工作作风。

励志延伸

要在国有企业中力倡“想干事、敢干事、会干事、干成事”的实干精神，激励人们以时不我待的紧迫感，只争朝夕，抓住每一天，干实每一刻，做好每件事。积极探索，不等不靠，讲质量、求速度、争效率，同时不断学习新技术，不断掌握新技能，不断总结新经验，不断适应新要求；讲科学、讲技术，既要肯干、敢干、实干，又要会干、善干。

王炳益，中国南方电网有限责任公司贵州电网公司榕江供电局兴华供电所员工，负责黔东南苗族侗族自治州榕江县月亮山区的电力抄表和抢修工作。十几年来，王炳益用身上的一个铃铛和一个货包与老乡建立了鱼水之情。他获得南方电网公司第三届“感动南网人物”“南方电网公司优秀共产党员”“贵州省劳动模范”等荣誉称号。

十几年来，他扎根贵州黔东南苗族侗族自治州榕江县月亮山区，不离不弃，用双脚丈量月亮山，工作足迹遍布200多平方公里的管辖区域。王炳益抄表、抢修所经过的村寨，最远的约有100公里，最近的也有20公里。十几年来，加上平时抢修、巡线所走的路程，王炳益已经来来回回地在莽莽丛林的贵州月亮山上走了6万多公里。

王炳益每个月去山上抄表，要走一个星期，抄表线路经过原始森林无人区。一个人行走在这些原始森林无人区，还经常能听到野兽的声音。王炳益想了个办法，在包后面挂个铃铛，有铃铛声陪伴，能驱逐孤单、寂寞和害怕，这样一做就是十余年。他在上山“保电”的路上，不辞辛劳地为乡亲们捎物带信。通过一件日用品、一个信息、一句话，给乡亲们捎去了幸福、温暖和关爱，他也因此成为月亮山老乡们最亲近、最信任的“货郎电工”，他用实际行动树立起了央企的良好形象。

2015年，王炳益荣获首届中国能源化学工会颁发的“中国电力楷模”称号。2015年5月，王炳益的事迹入选了由中宣部组织、学习出版社和中央电视台联合摄制的六集电视政论片《劳动铸就中国梦》，该电视政论片在中央电视台财经频道、综合频道、纪录频道连续播出。他的事迹受到国内众多主流媒体关注，先后被《人民日报》、《经济日报》、人民网等20多家主流媒体大篇幅报道。

今天，我们站在了一个新的历史起点上，比历史上任何时期都更接近、更有信心和更有能力实现中华民族伟大复兴的目标。要把国有企业做强做优做大，要把我国建设成为富强民主文明和谐美丽的社会主义现代化强国，要实现中华民族伟大复兴，需要我们不懈奋斗，撸起袖子加油干。国有企业的优秀党员干部，无一不是吃苦“吃”出来的，挑重担子“压”出来的，急任务给“逼”出来的，他们展现了一代又一代共产党人的熠熠风采和铮铮铁骨，彰显了苦苦拼争、默默奉献的高尚品格。

实干精神是共产党人的宝贵品质和政治本色。共产党人是用“特殊材料”制成的。所谓“特殊”，就是保持一种信念，特别能吃苦，特别能战斗。许多党员干部拼搏奋斗、以苦为乐，之所以乐在其中，就是因为有信念。人有信念，就不会觉得累。正因为信念在心、使命在肩，共产党人以党和人民的事业为最高追求，以干事创业、造福人民为最大快乐，并将其转化为忠诚的坚守。我们应当经常审视理想信念的坚定性，把自己打造成为一名思想上政治上行动上对党忠贞不贰、对党的事业矢志不渝的称职党员。

改革攻坚，社会转型，新问题、新矛盾凸显，既有木秀于林的自豪，也有风必摧之的烦恼；既有“登高望远”的情怀，也有“为山九仞”的压力。到建党 100 年时，建成经济更加发展、民主更加健全、科教更加进步、文化更加繁荣、社会更加和谐、人民生活更加殷实的小康社会，到新中国成立 100 年时，基本实现现代化，把我国建成社会主义现代化国家，迫切需要我们在新的历史起点上勤勉创业，撸起袖子加油干。企业强则国家强。习近平总书记指出：“国有企业是中国特色社会主义的重要物质基础和政治基础，是我们党执政兴国的重要支柱和依靠力量。”党的十九大报告指出：“中华民族伟大复兴，绝不是轻轻松松、敲锣打鼓就能实现的。”国有企业党员干部要以“避事”为耻，破除畏难苟安的思想，杜绝“不作为”的行为，撸起袖子干实事，把全部的心思和精力都放在工作上，形成阶段性的具体目标、具体路线图、具体时间表，雷厉风行，狠抓落实，在每一个工作岗位都焕发出创造活力。

第二章

秉持初心，坚定理想，耸立起精神支柱

初心，是世界观、人生观、价值观的原点，是事业开端之承诺。初心，是人生确立了的最初梦想，是人生开端的追求，是事业成功的承诺。中国共产党人的初心，就是中国共产党最初确立的信仰、理想、宗旨和使命。初心最为美，理想常相随。重温初心，是为了不忘初心，坚定理想信念，永怀为民兴利谋福的赤子之心。

不忘初心，方得始终。中国共产党人的初心和使命，就是为中国人民谋幸福，为中华民族谋复兴。这个初心和使命是激励中国共产党人不断前进的根本动力。

习近平总书记在庆祝中国共产党成立 95 周年大会上郑重宣示，“面向未来，面对挑战，全党同志一定要不忘初心、继续前进”，激励着 8900 多万名共产党员永葆本色、不断向前。“走得再远、走到再光辉的未来，也不能忘记走过的过去，不能忘记为什么出发。”

不忘初心，包含着“正心”，要把曾经迷失的心找回来，回到原点上，回到党章的要求上，回到党的宗旨和纲领上，做到始终不偏离目标，不偏离航向。习近平总书记指出：“坚定理想信念，坚守共产党人精神追求，始终是共产党人安身立命的根本。对马克思主义的信仰，对社会主义和共产主义的信念，是共产党人的政治灵魂，是共产党人经受住任何考验的精神支柱。形象地说，理想信念就是共产党人精神上的‘钙’，没有理想信念，理想信念不坚定，精神上就会‘缺钙’，就会得‘软骨病’。现实生活中，一些党员、干部出这样那样的问题，说到底是信仰迷茫、精神迷失。”这一重要论述，铿锵有力，掷地有声，深刻揭示了党员干部坚定理想信念的极端重要性。理想信念如同人的精神之“钙”，如果“缺钙”，则其骨头必然不够硬，骨头不硬则行不正、坐不直，百病可侵。作家丁捷新作《初心》中有这样一段话：“一个人只爱自己，一颗心只有拳头那么大，几百克那么轻；一个人只爱自己的小家，一颗心最多有几百平方米那么大，几斤柴米油盐那么重；一颗爱人民、爱国家、爱世界的心比 960 万平方公里还要大，与世界一样博大，如山高水长，如雷霆万钧。”

今天，站在历史与未来的交会点上，对理想信念之坚守，更多在于履职尽责。只有不忘初心，坚定高远的理想，做中国特色社会主义的坚定信仰者和忠实践行者，把个人的奋斗与国家的前途、民族的命运、人民的幸福结合在一起，知难而进不言难，迎难而上不畏难，破解一道又一道难题，攻克一个又一个险阻，才能铭记“为了谁、依靠谁、我是谁”，才能深信“我们的事业并不显赫一时，但将永远存在”，在实现中国梦的伟大实践中创造自己的幸福人生，实现人生价值的最大化。

初心最美常相随

旗帜领航

初心是积极进取的人生情怀，我们要时常停下脚步，回望来时走过的道路，走得再远也不能忘了当初自己为什么启程。坚持不忘初心，必须坚信共产主义远大理想并为之奋斗。习近平总书记指出：“革命理想高于天。实现共产主义是我们共产党人的最高理想，而这个最高理想是需要一代又一代人接力奋斗的。”《钢铁是怎样炼成的》的作者奥斯特洛夫斯基说过：

"理想对我来说，具有一种非凡的魅力。"有了为之奋斗的理想和信念，能使人具有崇高的目标、高尚的情操和勇于献身的品格。一代代共产党人高举理想信念的火炬，推动中国浩荡前行。革命烈士王幼安在狱中受尽折磨，就义前写下："马列思潮沁脑骸，军阀凶残攫我来。世界工农全秉政，甘心直上断头台。"在那个年代，对理想信念的坚守是生死抉择。时代变迁，精神永恒，理想信念如磐。

管理学上有一个典型案例：同样在做砌砖的工作，如果你把它当作一个为砌砖而砌砖的工作的话，那么你就会因为重复劳动越干越没劲儿，越干越单调。但是如果你把它当作为一幢高楼大厦添砖加瓦的工作的话，那么你就会越干越有热情，越干越有梦想，越干越能把自己的主动性、积极性激发出来。

国有企业党员干部所从事的职业、所承担的事业、所肩负的责任，注定与党、与国家密不可分。不忘初心，最根本的就是必须时刻牢记自己是党的人，要坚定理想。理想是内心深处的追求和坚守，也是砥砺前进的不竭动力，必须把共产党人的崇高理想埋在心里，不断提升理论水平和精神境界，解决好思想庸俗、思想浮躁、思想脆弱等问题，坚定政治立场，保持政治定力，锻造"金刚不坏之身"。只有坚定崇高的理想信念，我们的个人理想才有基础，才能得到支持和鼓励。因此，我们要用崇高的理想指导、规范个人理想，让个人理想融于崇高理想之中，在实现崇高理想的奋斗中实现个人理想。

楷模风采

2012 年 11 月 25 日，由我国自行设计的航母舰载战斗机歼 –15 从"辽宁"号航空母舰上成功飞上蓝天，让全国人民振奋，令西方震惊。可就在当天晚些时候，歼 –15 战机研制现场总指挥罗阳却因过度疲劳突发心肌梗死而轰然倒下。从此，许多中国人记住了英雄"罗阳"这个名字，在心中珍藏着罗阳的感人事迹。

罗阳出生于 1961 年 6 月，1982 年 8 月参加工作，1986 年 8 月加入中国共产党，曾任沈阳飞机设计研究所党委书记，中国航空工业沈阳飞机工业（集团）有限公司党委副书记、董事长、总经理等职。1999 年享受国务院政府特殊津贴，多次立功受奖，荣获“感动中国 2012 年度人物”，被授予“全国优秀共产党员”“改革先锋”称号。

罗阳出生于军人家庭，在部队大院长大，执着于航空事业。报国、忠诚、奉献，早早融入他的心中。1978 年高考，他在志愿栏里填上“北京航空学院”（今北京航空航天大学）。

罗阳和爱人自 1998 年以来一直就住在沈阳飞机设计研究所的家属区。罗阳年轻时是研究所排球队的主攻手，经常参加比赛。自从在该所当领导以及随后调往沈飞集团工作后，他没有周末，也就几乎放弃了排球运动。“每当有重大任务，他一回家我就会迎上去问：‘任务完成得怎么样？’他说好，非常好，我们都高兴得像孩子一样。”罗阳的妻子王希利说，“罗阳高兴，我就高兴”，新机研制成不成功、飞得好不好，已成为这个家庭的晴雨表。

罗阳在沈阳飞机设计研究所工作期间，经历了航空工业不景气、军工日子不好过的十多年岁月，有的人走了，但罗阳选择了坚守。他有一个梦想——让中国航空工业和世界最强者的差距从“望尘莫及”到“望其项背”，力争未来能够“并驾齐驱”。

作为航空工业沈阳飞机设计研究所的“掌舵人”，他胸怀报国强军赤子之心，创新提出“十个统筹”发展思路，推进管理创新、技术发展、体制机制改革等，推动企业经营模式转型，提升企业综合实力，带领沈飞迈入持续跨越发展的快车道。在他任期内，企业营业收入、工业总产值等主要指标跃升 39.5%，利润跃升 61.8%。他担任多个型号研制现场总指挥，带领沈阳飞机设计研究所完成了歼 -15 舰载战斗机等多个重点型号研制并成功实现首飞和设计定型，推动战斗机研制取得重大进展，为国家航空武器装备发展做出了突出贡献。罗阳担任沈阳飞机设计研究所总经理 5 年，沈阳飞机设计研究所实现 5 个型号首飞，每年为客户交付的战机从最少时的 4 架猛增至近百架；5 年中，沈阳飞机设计研究所的产值从 49 亿元上升至 123 亿元。

沈飞集团经营部负责集团的战略规划制定、业务报表统计等业务，该部部长邓玉东对罗阳的评价是“工作上很爱较真儿”，是个非常认真的人。罗阳在参加经营部的会议时，经常拿着铅笔，在规划、方案上修改，每改动一处，都会和员工们探讨，听取大家的意见，而在面对一些报表类的材料时，要求必须做到百分百准确。

强大的海军离不开航母，航母离不开一流的舰载机。随着我国第一艘航母“辽宁”号航空母舰的交付训练，我国完全自主研发、自主设计、自主生产的歼 -15 型战斗机也浮出水面，它是由被称作“我国歼击机的摇篮”的中国航空工业沈阳飞机工业（集团）有限公司研制生产。载舰机项目没有国外现成的技术资料，造出来、飞起来、落得下，成千上万个环节都是未知领域。罗阳凭借航空人不畏艰难、追求卓越的进取精神，率领团队绞尽脑汁去钻研，攻克了一个又一个难关，包括突破了起落架、机翼折叠、阻拦钩等关键技术。“辽宁”号航空母舰入列时，有外媒预测，中国舰载机要实现舰上起降，需一年半时间。事实上仅仅两个月后，歼 -15 就成功实现舰上起降。奇迹的背后，是航空人的奋斗。准确钩住阻拦索从而有效减速，是实现飞机在短距离内着舰的关键。技术要在规定时间内攻破，而经过一次次试验，终于在 2012 年年初被攻克了。在庆功会上，罗阳掉泪了，不爱喝酒的他和试飞员们一醉方休。

“在歼 -15 的研制过程中，罗阳带领大家攻克了很多工艺难点，突破了起落架、机翼折叠、阻拦钩等关键技术，为中国航母锻造‘利剑’，表现了‘敢为人先’的性格，闯出了一条新的研制之路。罗阳把两个单位的设计、制造人员整合为一个‘飞鲨’团队，不分你我，不分先后，联合设计，联合制造。这种全新的组织模式，让飞机研制效率提高了 40% 左右。”孙聪回忆说。

罗阳担任多个重点型号飞机的研制现场总指挥，一直奋战在研制现场、试验一线。工作节奏最初是“711”，每周干 7 天，每天干 11 个小时；在最后冲刺的 1 个月，他也冲到极限，变成“720”，几乎每天工作达到 20 个小时。人们形容罗阳“是在以冲刺的速度跑马拉松”。多个重点型号飞机很短时间内相继在沈阳飞机设计研究所首飞成功，创造了中航工业历史上的一个奇迹。

以罗阳为优秀代表的航空人，他们赤胆忠心，侠骨柔情。他们以汗水甚至生命，诠释着“恪尽职守”的信仰；他们默默无闻、甘于奉献，挺立起“中国崛起”的脊梁。

在浩瀚的海域里，能否在航母狭长的跑道上降落，关系到试飞员的安全，也关系到歼 -15 将来的命运，以及最终关系到能否形成战斗力。歼 -15 迎来了诞生后的首次大考。按照计划，罗阳登上“辽宁”号航空母舰，参加舰载机歼 -15 的起降训练任务。作为歼 -15 研发现场总指挥，罗阳感到责任重大、心潮澎湃。

为了航母舰载机起降成功，罗阳倾注了全部心血。这是他最后的行程——2012 年 11 月 17 日下午，罗阳参加完珠海航展，飞回沈阳。他连家都没回就连夜赶到舰载机所在基地，召集应急保障团队成员，对舰载机进行又一轮细致检查，直到第二天凌晨 3 时。早上，同事们起床后，发现他已在岸边观察天气……

2012 年 11 月 18 日，早上 6 点多，罗阳登上“辽宁”号航空母舰，为歼 -15 的起降试验做准备。在航母上，罗阳坚持与科研人员整理试验数据，观看每次起降过程，记录和分析飞机状态。除此之外，第一次上舰的他多次前往机库查看，不时做笔记。其后的 4 天，罗阳主要在研究航母舰载机的后续工作。第 6 天，11 月 24 日，歼 -15 从空中俯冲急下，瞬间降速至 0，稳稳停在“辽宁”号航空母舰上。中国首批舰载机全部完成航母首飞，圆了几代航空人让战斗机从陆地跨向海洋的梦想。舰载机成功试飞后，罗阳高兴地与妻子通话，说对这次舰载机的成功试飞感到非常欣慰。

舰上 7 天，每个深夜，罗阳房间里的灯都要到凌晨两三点钟才熄灭。他留下的最后一本笔记里，记满了数据和规划。舰载机降落，外人看到的是雄健的身影，航母上的人所感受到的则是巨大的震动和难以忍受的轰鸣。测试人员以外的人，通常会选择站在一个声音相对小的地方，但罗阳不是，他总想离得近些、再近些，零距离观测舰载机着舰的落点和状况。谁也不知道，他的心脏一次次承受着怎样的冲击！

第七天，25 日上午 12 时，圆满完成舰载机试飞任务的“辽宁”号航空母舰回航。随后，参与这次试飞任务的工作人员陆续离舰。人群中，罗阳显得有些憔悴，他的笑容中透露出些许疲惫。那是罗阳留给人们最后的背影，就在离舰登车后，他突发心脏病，在送医途中，以身殉职，年仅 51 岁。他倒在了自己夜以继日奉献一生的岗位上。他用生命擎起了舰载机起飞，无数人为他落泪，被他感动。他所蕴含的正能量激发了人们的爱国之情、报国之志，让人们思索什么是人生的价值。

国之栋梁，如星陨落，英雄远去，精神永驻。30 年来，罗阳秉持初心，履行航空报国的使命。他长年超负荷工作，带领工程技术人员攻坚克难，完成了多个重点型号研制，直至生命的最后一刻。他将航空报国的志向写在蓝天碧海之间。罗阳同志走了，走得那样急促，没能参加庆功宴，没有给亲人留下一句嘱托。罗阳同志走了，走得那样崇高，让所有了解他的事迹的人肃然起敬、泪流满面。罗阳的名字将永远铭刻于中华人民共和国的历史丰碑上，罗阳的精神将永远光耀千秋，激励人们向着崇高的目标奋勇前进。罗阳的事迹令人动容，鲜明体现了对党忠诚的品格和敬业报国的情怀。习近平总书记作出重要指示，广大党员、干部要学习罗阳同志的优秀品质和可贵精神。习近平总书记指出，雷锋、郭明义、罗阳身上所具有的信念的能量、大爱的胸怀、忘我的精神、进取的锐气，正是我们民族精神的最好写照，他们都是我们“民族的脊梁”。

励志延伸

人的生命是宝贵的，生命的价值取决于他对国家的忠诚、对人民的贡献以及对高尚事业的付出。作为国有企业党员干部，就是要在信念上执着坚定，不因条件变化而淡化，不因观念激荡而动摇，不忘责任之重，无愧于使命，视名利淡如水，看事业重如山，甘愿在个人物质利益上作出牺牲和奉献。

实现中华民族伟大复兴，是中国共产党人的伟大梦想。不忘初心，需要坚持。梦想因坚持而伟大，实现梦想不会一帆风顺，需要我们去拼搏挑战、不懈奋斗。践行初心，敢于拼搏，才能行稳致远。出生在石油勘探之家，他自幼受父亲的熏陶，偏爱这份与大海为伴、与波涛相拥的职业。从一名操作员到带领 150 人的船队经理，他扎根海上已十几年。他，就是中海油田服务股份有限公司物探事业部深水海底电缆船队的领头人杨爱兵。

2009 年，中海油田服务股份有限公司组建首支多波多分量海底电缆船队，杨爱兵被任命负责组建工作。专业设备的设计、安装，国内没有先例可循。“路虽远，行则达；事虽难，做方成。”杨爱兵想，当年大庆会战，“铁人”王进喜有条件要上，没有条件创造条件也要上；今天有公司强大的后盾，怎能组建不起这支队伍呢?

杨爱兵翻阅大量国外资料，一遍遍画设备构造图。为了把资料吃透，他每天晚睡早起，有时半夜刚刚躺下，可心里还是放不下，就又回到调试现场。2010 年年初，船队顺利组建完成，与此同时，杨爱兵参与研制出了具有我国自主知识产权的收放缆系统，获得 9 项专利，为公司节约资金 3000 多万元。这年春节，虽然心中满是对亲人的愧疚和不舍，但杨爱兵还是选择留在船上过年。

2012 年 7 月，因工作需要，杨爱兵前往中海油田服务股份有限公司第二支海底电缆船队担任经理。在“涠西南”海底电缆采集作业中，面对工区内 11 座钻井平台、15 条海底管线、将 8 根电缆铺放在海底用船拖着 4 排空气枪来回穿梭 1200 次的高难度作业，杨爱兵带领员工创造了安全避让障碍物、7 分钟完成掉头上线、多个 PATCH 零补线率等多项好成绩。当月产值突破 4200 万元的消息传回陆地后，很多人都钦佩这位 35 岁的船队经理。

即便是征战海疆十几载，2014 年对杨爱兵来说，依旧是不寻常的一年。这一年，经过近百个昼夜的奋战，杨爱兵带领“滨海 517”勇敢地向国内无人涉足的深水三维海底电缆勘探模式进军。无经验可循、无技术参照，迈出这一步，这条路堪比蜀道之难。

作业初期，受潮流、船速等的影响，将 8000 米长的电缆铺放到 100 米水深下的预定位置总会产生十几米的偏差，不符合作业要求。“难，但必须面对。”杨爱兵拿出年轻时学习的劲头，反复进行公式计算、动态推演、图示分析，不管走到哪儿，他的脑子里都是满满的数据。

功夫不负有心人，2014 年 11 月 1 日，国内首次东海深水海底电缆地震采集作业顺利完成，很多人认为的“不可能”，在杨爱兵这里变成了“可能”——这是世界上首支采用 Searay428XL 采集系统且具备 100 米水深作业能力的海底电缆船队。

初心，是共产党人心灵深处的一盏明灯。忘记了初心，就不是合格的共产党员；离开现实工作而空谈初心，也不是合格的共产党员。进行伟大斗争、建设伟大工程、推进伟大事业、实现伟大梦想，最重要的就是不忘初心、牢记使命，进而不懈奋斗。不忘初心、珍惜初心，坚定理想和信念不动摇，就有了正确方向，就能使自己保持心灵的纯洁、党性的纯粹，约束自己的言论不越矩，战胜各种诱惑，使自己变得崇高，经受住任何考验，诚心诚意为人民办实事。

“时代楷模”贾立群有言：“我觉得，无论什么时候，人都不能没有梦想。只要怀抱梦想，无论多么艰苦的付出，都能找到无穷的乐趣。实现中国梦需要我们每个人立足岗位，脚踏实地。”

我们一定要时常回望初心，精心呵护初心，用力擦亮初心，让它指引我们在新的伟大征程中再出发，破浪远航，不辱使命。我们曾经面对鲜红党旗向党庄严宣誓，实质上是对党庄重的政治承诺，需要通过不断实践来体现，要牢记唯有具备实干精神，才能将理想信念变为现实。

不将今日负初心

旗帜领航

人的一生好比一场马拉松，有的人开始跑得快一些，跑到中途，有时变速，认准目标，坚持到最后，取得好成绩；有的人跑了一段路程后，没有调整好身体和意志，没有坚持下来。初心，简而言之，就是最初的心愿，体现为人们做一件事时最初的动机，就是在所有的愿望、誓言和梦想当中，离自己的本心最近的那颗心。是跑偏还是跑到终点，取决于是否永远葆有一颗初心。

初心，是一个人最初的梦想。遵循初心，才会有动力，才会活出有价值的自我，才会拥有灿烂的、壮美的人生。为了实现心中的目标，多少人舍弃名利，耗尽一生，哪怕生活清苦，也无怨无悔。2016 年 1 月 3 日的《解放日报》上刊发了全国优秀党务工作者蒋永华撰写的《我的美丽朱泾梦》，文章的结尾是："有梦的人是幸福的，追梦的人是辛苦的。我愿意做一个追梦的人，为实现美丽的朱泾梦而奋斗不息。"其实，这正是蒋永华的真实写照。

不忘初心，是实现中华民族伟大复兴的重要保证，是知难而进、攻坚克难的力量源泉。不忘初心，也是一种爱之深、责之切的鞭策与规范。一代代共产党人，把理想和信念熔铸在血脉之中，体现了思想的纯洁、目标的纯净、行为的纯粹。不忘初心、牢记使命，才能清醒地认识我们肩上的历史责任，才能自觉地为实现历史使命而奋斗。习近平总书记在庆祝中国共产党成立 95 周年大会上提醒全党："走得再远、走到再光辉的未来，也不能忘记走过的过去，不能忘记为什么出发。面向未来，面对挑战，全党同志一定要不忘初心、继续前进。”初心易得，始终难守，坚持始终如一，善始善终，极为重要。

在改革开放条件下，广大党员干部不忘初心、牢记使命。被誉为“拼命黄郎”的黄大年毅然归国后，将生命最后几年全部投入科研攻关，推动中国深部地球探测技术实现跨代飞跃。辞去副厅级职务甘当普通教师后，钟扬在生命的最后16年扎根青藏高原，为祖国采集珍贵种子……一个个先进典型之所以能为党和人民的事业鞠躬尽瘁，就是因为他们始终不忘初心，不忘为什么出发，不忘走过的路。他们为了梦想惜时不惜命，为了使命如痴如狂。这些共产党人不愧是优秀的中华儿女，就像一个个散发正能量的光源，指引着我们前行的方向。

楷模风采

2017年4月27日，国务院国资委隆重举行首届“央企楷模”发布仪式，授予中国铁路工程总公司中铁一局第五工程有限公司高级技师白芝勇的颁奖词是：一架全站仪，测量的不单是铁轨延伸的坐标，还有人生的方向。山川洞开，脚下是光明的路；精密测量，完成理想与现实的“无缝对接”；列车呼啸，让世界与中国接轨。

伴随着观众的掌声，白芝勇登上舞台，璀璨的聚光灯下，主持人问他：“长达十几公里的隧道在地下穿行，通常由大山两端相向开挖，请问你和你的团队是怎样实现无缝对接的？”

白芝勇风趣地答道：“隧道从大山两端相向开挖，如同一对有情人在大山深处相会，我们精密测量工作就是要确保他们相会成功，无论他们向左还是向右，都是由我们来提供精准的数据。这样的掘进不是一帆风顺的，常常会遇到各种复杂地质，给我们的测量工作带来严峻挑战。我们在多年的实践过程中探索和研究出了一套科学、严密的测量方法，就好比游标卡尺一样来卡控着隧道以毫米级的误差不断向前延伸，从而保证了这对有情人完美牵手、无缝对接。”

测量，在工程建设中就好比汽车的方向盘。方向盘指的方向对，工程才能不出偏差。在铁路隧道中，隧道在哪儿开挖，走向如何把握，双向开挖的隧道能否无缝对接等，都必须靠精准的数据说话。1999 年，白芝勇从兰州铁路技工学校毕业后，被分配到中国铁路工程总公司中铁一局第五工程有限公司。每天下班后，他都会把水准仪抱到办公室，利用地面、椅子、桌子形成高差，用钢卷尺将高差量出来，然后用水准仪去测量。一次又一次，反复试，不断练，慢慢地，白芝勇有了手感，也对仪器有了直观的认识，最后一直练到信手拈来就能准确无误。

十几年来，白芝勇白天跑现场，晚上挑灯自学，从不看电视、不玩游戏。有时在野外工作一天下来，大家都疲惫不堪，倒头就睡，可是他仍坚持学习《控制测量学》《测量学》等专业理论知识，熟练掌握了各种现场施工测量仪器的操作方法。

2004 年，中铁一局组织测量工技能大赛，行内的高手云集，第五工程有限公司测量队派白芝勇等三个骨干参赛。有一项是“大地四边形测量和计算”，计算量非常大，限时一个钟头。在白芝勇之前，没一个人能完成。轮到白芝勇上场，他转场腿脚飞快，测量动作娴熟，计算时间更是短得不可思议，42 分钟完成比赛，让裁判和出题者大吃一惊。询问后才知道，白芝勇用发给他的卡西欧 4800 计算器临时编了一个小程序，缩短了计算时间。颁奖仪式上，评委们专门让白芝勇介绍他如何编程，赛后还有很多选手来请教他。此后，白芝勇连年在中铁一局的竞赛中卫冕，并在省内和国内的比赛中接连夺魁，被授予“技能状元”等一系列荣誉称号。

在武广客运专线浏阳河隧道施工中，白芝勇使用普通陀螺经纬仪、铅锤仪联合定向法，成功解决了隧道竖井长距离开挖正洞高精度贯通的施工测量难题，提高了横向贯通精度，节约成本 40 余万元。这一技术成果后来被广泛应用，荣获 2010 年全国第三届职工优秀技术创新成果优秀奖。

十几年来，白芝勇参加了许多重大工程。这个留着板寸头的四川男人，已走过全中国 20 多个省份，完成超过 30 座隧道的测量工作，几乎每个测量工程都比预期提前完成。2008 年汶川地震时，他的妻子正和 5 个月大的儿子待在 6 楼的家中。那天下午，远在陕北测量的白芝勇连着给家里打电话，却一直无法接通。

6 个小时之后，心急如焚的他终于听到妻子的声音从听筒里传来，这个从未在工作中掉过泪的四川男人泣不成声，“我一年四季都在出差，对不起我老婆和儿子”。哭完了，白芝勇第二天还是扛着仪器上了山。之后的一年，他有 250 多天都在出差，对他来说，测量是兴趣，更是职责。

每一个工程都离不开测量。在 2008 年为上饶至武夷山的高速公路做测量时，为了躲避毒蛇和蚊虫叮咬，在近 40 摄氏度的高温天气里，白芝勇穿着长袖长裤、背着重达 15 公斤的测量设备翻山越岭……“一到野外就是一整天，我们都只敢背一瓶水，因为仪器太重了。渴了就找山泉，没有就忍着。工程都等着我们的数据才能开工，这点苦不算什么。”他说。

“只有不懈奋斗，才能创造幸福、实现梦想。只有不断改革创新，才能勇立时代潮头。”白芝勇感慨地说。从一名普通技术员到“金牌测量师”，他靠的就是“干一行爱一行，钻一行精一行”的精神。在近 20 年的职业生涯里，他和他的团队精测的线路占到了中国高铁运营里程的 1/10。白芝勇求真务实，精益求精，对精密水准仪、全站仪、全球导航卫星定位系统 GNSS 样样精通，实现了由测量工到测量专家的转变。白芝勇获得了“陕西省劳动模范”“中央企业青年岗位能手”等荣誉称号。2013 年，他光荣享受国务院政府特殊津贴。但在他看来，荣誉只是对过去的肯定，未来的路还在于不懈的奋斗。

励志延伸

我们正处在新时代，中国共产党人的初心和使命，就是为中国人民谋幸福，为中华民族谋复兴。忘记了这一点，就会失去人民的拥护和支持，党的事业就会迷失方向。正因为如此，我们国企人要以永不懈怠的精神状态和一往无前的奋斗姿态，践行初心、不辱使命。尽管岁月匆匆流逝，但国企人内心的信仰并没有渐行渐远，我们所坚持的仍然是那份责任和担当。

1985 年 8 月 26 日，原武昌车辆厂 28 岁的车工方俊明和两个同伴从磨山消暑归来，走到东湖九女墩附近时，忽然听到湖中传来“救命”声，方俊明扔下自行车跳入水中，两个同伴也随后下到水里。正当他们伸手去拉“溺水”的孩子时，那孩子嬉笑着一下子从水里站了起来，水位仅及腰际。原来这个 13 岁的孩子在搞恶作剧。由于水浅，方俊明的头部撞到水下坚硬的水泥平台上，造成颈椎骨骨折，神经受到重挫，高位截瘫。

方俊明为了救“落水儿童”致残，而被“救”儿童的家庭不愿出具相关证明，致使方俊明舍己救人、见义勇为的行为一直未得到确认。致残后，方俊明的妻子在医院伺候了 6 个月便离他而去。父亲病故，1 岁的女儿和瘫痪卧床的他，由 60 多岁的老母亲来照顾。

1985 年，方俊明住院治疗期间，原武昌车辆厂为方俊明支付了医疗费，此后的治疗费基本由企业承担。1986 年，原武昌车辆厂下发了《关于方俊明舍己救人比照工伤待遇》的文件。1987 年，方俊明的妻子起诉离婚。

1995 年，《中国青年报》专题刊登了介绍方俊明事迹的报道《迟到十年的证明》。《武汉晚报》刊登了专题文章《十年卧床心不倒，仍是顶天立地人》，获当年全国晚报好新闻二等奖。被救小孩长大见报后感到羞愧，终于出具了事发当时的书面证明，他们父子上门看望了方俊明。

1995 年 3 月 29 日，原武昌车辆厂作出《关于向舍己救人、身残志坚的好职工方俊明同志学习活动的决定》，号召全厂职工向方俊明同志学习，学习他见义勇为的精神，学习他舍己救人的品德，学习他身残志坚、10 年无怨无悔、勇敢面对病痛和困难生活的高尚精神。同时嘉奖他 5 级工资，提高每月护理费标准，以资关心和鼓励。全厂职工捐助的近 4 万元和物品，被送到方俊明和他母亲的手中。1995 年 4 月 5 日，方俊明被中车公司团工委授予“中车公司杰出青年”称号。之后，中央电视台《东方时空》节目报道了方俊明的事迹。各媒体宣传报道以后，全国各地纷纷向方俊明同志捐款捐物，关心他的生活，关心他女儿的学习成长。此后，每年都有各级领导到他家中看望、慰问。1996 年，作家霍秉全根据方俊明的故事编写了话剧《明天》，此话剧于 2004 年获得曹禺戏剧奖，霍秉全将奖金全部捐给了方俊明。

2008 年，中国南车长江公司成立后，中华铁路总工会、中国南车集团、长江公司领导和工会、团组织继续关心方俊明同志的生活。长江公司从 2008 年起，公司各级领导专程到方俊明家中慰问。武汉分部工会为方俊明同志建立了困难职工档案，两节期间重点慰问。2010 年 6 月，武汉市下发《关于将参加工伤保险单位“老工伤”人员保险待遇纳入工伤保险统筹的通知》（武人社发〔2010〕99 号）文件，公司按照此政策规定，于 2011 年 4 月将方俊明同志的待遇纳入武汉市工伤保险统筹。2013 年 10 月 31 日，武汉市见义勇为基金会授予方俊明“武汉市见义勇为先进分子”称号。

2013 年 11 月 7 日，央视《面对面》栏目组对方俊明进行了专访，并于 12 月 8 日在央视新闻频道进行了播放。11 月 23 日至 27 日，央视《感动中国》栏目组对方俊明的事迹进行了录制。2013 年 12 月 10 日，中国南车长江公司接到通知，方俊明入选“感动中国 2013 年度人物”，12 月 16 日至 19 日方俊明一家赴北京进行了节目录制。2014 年 2 月 10 日，央视新闻频道首播了“感动中国 2013 年度人物”颁奖盛典。

理想，是内心深处的追求和坚守，也是砥砺前进的不竭动力。夺取中国革命的胜利，为的就是一个理想，靠的就是一种信仰。在新时代，只有“不忘初心”，自觉地把坚定的理想信念转化为对奋斗目标的执着追求，才能助推中国梦的实现。国企人必须把崇高理想种在心里，不断提升精神境界，解决好思想庸俗、思想浮躁、思想脆弱等问题，坚定政治立场，保持政治定力，锻造“金刚不坏之身”，不改初衷，矢志不渝。

永葆初心，方能成就自我。现实生活中，有些人曾给自己设定过奋进的目标，想通过自己的努力去实现。可是随着时间的推移，却出于某些原因忘记了自己为何而出发。初心之所以重要，是因为随着时间的流逝、环境的变化，初心容易改变。初心一旦改变，最初确立的目标自然也就无法实现，甚至会南辕北辙。不忘初心，方得始终。一个人的生命很宝贵，无法重来，不能复制，切莫忘记初心。要时常提醒自己，当初是为了什么出发。不忘初心，坚定理想和信念不动摇，就有了正确方向，能使自己保持心灵、言行的纯洁，约束自己的言论不越矩，使自己变得崇高。具有崇高信仰的人，必然实现精神的升华，成为具有特殊品质的人。

理想信念引领人生

旗帜领航

“地位清高，日月每从肩上过；门庭开豁，江山常在掌中看。”这是南宋理学大师朱熹在福建漳州任知州时，为白云岩书院题写的一副对联。该对联有着丰富内涵和深刻寓意。上联说儒者肩负社会道义，两袖清风，可昭日月；下联说儒者读万卷、品万物、识时局，身在书斋，心系天下。习近平总书记曾引用此联，借此阐明领导干部肩负着重大职责，更应志存高远，心胸开阔，始终心系党、心系人民、心系国家，自觉坚持党性原则。

在人生的道路上，每个人都对未来充满憧憬，都有自己的理想。“理想”一词，最初源于古希腊语，意指人生的奋斗目标，在中国古代叫作“志”。古往今来，许多有志者都提倡树立志向。王守仁曾以无舵之舟、无衔之马来比喻没有志向的人，论证了志不立，天下无可成之事。“志不真则心不热，心不热则功不紧。”颜元认为，如果没有明确的志向就会失去前进的动力，而没有了动力必定不会下苦功夫去奋斗。曾国藩说：“人要是立有志向，也就能做圣人、做英雄。”“士人读书第一要有志，第二要有识，第三要有恒。”

近百年来，一代又一代中国共产党人为实现民族独立、人民解放和国家富强、人民幸福，流血牺牲，接续奋斗，靠的就是对马克思主义的信仰，为的就是实现社会主义、共产主义理想。

“我身上没有一件值钱的东西，只有一副近视眼镜，值几个钱？我身上的磷，只能做四盒洋火。我愿我的磷发出更多的热和光，我希望它燃烧起来，烧掉古老的中国，诞生一个新中国。”这是恽代英写下的一首诗。从恽代英的诗中，我们真切地看到了信仰的力量，也看到了共产党人为谋求人民幸福而战、为民族复兴而献身的崇高理想。这位原籍江苏武进的革命家，1923 年，任上海大学教授。同年 8 月，被选为中国社会主义青年团中央委员、宣传部部长。1926 年 5 月，被派到黄埔军校，任政治主任教官和中央党团干事。为了新中国，他拒绝高官厚禄，拒绝各种诱惑，1930 年 5 月，恽代英在上海被捕。1931 年 4 月 29 日，他在南京中央军人监狱从容赴义。雨花英烈精神所蕴含的红色基因、精神力量和彰显的初心，永远是激励和引导我们积极向上的不可或缺的精神力量。

坚定的理想信念是“不忘初心”的灵魂。共产党人的初心是对马克思主义的坚定信仰，对共产主义、社会主义的执着追求。理想信念是中国共产党人革命精神的核心。全国劳动模范沈赤枫感慨道：“和事业给我带来的快乐相比，所有的付出和辛苦都是值得的。”工作孕育了无尽的快乐，崇高的事业是开启她美丽人生的幸福源泉。美好的志向描绘出你生命的曲线，增添你生命的光辉。只有那些怀抱美好志向而奋斗不息的人，才能冲刺到人生的终点。

楷模风采

他 24 岁来到大庆油田，他的人生与石油事业相伴，为大庆油田的开发建设立下了汗马功劳，成为一代石油人的杰出代表、“敢为天下先”的科技闯将、万人瞩目的时代英雄，他就是我国著名石油开发地质专家、科技兴油保稳产的大庆“新铁人”、大庆油田有限责任公司原总经理助理王启民。他敢于挑战油田开发极限，攻克一道道技术难关，创造多项世界纪录，为大庆的“百年油田”目标支起了科技巨擘，为大庆油田实现 27 年 5000 万吨以上高产高效持续开发做出重要贡献，荣获全国五一劳动奖章和中国十大科技成果奖。2018 年 12 月 18 日，党中央、国务院授予他“改革先锋”称号。

1960 年春，数万人马从全国各地挺进松辽草原，展开了一场石油大会战。王启民也在这支队伍中，被壮丽的油田事业吸引，他当时是北京石油学院的实习生。1961 年王启民大学毕业，原本可以去南方或留在首都，但他却主动请缨来到大庆油田安家落户。这里当时的条件异常艰苦：每天吃的是单一的玉米糊，住的是四处漏风的简易棚，白天工作了一天，晚上睡觉时床上又湿又潮。

当时有外国专家断言：“像大庆含蜡这么高的油田，中国人根本没有能力开发。”可王启民说：“我们就是要靠自己的力量，闯出中国自己的油田开发之路！”“会战大军靠的一个是拼命的闯劲儿，一个是科学的态度。”他当年写下一副对联：“莫看毛头小伙子，敢笑天下第一流”，横批是“闯将在此”。

1963 年冬天，王启民把即将分娩的妻子陈宝玲送上回娘家的火车，自己一头扎到试验区。当列车行至锦州火车站时，陈宝玲生下了女儿。与女儿一同来到这世界的，是王启民脑子里一个大胆的构想，他提出大庆油田地下油层厚薄不匀，应当采取“高效注水开采方法”——这是对“温和注水”理论的颠覆。王启民在一口已经废弃的油井上开始一次次试验。终于，这口井日产量迅速回升。此后，应用“高效注水开采方法”使被判了“死刑”的一批油井转而成为百吨高产井。

20 世纪 70 年代，由王启民主持的“分层开采、接替稳产”开发试验，使大庆油田水驱采收率整体提高了 10% 至 15%。20 世纪 90 年代，王启民组织实施的“大庆油田高含水期稳油控水系统工程”结构调整技术，使大庆油田实现了3年含水上升不超过1%。与国家审定的开发指标相比，5年累计多产原油610多万吨，增收节支150亿元。

不忘初心，方得始终。40多年来，不断地创新、突破，不断地挑战、超越。在过去的40多年里，在大庆油田的开发历史上，王启民创造了一个又一个世界纪录。他先后主持了大庆油田8项重大开发试验任务，参加了40项科研攻关课题和油田开发规划编制研究等工作。他的辛勤工作，为大庆油田创造了巨大的经济效益，仅“表外储层”开发研究成果，就相当于为大庆增加了一个地质储量7.4亿吨的大油田。王启民说：“一个人生命的价值不在于你拥有多少，而在于你奉献多少；什么时候精神都不能趴下，咬牙挺过来，人生和科研都会出现新天地。谁说中国人靠自己的力量开发不了这么复杂的大油田?！”

励志延伸

翻一翻中国农药发展史，直到20世纪末都极少有自主知识产权的农药诞生，仿制和混配一直是我国农药研发的主要内容。刘长令发明的高效低毒低残留的氟吗啉，实现了我国具有自主知识产权农药品种“零”的突破。

中化集团沈阳化工研究院总工程师刘长令先后主持完成国家重点课题十多项，发明了已获得国家登记的创制农药新品种4个，截至2011年12月，在国内外分别获授权专利31项和18项。

“这地你要是不付出劳动，不滴汗水在里边，永远也长不出好庄稼，没有付出哪儿有收获呢？”儿时母亲的一句话，刘长令铭记于心。田里庄稼因病害成片干枯的场景也让他下定决心：要为这片土地多做点事情，让家乡的农民少些愁眉。“想想地里的庄稼，看看家乡的父老，再难也要创制出新药。”有了这样的信念支撑，自1989年研究生毕业留在沈阳化工研究院之后，刘长令就一头扎进了新药研制这个既枯燥又清贫的工作中。

沈阳化工研究院新药研究室里，有一块牌匾写着：成功 = 理想 + 实干 + 毅力 + 方法 + 运气，这是刘长令的成功秘诀。“在工作上，他是个‘拼命三郎’，我经常收到他在早上 5 点钟左右发来的邮件。”沈阳化工研究院院长胥维昌说，“刘长令经常在夜里想到一些点子，马上就起床记录下来，并发给同事们探讨。”

每天早上 7 点之前，刘长令便出现在新药研究室里，直至晚上 11 点，他依旧忙碌着。看门的师傅多次进来催他回家，他舍不得离开，一定要干完才满意，甚至索性睡在实验室。“图书馆—实验室—家”，这是他“三点一线”的生活轨迹，简单而充实。

在业界声名鹊起之后，刘长令频频接到其他单位的高薪邀请。对此，他一笑而过。现在的工作虽辛苦，但在刘长令看来，比小时候已经好太多了，“无所谓，我穷惯了，是研究院的培养和支持，才让我有了今天的成绩，我舍不得离开”。

几年前，刘长令的身价已经增加到年薪 100 万元了，有许多公司想聘请他，他不肯去，宁愿留在沈阳化工研究院，每年只拿几万元的工资。一次，单位集资建房，刘长令手里没有充裕的钱，仍然居住在 70 多平方米的房子里。一家公司得知刘长令买不起房子，准备送一套大房子给他，可是，他却不肯要。他知道要了人家的房子，就得做人家的顾问，自己就没了业余时间，就影响自己的研究。刘长令说，吃熊掌是活着，吃鱼也是活着，干吗非得要吃熊掌，吃鱼不也挺好吗?

院里的领导也时常关心和支持刘长令的生活和工作。李彬当了两届院长，他在当第一届院长的时候就在大会上说，凭刘长令的贡献，早就应该是百万富翁了。可是，我们院的经济总量不够，奖金就有限了，我们的奖励仅仅是象征性的。

刘长令只是一笑：“真的，几万元的工资，吃穿不愁了，比小时候不知要幸福几万倍。物质这东西，无尽无休，多少钱才是多呢？够生活就行了。只要工作着，我就很快乐。”

“新农药创制需要化学、农学、生物学、环保学、计算机技术等多学科多专业的密切配合，要研究出世界上本不存在的东西，本身就是一个自主创新的过程。”刘长令说。创制新药的过程，首先要进行化合物分子设计，合成世界上不存在的化合物，然后要对合成的化合物进行应用研究，经过多次的循环往复。

最初的几年，刘长令的确连个新农药的影子也没摸到。顶着别人的质疑声，深刻了解工作复杂性的刘长令，依然不急不恼，坚信“一把钥匙开一把锁”的道理，他硬是凭着这股子坚定执着的劲儿，一遍一遍地做着实验。5 年的时间，他最终以较低的成本发明了让世界为之惊讶的杀菌剂——氟吗啉。

氟吗啉一下就造就了多个“第一”：我国第一个获得正式登记注册、具有自主知识产权的农药品种；我国第一个获得欧美发明专利的农药品种，我国第一个拥有国际通用名称的创新农药品种，我国第一个在国外登记销售的创新农药品种……氟吗啉投产至今，已产生了巨大的社会与经济效益，也一举奠定了刘长令在业界的地位，现在几乎所有学农药专业的人都知道刘长令。

“想的时间长、做的时间长，灵感就来了。”通过十几年农药创制的探索、研究，刘长令在看似枯燥的实验过程中不断总结经验教训，完成了从量变到质变的飞跃。他发现的“中间体衍生化方法”为创新农药的研发提供了一种行之有效的新方法、新思路，目前已成为国内新药创制的基本研究方法。

作为学科带头人，刘长令的另一个工作重点就是为新农药事业培养人才、储备才智。作为众多学校和研究院的硕士生导师、兼职教授和博士生导师，他已先后培养了 27 名硕士和 2 名博士研究生。

刘长令还乐于分享与交流自己的科研经验，他多次受邀在国内外学术会议上做新农药创制方面的报告。2010 年，他受邀在澳大利亚召开的 IUPAC 国际农药会议上，首次阐明了“中间体衍生化方法”的内涵与应用，得到了国内外同行的好评，也在国际上打出了“中间体衍生化方法”的名声。

作为万物之灵，人活着离不开物质生活，但更离不开精神生活。坚定的理想信念，是一个人生存发展的精神动力，是攻坚克难的制胜法宝。理想信念、精神支柱比金钱、粮食更重要。凡是不满足于现状、勇于开拓进取的为政者、专门家的日日新之业绩，无不根源于崇高理想。获得成功事业的，永远属于具有崇高理想、坚定信念的艰苦奋斗的人们。

大凡饶有作为的人，无不具有超人一等的志向；而其行动亦必循其理想方针向前迈进，使之配合理想目标，日益接近成功的终点。《论语·子罕》有云，“三军可夺帅也，匹夫不可夺其志也”。许多有志者都树立远大的理想。从秦末陈胜的鸿鹄之志，到杜甫的“致君尧舜上，再使风俗淳”，从陶渊明描绘的没有贫富差别的“世外桃源”，到孙中山的“驱除鞑虏，恢复中华”，都反映了他们改造天地、创造历史的第一等大志，展现了至善至美、兼济天下的理想抱负。

习近平同志说：“共产党员要志存高远，胸怀共产主义远大目标，并把这种远大理想落实到脚踏实地、扎扎实实做好当前的本职工作上，始终保持良好的精神状态，敢于面对矛盾和问题，矢志不渝地为中国特色社会主义事业不懈奋斗，努力成为坚定理想信念的先锋模范。”坚定人生志向，咬定奋斗目标，把个人理想与社会理想统一起来，把远大理想和现实努力统一起来，才能为人民掌好权、用好权，才能提高自己的思想境界，经受住来自方方面面的考验。

“信念”由“信”和“念”组成，意指人们在一定的认识基础上确立的对某种思想或事物坚信不疑并身体力行的心理向度和精神状态。泰戈尔有句妙语：“信念是鸟，它在黎明前仍然黑暗之际，感觉到了光明，唱出了歌曲。”理想不同于信念，两者又不可分离，总是如影随形、相辅相成。理想是引航的灯塔，信念是前行的风帆，理想和信念造就人生格局。

在人生的道路上，每个人都对未来充满憧憬，都有自己的理想和信念。

对国企人来说，树立和坚定崇高理想是一生中的重要问题。有了这种理想之翼的托升，才能超拔于流俗之上，卓立于庸俗之中，展示出璀璨的魅力。习近平总书记在论述理想信念问题时使用了“凝魂聚气”“强基固本”“返璞归真”“固本培元”等词语。只要我们永不动摇理想和信念，对人民群众永葆赤子之心，我们就能无往而不胜。让我们扛起新时代赋予的重任，在时代进程中再立新功，百尺竿头，更进一步。

信仰的无穷力量

旗帜领航

信仰，是人们对一种思想、学说或者主义的极度的信服和仰慕。信仰在人生的长河中，如同航标灯，指引着人们生活和奋斗的方向，有助于提升人们的精神境界。

信仰，是决定一个人“举旗定向”的根本问题。马克思主义是共产党人的根本信仰，是共产党人的精神魂魄。没有这个信仰、这个魂魄，共产党人就不是真正的共产党人，只能陷入其他主义泥潭中不能自拔。习近平总书记在庆祝改革开放40周年大会上强调：“信仰、信念、信心，任何时候都至关重要。小到一个人、一个集体，大到一个政党、一个民族、一个国家，只要有信仰、信念、信心，就会愈挫愈奋、愈战愈勇，否则就会不战自败、不打自垮。无论过去、现在还是将来，对马克思主义的信仰，对中国特色社会主义的信念，对实现中华民族伟大复兴中国梦的信心，都是指引和支撑中国人民站起来、富起来、强起来的强大精神力量。”共产党员的“信仰”，是一份“取之不尽”的力量。“信仰”就像灯塔，指引着前进的方向，照亮了前行的道路，让广大党员步履坚定、奋力向前。

在南京雨花台，雨花英烈们来自全国20多个省市，留下姓名的烈士有

1519名，他们的事迹展示了共产党人的崇高理想信念、高尚道德情操、为民牺牲的大无畏精神。而雨花英烈中的大多数共产党员都是20世纪二三十年代入党的，多数出身于富裕家庭，受过良好的教育，其中不乏留洋的博士。如不是为着民族的复兴与国家的富强，不是选择对国家和民族的担当，他们完全可以过着富足的生活。他们牺牲时大多很年轻，平均年龄不足30岁。他们把自己短暂的一生奉献给为人民谋幸福、为民族谋复兴的使命。即便身处险境，仍能坦然面对生死，笑看风萧水寒，本色不变。

1920年的春夜，在浙江义乌分水塘村一间久未修葺的柴屋中，陈望道潜心将《共产党宣言》翻译成中文，竟将墨汁当成红糖吃掉而浑然不觉，甚至感觉墨比糖还要甜。这，是信仰的味道。习近平总书记多次用形象、生动的语言谈信仰、信念。在他看来，马克思主义、共产主义理想是共产党人的“命脉和灵魂”，是经受住任何考验的“精神支柱”。他还多次讲陈望道翻译《共产党宣言》的故事，讲信仰的味道、信仰的感召、信仰的力量。这信仰，是面对党旗、举起右手时立下的铮铮誓言，是为共产主义奋斗终身的庄重承诺，是共产党员一辈子的坚守。

走进新时代，我们唯有不忘初心、牢记使命，用信仰点燃希望，用信仰塑造伟大精神，用信仰产生磅礴力量。不管风吹雨打、不管形势如何变化，对党的信念、对马克思主义的信念要坚定不移，要高擎信仰火炬与时代同行，凝聚起排山倒海的磅礴力量。树立高远的理想、坚守纯洁的信仰，对党员干部来说，是一个根本性的大问题。

楷模风采

在荒岛的风沙中，在最美的年华里，为了铸国之重器，三十载春夏秋冬，青丝变白发。他，就是我国第一代攻击型核潜艇和战略导弹核潜艇总设计师、中国工程院院士、中国船舶重工集团公司第719研究所名誉所长黄旭华，被誉为“中国核潜艇之父”。

2017 年 11 月 17 日，在全国精神文明建设表彰大会上，习近平总书记给两位白发苍苍的道德模范让座，感动了在场所有人，也感动了全国人民。其中一位就是“中国核潜艇之父”黄旭华。他 30 年隐姓埋名，父亲去世没有回去奔丧，母亲也见不到“人间蒸发”了的儿子。正是以这样的奉献，他攻坚克难，研发出核潜艇核心技术，使我国成为第五个拥有核潜艇的国家。习近平总书记在与全国精神文明建设表彰大会代表合影时，拉着黄旭华的手，执意邀请他坐在自己身边。“我做梦也没想到，总书记竟然把我请过来坐到他身边，还问了我的健康情况。总书记对我们的关怀，我要回去传达（给身边的人），要让所有同志认识到我们（实现中华民族伟大复兴的中国梦）任重道远，要再铸辉煌。”

一个人的成长成才脱离不了时代的浸染。黄旭华曾讲述早年的经历——他小学毕业时，七七事变爆发。在颠沛流离的求学之路上，他目睹了山河破碎：为什么中国老百姓四处逃难、家破人亡、妻离子散？为什么不能安下心来读书？他得出结论：中国太弱小了，贫弱就要受人家的欺凌，受人家的宰割。作为一个普通乡医之家的三儿子，他原来想当一名医生，按照父母的意愿——治病救人。“我不学医了，我要科技报国，我要学航空，学造船。将来我要制造飞机保卫我们国家的蓝天；或者我要制造军舰，抵御外国从海上进来的侵略。”这是黄旭华半个多世纪一直炽热的报国心。

黄旭华用坚定的信仰，把个人抱负和国家命运相连。1949 年春节期间，他终于如愿成为一名光荣的共产党员。时至今日，他依然记得当初立下的铮铮誓言：“党需要我冲锋陷阵时，我就一次流光自己的血；党需要我一滴一滴地流血时，我就一滴一滴地流！”

1954 年，黄旭华被调到上海船舶工业管理局，参加苏联援华舰船的转让制造和仿制工作。在这里，他不仅成长为一个拥有现代造船理论与技术的专业人才，而且实现了人生理想与抱负，成了一个铮铮的革命者。这为其后来铸造国之重器奠定了专业基础和思想基石。

“核潜艇，一万年也要搞出来！”1958 年，面对当时掌握核垄断地位的超级大国不断施加的核威慑，面对苏联领导人“核潜艇技术复杂，价格昂贵，你们搞不了”的“劝告”，毛泽东一声令下，我国正式启动研制核潜艇。

同年，曾参与仿制苏式常规潜艇的黄旭华因其优秀的专业能力被调往北京，参加我国第一代核潜艇的论证与设计。领导告诉他：核潜艇研制是国家最高机密，要一辈子隐姓埋名，默默无闻。隐姓埋名，就意味着要甘做无名英雄，意味着自己的毕生努力可能无人知晓。而黄旭华毫不犹豫地选择留下。“一万年太久，只争朝夕。造不出核潜艇，我死不瞑目！”黄旭华回忆起当时的情景依然激情澎湃。

最初，核潜艇研发团队只有29个人，他们平均年龄不到30岁。谈起理想，大家都豪情万丈，再看现实，却是一穷二白，工业基础薄弱，研制核潜艇谈何容易。当时，美国、苏联等国家已先后研制出核潜艇，但这一切都是核心机密，这群年轻人很难拿到哪怕一点现成的技术资料。核潜艇到底什么样？谁也没见过；里面什么构造，谁也不清楚。唯一知道的就是它威力巨大——一个高尔夫球大小的铀块燃料可以让潜艇航行6万海里，这对尚处于起步阶段的中国国防来说极为重要。没有条件，或者条件不具备，怎么办？“我们的办法叫骑驴找马。如果连驴也没有，那就迈开双腿也得上路，绝不等待。”黄旭华回忆说。同事们大海捞针般从国外的新闻报道中搜罗有关核潜艇的只言片语，仔细甄别这些信息的真伪，拼凑出一个核潜艇的轮廓。

后来，有人从美国带回来一个“华盛顿”号核潜艇的儿童玩具模型，他们如获至宝。研究者们把玩具拆开、分解，兴奋地发现，玩具里密密麻麻的设备与他们构思的核潜艇图纸基本一致，这就验证了他们此前的探索。

黄旭华至今还珍藏着一个“前进”牌算盘。他说，首艘核潜艇几万个数据的取得，都是通过算盘和计算尺演算出来的。为了保证数据准确，常常是两组一起算，直到结果一致。“核潜艇的数据，要运用到各种复杂、高难度的运算公式和数字模型。”中船重工首席技术专家张锦岚回忆当年的场景，仍然觉得用算盘算数据简直“不可想象”。

为了确保潜艇的重心严格控制在设计范围内，黄旭华还想出了更“土”的办法——磅秤称设备。黄旭华要求，所有拿到船上的设备、管线都要过秤，登记在案，凡是拿出船体的边角余料，也要一一登记，几年来天天如此。他还要求记录的重量必须精确到小数点后两位，并逐一检查，不合格的退回去重称。

那些年，以黄旭华、彭士禄为代表的第一代技术领导者们殚精竭虑进行技术攻关，拖家带口在辽宁一座荒芜凄苦、人迹罕至的小岛上忍饥受冻。尽管工作生活在同一个岛上，夫妻也是聚少离多，他们先后生下 3 个女儿，女儿们很少见到父亲。一次，黄旭华从外地回家，大女儿说了一句让他哭笑不得的话：“爸爸，你到家里出差了？”妻子李世英跟他开玩笑：“你是真正的‘客家人’，你是到家里来做客的。”

岁月漫长，生活艰辛，妻子李世英以乐观和坚强相待。300 斤的煤球，李世英和大女儿分多次，晃晃悠悠地搬上 3 楼；地震来了，李世英抱着刚出生的三女儿，拉着大女儿四处逃命；大女儿上学路上，跌入雪坑，昏迷九天九夜，李世英日夜守候，而这一切，黄旭华都不曾知道。那时的他正带领同事们向一道道技术难关发起冲击。功夫不负有心人，他们突破了核潜艇中最为关键、重大的核动力装置、水滴线型艇体、艇体结构、人工大气环境、水下通信、惯性导航系统和发射装置 7 项技术。

1970 年 12 月 26 日，我国第一艘鱼雷攻击型核潜艇顺利下水，中华民族开始拥有了捍卫国家安全的海上苍龙。十年磨一剑。黄旭华及其同事们荒岛求索，在世界核潜艇史上写下光辉篇章——上马三年后开工、开工两年后下水、下水四年后正式编入海军进入战斗序列。至此，中国成为世界上第五个拥有核潜艇的国家。

老骥伏枥，不忘初心。1988 年 4 月，在我国一代两型核潜艇的定型、完善过程中，黄旭华不畏凶险，以总设计师的身份登艇，现场指挥极限深潜试验。接近极限深度时，潜艇开始一米一米地下潜。“咔嗒——咔嗒——”寂静的深海中，巨大的水压压迫潜艇发出声响。黄旭华镇定自若，在听取各项实测数据的报告后，他果断指挥：“继续下潜！”最终，试验成功了，新纪录诞生了！试验结束，登上岸边，这位世界上第一个参与核潜艇极限深潜的总设计师，再也抑制不住内心的激动，即兴作诗一首：“花甲痴翁，志探龙宫，惊涛骇浪，乐在其中！”正是这一年，我国政府对外宣布：中国进行核潜艇水下发射运载火箭试验成功，中国成为继美国、苏联、英国、法国之后，世界上第五个拥有第二次核打击力量的国家。

甘心做沉默的砥柱，心有大我、至诚报国，黄旭华的爱国情怀历经岁月的沉淀而越加厚重，历经实践的考验而越加璀璨，最是情怀感人心。黄旭华投身我国核潜艇事业几十载，他的生命与祖国的核潜艇事业融为一体，他选择了国家荣誉和国家利益为上，放弃了个人和小家利益，却从没有放弃过中国梦。只要事业需要，明知前面的路并不平坦，也毅然挺身而出；只要祖国召唤，哪怕需要隐姓埋名 30 年，也绝不说一个“不”字；只要“战场”还在，哪怕身体只允许自己每天上半天班，也不轻易离场。

2017 年 12 月 8 日，黄旭华拿出刚获得的何梁何利基金科学与技术成就奖一半的奖金，捐给母校白沙中学和白沙小学各 10 万元港币，支持家乡的教育事业。老骥伏枥，壮心不已，如今 93 岁的黄旭华，仍坚持工作。他说：“我还记得当初入党时的誓言，我要继续工作，为实现祖国的强国梦、强军梦做贡献。”

励志延伸

信仰是理想的核心。无论是集体还是个人，有了坚定信仰，就有了立身之本、精神之魂、力量之源，就有了方向感、归属感。成就大事的人，不仅要有超出世人的才能，还要具备坚韧不拔的意志，在他人生的字典里找不到“难”字。有了信仰和毅力，精神不滑坡，办法总比困难多，就能渡过难关，进而增加一份本事，增添一份成熟。

“共产党员，任何时候绝不能混同于普通群众。”这是郭太现常说的一句话。1998 年，在大阪市立大学取得博士学位的郭太现，毅然放弃日本国立历史民俗博物馆研究员优越的工作条件，回到渤海研究院工作。

2000 年年初，他承担起中国海上最大的整装油田——蓬莱 19-3 油田Ⅰ期项目的储量评价工作。为把好质量关、技术关，数以百计的化验报告他亲自分析研究，成千上万个技术数据他亲自复核审查。白天，他被大大小小的汇报牵制，只有到晚上，他才在一杯浓茶中进入工作状态。那几个月，郭太现没有一天在夜里 12 点前回过家。

2000 年 5 月，渤海研究院按时向国土资源部提交了厚达 400 多页的研究报告，并顺利通过审查。上级领导在总结蓬莱 19-3 油田Ⅰ期项目时动情地说道：“在仅仅 4 个月的时间里能够顺利地完成石油储量达数亿吨的大型油田的储量评价，这在中国海油油田开发史上是少见的。”

两年后，郭太现又率领科研团队在半年时间内完成了旅大 4-2/5-2/10-1 三个油田的储量评价和开发可行性研究，3 年建成 200 万吨年产能，这成为中国海洋石油开发史上的典范。在 2002 年度渤海研究院科研成果技术交流会上，项目副经理赵春明给大家讲述了员工们一个个忘我拼搏的故事，30 分钟的发言，会场里 6 次响起掌声，不少同志眼里闪烁着晶莹的泪花。这时，一位听众问：“在你的报告里，怎么不见项目经理的影子？”赵春明回答：“因为项目经理说，报告里不要提他的什么功劳，但每位同志都会记住，他与我们共同奋战的日日夜夜……”

大家不会忘记，多次在申报科技进步奖时，郭太现都主动把机会让给年轻人，2002 年当选全国海洋石油工业劳动模范，他更是把 5 万元奖金全部交给组织和集体。在内心深处，大家为能与郭太现一起工作而感到幸运，觉得有他在，工作时就有个主心骨，困惑时就有个知心人，倦怠时就有支强心剂，处事时腰间就有股正气。

2007 年 8 月，郭太现被任命为中海石油（中国）有限公司天津分公司副总经理、党委副书记。加班对他来说是平常事，周末也变成了正常工作日。对每一份报批的文件，他都一丝不苟，认真审核。他倡议创办《渤油风采》刊物，并亲自撰写文章，号召全体党员干部要做科技创新的带头人，实践“三约”管理（高度集约、合理简约、严格制约）的带头人，“三基”工作的带头人，企业文化建设的带头人。

回国后十几年中，郭太现先后负责了曹妃甸 2-1、蓬莱 19-3、锦州 25-1 南等 20 多个油气田的地质油藏研究工作，出色地完成了 8 亿吨探明石油地质储量、200 亿立方米探明天然气地质储量的评价，每个项目的成果都是响当当的。

理想动摇是最危险的动摇，信念滑坡是最危险的滑坡。理想和信念出问题，也就动摇了共产党人的根本政治立场，就必然会偏离正确的政治方向，就会出一系列问题。信仰需要仰视而守，更需俯身而行。把共产主义理想变为现实，需要一代代共产党人的接续奋斗。没有远大理想，称不上是合格的共产党员；离开现实工作而空谈远大理想，也不是合格的共产党员。作为国有企业党员干部，要想干事、能干事，追求卓越，把工作当事业做。这种境界需要固本培元、坚定理想，需要正心修为、勇于实践。我们要尊崇党章，信守誓言，知行合一——胸怀共产主义远大目标，并把这种远大理想落实到脚踏实地、扎扎实实做好当前的本职工作上，始终保持良好的精神状态，敢于面对矛盾和问题，在答好时代之卷中矢志不渝地为中国特色社会主义事业不懈奋斗。

国企人：带头讲政治

旗帜领航

在新的历史起点上，讲政治是进行伟大斗争、建设伟大工程、推进伟大事业、实现伟大梦想的力量源泉和根本保证，是党员干部的首要素质和立身之本。讲政治、有信念是“四讲四有”合格党员第一位的标准。作为国企人，要保持清醒政治头脑、明确清晰政治观点、正确把握政治方向、坚定站稳政治立场。必须以高度的思想自觉、严格的政治要求、执着的表率行动讲政治，把讲政治常态化具体化，以永远在路上的坚定和执着，深入持久、驰而不息、抓常抓长。

习近平总书记指出，坚持党对国有企业的领导是重大政治原则，必须一以贯之；建立现代企业制度是国有企业改革的方向，也必须一以贯之。要把加强党的领导和完善公司治理统一起来，建设中国特色现代国有企业制度。

关于国有企业党组织发挥领导作用，习近平总书记强调：“归结到一点，就是把方向、管大局、保落实。”把方向，就是要自觉在思想上政治上行动上同党中央保持高度一致，坚决贯彻党的理论和路线方针政策，确保国有企业坚持改革发展正确方向；管大局，就是要坚持在大局下行动，议大事、抓重点，加强集体领导、推进科学决策，推动企业全面履行政治责任、经济责任、社会责任；保落实，就是要管干部聚人才、建班子带队伍，抓基层打基础，凝心聚力完成企业中心工作，把党中央精神和上级部署不折不扣落到实处。

习近平总书记指出，国有企业领导人员是党在经济领域的执政骨干，是治国理政复合型人才的重要来源，肩负着经营管理国有资产、实现保值增值的重要责任。把这支队伍建好、用好、管好，对国有企业坚持党的领导、加强党的建设，对做强做优做大国有企业至关重要。国有企业领导人员要提高政治能力，国有企业领导人员不是“红顶商人”，更不能把自己混同于“老板”。必须增强党的意识，牢记自己的第一职责是为党工作，牢固树立政治意识、大局意识、核心意识、看齐意识，自觉向党中央看齐，向党的理论和路线方针政策看齐，做到党的号召坚决响应，党的要求坚决落实，党提倡的坚决拥护，党反对的坚决杜绝，把爱党、忧党、兴党、护党落实到经营管理各项工作中。

楷模风采

李金，1983 年进入铁路系统工作，从 1996 年至今担任呼和浩特铁路局乌海工务段乌海西线路车间党总支书记。他始终坚守在基层党支部书记岗位，专心致志务本行，聚精会神抓主业，下功夫把党支部打造成百里铁道线上的坚强战斗堡垒。乌海西线路车间创造了连续 26 年安全无事故的优异成绩。乌海西线路车间先后 3 次被评为铁路局“先进集体”，车间党总支连续 8 年被评为铁路局“先进基层党组织”。李金荣获“呼和浩特铁路局优秀党务工作者”“全国铁路优秀党务工作者”称号。

党支部工作是门学问，更是门艺术，不懂业务难挺腰杆，干活儿没底气。为提高自己做党支部工作的本领，李金下足了功夫，做到“学到深处，思在点上”。他提出的“红线教育防侥幸、反思教育防松懈、亲情教育防拖绊和帮扶教育防掉队”主题教育，被选为思想教育特色案例在全局推广；提出的以满足人心理需求为理论基础开创的“引导激励式群众工作法”，入选《呼和浩特铁路局一对一思想政治工作十四法》一书，已被各单位借鉴；提出的党员微党课、党支部工作与班组工作有机融合的“一班作业法”等 8 项接地气的思想政治工作法，有效解决了党支部工作单调枯燥问题。

只有真情投入，才能做好群众工作。李金善于抓住职工群众最关心、最直接、最现实的问题开展工作，使职工能够全身心投入工作。职工或家属生病住院，李金都会前去探望；职工有困难，他及时帮助解决；遇到职工家婚丧嫁娶，他总会带着党员职工登门帮忙。他曾经连续 20 天寻找因不适应环境擅自离岗大学毕业生，并亲赴宁夏家访，终使其返岗、成长为车间骨干……

励志延伸

党员领导干部是职工群众心中的主心骨，必须旗帜鲜明讲政治。练就敢于担当的宽肩膀，践行自己的使命与重任，保持旺盛的斗志与激情，面对困难不推脱，遇到问题不回避，敢于承担责任；应该做的事顶着压力也要干，必须负的责迎着风险也要担；能够在平常时候看得出来、关键时刻站得出来、危急关头豁得出来。敢于坚持正确的东西，敢于反对错误的东西，把履职尽责的要求内化于心、外化于行，用自己的辛苦指数换取职工群众的幸福指数，驾驶事业之舟楫，荡起意志之双桨，劈波斩浪，勇往直前，抵达成功的彼岸。

中国航天科工集团第二研究院是国家空天防御技术总体研究院，是中国导弹工业的摇篮。近年来，二院以先进思想带动开拓创新，发挥“微平台”在职工思想政治工作中的重要作用，积极构建新时代加强职工思想道德和职业道德建设的新途径、新载体，巩固干部职工共同团结奋斗的思想基础，不断提升企业文明程度和道德水平，推动企业转型发展。

开展微讲堂活动，是二院践行社会主义核心价值观、传承航天文化的重要阵地，也是职工开阔视野、更新观念、激荡思维的主要渠道。一是道德讲堂“三贴近”。二院开展道德讲堂活动，遵循“贴近职工的道德认同、贴近职工的道德实践、贴近职工的道德需求”的“三贴近”原则。形式上以“唱歌曲、学模范、诵经典、谈感悟、送吉祥”5个环节为基本流程，内容上围绕社会公德、职业道德、家庭美德和个人品德来讲述身边榜样的故事，使职工在道德讲堂上既是受众，又是主角，把以往思想教育中“你说我听”的方式转为“我践行、我参与”的方式，从而激发了干部职工积极参与的热情。二是各类讲堂“三融入”。二院坚持“融入中心工作、融入企业文化、融入‘两学一做’”的原则，组织各级各类讲堂活动，内容多样化、活动常态化，围绕企业转型升级的热点、难点问题答疑解惑，围绕文化落地进行专题阐述，讲堂活动走进型号试验队、走进研究室车间、走进一线班组，职工不断提高思想境界，党员不断增强党性修养，为促进企业科学发展新增动力。

共产党员尤其是领导干部讲政治，要炼就一双政治慧眼，做政治上的明白人。必须牢固树立政治理想，把握政治方向，增强政治意识、大局意识、核心意识、看齐意识，在提高政治站位上作表率。要对党绝对忠诚，“心中有党、心中有民、心中有责、心中有戒”，坚决同以习近平同志为核心的党中央保持高度一致，坚决贯彻落实党中央各项决策部署，做到党中央提倡的坚决响应、党中央决定的坚决执行、党中央禁止的坚决不做。要如实向党反映和报告情况，反对搞两面派，反对弄虚作假、虚报浮夸，反对隐瞒实情、报喜不报忧。要认真落实党内政治生活准则，自觉接受党内政治生活锻炼，切实解决随意化、形式化、平淡化、庸俗化问题。

政治上的清醒与坚定，精神上的高尚与亮节，来源于理论上的深刻和彻底。保持初心，炼就“金刚不坏之身”，必须用科学理论武装头脑。理论是管方向、管全局的，也是管思想、管灵魂的。党员干部要把马克思主义理论作为必修课，真学真懂真信真用，优化思维方式，提高理论水平，把坚定的理想信念建立在对马克思主义的深刻理解之上。党员干部无论在怎样错综复杂的情况下，都应当坚定自己的理想和信念，这是我们的精神动力和力量源泉，是我们的真正优势。

画好党员的“标准像”

旗帜领航

每一个人都不可以忽视自己的形象，即不可忽视“他人眼中的自己”，也就是别人怎么看自己，党员干部更是如此。合格党员的形象，可以形成自己独特的人格魅力，使人产生信赖感，具有说服力、影响力，能够提高企业的整体形象。因此，画好党员的“标准像”，每天以良好形象出现在众人面前，无疑是非常重要的。

国有企业党员的形象，是与方方面面的人交往的重要窗口。在各种交往中，每一位党员干部都是一则流动的广告、一张重要的名片，都是企业的代言人。可见，党员干部的形象绝对不是小节问题，群众会以小见大看待党员干部。可以说，党员干部形象在公众面前，是其有效实施领导行为的“无形资产”。外表有形、语言有度、行为有谱，掌权不忘廉政，做事不忘公平，才能提升自己的人气指数，提高亲和力和追随度，才能使良好形象深入人心。

党员干部的形象是政治素质、道德品行、思想作风的综合反映。党员干部若树立起良好形象，就会在下属和职工群众中产生感召力、向心力，被领导者就会积极主动地支持拥护他，产生一呼百应的效果；反之，就会缺乏感召力、向心力，被领导者就会消极被动，导致领导效能低下。

在各个企业中，作为“关键少数”的党员领导干部处于重要位置，具有很强的行为导向和风气引领作用。党员干部形象如何，会在一个单位或较大的范围产生辐射力和影响力，并在人们心灵上留下很深的印迹。

楷模风采

我国是一个钾肥消费大国，但钾矿资源严重匮乏，在进口钾肥的谈判桌上，几乎没有话语权。国投新疆罗布泊钾盐有限责任公司党委书记、总经理李守江回忆道：“对于我们这些长期从事资源开发的人来说，听到罗布泊发现了硫酸盐型含钾卤水矿床感到非常兴奋，觉得这是一次干一番事业、实现自己人生价值的好机会。于是，我们这一群年龄和经历各不相同的创业者，从祖国的四面八方会聚在罗布泊，用生命与激情唤醒了沉寂多年的罗布泊，叩开了罗布泊的‘宝藏’之门，开始了‘十年磨一剑’的艰难历程。”

罗布泊是一个充满传奇而神秘的地方，被世人称为“死亡之海”：夏天高温达 60 多摄氏度。周边都是沙漠，沙尘暴天气成了家常便饭，有时候风大得连帐篷都扎不起来，吃口饭满嘴的沙子。罗布泊盐湖卤水化学组成与世界上其他盐湖有很大的不同，没有任何成熟的技术可供借鉴，基础设施几乎为空白，开发难度非常大。李守江带领团队一个问题一个问题进行攻关，寻找最佳的解决办法。

“我们最终采用四级盐田工艺，从罗布泊地下 100 米的卤水中获得不含游离酸、世界上不可多得的无氯优质钾肥，生产每吨硫酸钾的用水量仅为传统工艺的 1/3。”李守江介绍，经过 1 年多反复试验攻关，科研人员在没有路、没有淡水、没有电的情况下，索性住在地窝子里，硬是成功攻克了用微咸水代替淡水生产优质硫酸钾的关键技术。2004 年，这项拥有完全自主知识产权的工艺技术获得了国家科学技术进步一等奖。2003 年 7 月，第一袋“罗布泊”牌硫酸钾产品问世。

2006 年 4 月 26 日，年产 120 万吨钾肥项目正式开工建设，2008 年 11 月 18 日 18 时，一次性投料试车成功。李守江和他的同事们仅用了不到 5 年的时间，就走完了国内同行 30 年走过的开发历程，创造了世界盐湖开发史上的奇迹。

截至 2016 年，我国钾肥自给率已经提高到 50%。现在国际钾肥生产商出口到中国市场的钾肥产品是全球价格最低的。按照每吨产品 500 美元计算，他们给国家节约了外汇 42.5 亿美元。中国的农民不仅用上了全世界最好的钾肥，而且得到了实实在在的实惠。李守江带领团队经历了艰难险阻的历练，看到了“会当凌绝顶，一览众山小”的风景。有人问：“你们当年艰苦创业为了什么？”李守江说：“往大了讲就是国家的需要，是我们的使命和责任，往小了讲就是对家庭的责任。因为，我们每个人都有对美好生活的向往和追求，我想这就是中国梦在罗钾的具体践行。”

这些年，项目所在的若羌县一举从全国贫困县跃为人均收入在全国居前的县城；为社会提供 4000 多个就业岗位，新疆籍员工占到了 90% 以上，同时项目还带动了当地相关行业的发展，间接提供了上万个工作岗位。罗布泊钾盐开发已成为新疆地方经济发展的重要支柱之一。

深思创新，凭借智慧；实现梦想，赖于坚行。李守江带领全体员工应对挑战，在逆境中谋求发展，在磨砺中接受考验。他以企业兴旺、员工幸福为使命追求，努力拼搏，矢志奉献，谱写着创业艰辛、乐在其中的壮美人生。如今，从新疆哈密市出发，驱车400公里，来到罗布泊腹地——罗中，映入眼帘的却是一座座高层建筑、错落有致的现代化厂房和采盐船，以及一条条采卤渠。李守江深情地说："这是我们全体职工献身盐湖、艰苦奋斗创造的人间奇迹！"

励志延伸

吴志梁，现任中国航空油料有限责任公司内蒙古分公司总经理，曾荣获"全国劳动模范""全国五一劳动奖章""全国民航劳动模范""全国技术能手""中央企业青年五四奖章"等称号。从河北大平原到"世界屋脊"，从林芝山路到山海关口，从首都国门到津门要塞，再到内蒙古草原，吴志梁的足迹似乎印遍了大江南北，始终不忘国企人的初心和使命，用自己的一言一行感染身边人。1976年出生的他是党的十八大央企代表团中最年轻的代表，大家都说他穿着西装在人民大会堂前的留影格外帅气。而熟悉他的同事们则最清楚，吴志梁最有魅力的时刻是在工作中，在机坪上、飞机旁。现已担任内蒙古分公司总经理的他依旧初心不改，换上特殊的反光工装，在库区检查指导、赴机坪督导一线，沉着干练。

到西藏挂职以来，吴志梁吃住在公司，和员工们打成一片。他是技术骨干，帮助西藏公司完成了多项技术更新。他是加油员、储运员，哪个岗位有需要，他就在哪里顶上。林芝、日喀则，他熟门熟路；栈桥鹤管、油库阀门、加油接头，他如数家珍；他驱车穿行于无人区，看望偏远供应站的员工；他夜不能寐，心系油库改造工程进展。到西藏公司不到一年，他已经完全融入了这里的生活。

西藏地区各个机场距离很远。从拉萨到日喀则近300公里，最远到阿里将近1600公里，路上还有长长的无人区。航油运输是最难的，就连拉萨机场的供油也是用油车一车一车从兰州炼油厂途经 2000 多公里，翻越一座座雪山运到的。在这儿工作的不仅有当地的藏族同胞，还有很多内地的同志。正是因为始终牢记国企人的初心和使命，他们忍受着离家的寂寞，忍受着高原的缺氧和身体上的不适，除了每年仅有的一次假期外，他们都坚守在自己的岗位，默默地工作。

同在西藏做援助工作的文信剑回忆说："在西藏与吴志梁共事的四个半月，印象最深的是林芝机场启航前，他带队把油罐车和设备从拉萨耗时 8 个多小时，历经 400 多公里抵达林芝，圆满完成首航供油任务。由于拉萨机场没有火车轨道，所以火车来油需先卸到离拉萨 100 多公里外的配送点，再用油卸车运到拉萨机场油库，每次火车卸油都是晚上，最长 10 个小时，且西藏的晚上特别寒冷，但他都在现场，直到工作结束，并开车送大家回拉萨机场。"

吴志梁从西藏回到河北分公司后，分公司领导安排吴志梁到油库工作，他欣然接受，虽然是临时负责，但他依然用高标准对待工作。为了保证油库生产安全和施工现场安全，吴志梁制定了严格的管理规定，当遇到施工重大作业时，无论节假日他都能做到现场盯守。吴志梁经常到施工现场巡查，发现有安全隐患的及时制止，并要求当场进行整改，不达标绝不允许施工。他采取全员参与、全流程覆盖、全设备识别、全天候辨识、全方位管控的"五全"风险变更管控模式，组织全员对油罐区、消防系统、自控系统涉及的设备设施、作业指导书、工艺操控等进行充分的准备，识别风险 23 项，排除施工隐患 12 处，建议操作系统完善 8 次。

为了激发员工的干劲儿，他寻找一切机会，用各种方式方法，如座谈、聊天、开展讨论等，和新老员工沟通。看到他身先士卒，起到模范带头作用，听到他讲过去在油库奋斗的故事，年轻人都深有感触。大家都向他看齐，表示要传承劳模爱岗敬业精神，用自己的青春和劳动创造价值，在岗位上任劳任怨、无私奉献，用奉献和担当成就梦想。

每当看到他的这股子拼劲儿，身边人总是心疼地问他累不累，吴志梁回答得轻描淡写，但是同事们却知道他当时的艰辛。“吴志梁一直有腰椎间盘突出的病，那段时间太累，就复发了，下不来床，动不了。但是，他只休息了一天，就忍着疼痛又回来干活儿了，我们看着都很心疼。他的精神鼓舞了很多身边的人。”中国航油河北分公司总经理刘建忠如是说。

2016 年 10 月，吴志梁再次离开工作 20 余年的河北分公司，接受组织安排，来到天津分公司担任纪委书记。“组织上给了我很多，我做得还不够，奋斗的脚步不能停”，这是吴志梁总挂在嘴边的一句话。上任后的吴志梁抓紧“补课”，桌子上摆满了天津分公司近几年的工作资料、员工信息，还有党的十八大之后党中央、航油系统下发的纪检监察制度规定。从他的办公室路过时，员工常常看到他在纸上圈圈画画。他第一次参加综合办公会时，已经对天津分公司基本情况了然于胸。

2018 年 6 月 20 日，根据组织安排，吴志梁来到内蒙古分公司任总经理、党委副书记。面对全新的环境、全新的挑战，“我要与内蒙古的同志们并肩战斗，撸起袖子加油干！”吴志梁如是说。6 月 21 日，上任的第二天，他就马不停蹄地到海拉尔供应站进行安全检查，6 月 22 日到满洲里供应站，7 月 9 日至 15 日到通辽、乌兰浩特、霍林郭勒、锡林浩特、二连浩特和乌兰察布供应站……“吴总的‘动作’太快了，没想到会这么早就下基层检查了，真是年轻有为啊！”才到内蒙古分公司仅仅 6 个月的时间，吴志梁已到所辖 20 地库站检查指导。吴志梁拥有独特的管理理念和思想，还带领分公司各部门业务骨干先后走访了华北公司本部库站以及华北公司下辖各分公司，用谦虚好学的心态取长补短，不断提升内蒙古分公司的安全管理。

2018 年 9 月 1 日至 2 日，接连两架中非合作论坛北京峰会专机先后降落呼和浩特白塔国际机场和从该机场起飞。面对新上任以来遇到的首次重大政治保障任务，吴志梁夜不能寐，于 8 月 30 日上午亲临机坪一线督导勘察，开展了一次模拟峰会专机保障的“实战演练”，他不允许有一丝一毫差错。最终在他的带领下，内蒙古分公司全体干部员工风雨无阻，不负使命，圆满完成此两架峰会专机保障任务，迎来了峰会实战保障的“开门红”。

为了尽快适应新的岗位，吴志梁白天处理公务，围绕安全、运营、市场拓展等各类问题、难题与班子成员深入交流；晚上总是加班到很晚，学习研究各类汇报材料和公司文件；每到周六、周日，他都去基层生产单位，与一线干部员工深入交谈，仔细询问生产作业环节以及生活上有无困难。在他的管理下，2018 年 11 月 19 日赤峰供应站增容项目顺利通过行业验收，2018 年内蒙古分公司加油量突破 46 万吨，呼和浩特航空加油站、海拉尔供应站等 13 个站点业务量均创历史新高。上任仅仅 6 个多月的时间，吴志梁用他务实、严谨、干练的实干精神和雷厉风行的工作作风影响着身边的每一个人，将国企人的初心和使命表达得淋漓尽致。

“不忘初心，牢记使命，做强做优做大国有企业。我成长于基层，只是中国航油万千铁军中的普通一员，我始终坚定自己的信念，要坚持艰苦奋斗、顽强拼搏的铁军作风，脚踏实地，干事创业。”在内蒙古辽阔的大草原上，吴志梁许下庄严神圣的誓言，扬帆再起航。

画好新时代国有企业党员干部的“标准像”，亦即良好形象，应该具有高起点、高标准，主要体现在以下 5 个方面。

一是铭记初心，坚定理想信念。理想信念是共产党人精神上的“钙”，始终是共产党人的政治灵魂，是共产党人经受住各种考验的精神支柱。党员领导干部只有牢固树立共产主义远大理想和中国特色社会主义共同理想，才能迸发出奋进的热情，在诸多困难面前不悲观，在各种诱惑面前不动摇，在复杂环境的人际交往中不迷失。

二是矢志为民，全心全意为人民服务。这既是对党员干部提出的行为准则，也是对党员干部形象的普遍要求。习近平总书记在党的十九大报告中指出：“必须坚持人民主体地位，坚持立党为公、执政为民，践行全心全意为人民服务的根本宗旨，把党的群众路线贯彻到治国理政全部活动之中，把人民对美好生活的向往作为奋斗目标，依靠人民创造历史伟业。”居高不移爱民之心，权大不忘责任之重。一心为公、执政为民蕴含着党员干部为人民谋利益的深刻内涵，体现了共产党人无私奉献的重要精神。我们要以诚心和虚心的态度，拜群众为师，向群众请教，从中汲取智慧和力量。

三是经受住考验，任何时候都要把党和人民的利益放在第一位。党章规定，共产党员必须“坚持党和人民的利益高于一切，个人利益服从党和人民的利益，吃苦在前，享受在后，克己奉公，多做贡献”。对党员干部来说，必须正确处理追求物质利益与追求高尚道德的关系，坚持“先天下之忧而忧，后天下之乐而乐”，视名利淡如水，看事业重如山，甘愿在个人物质利益上作出牺牲和奉献，这是每个领导干部对待利益问题应有的正确行为和态度。

四是脱离低级趣味，培养健康向上的生活情趣。这是党员干部思想道德修养的一个重要方面。健康向上的情趣是充实人生、发展事业的良方。高尚、高雅的情趣，催人奋进，使人奋发；低级的情趣，消磨斗志，涣散人心。对自己的兴趣、爱好、习惯不能恣情放纵，应将兴趣爱好与个人修养联系起来，追求积极健康的生活情趣，正确选择自己的兴趣爱好。“爱”之得当、“爱”之高雅，“好”之有道、“好”有品位，摆脱名缰利锁的束缚，脱离低级情趣。

五是永葆一身正气，永远保持清正廉洁的政治本色。我们要牢记“奢靡之始，危亡之渐”的古训，反对奢侈浪费之风，以两袖清风养一身正气，以两袖清风养优良作风，做到不让党性在头脑中淡化，不让权力在手中异化，不让权力变为个人捞取钱财的筹码。不忘“做官先做人”，管住自己的脑，不要绞尽脑汁谋私利；管住自己的手，不拿不该拿的钱物，不占人家的便宜；管住自己的嘴，不说违反政策的话，不吃不该吃的东西；管住自己的腿，不去不该去的场所。

国有企业党员干部的形象，是其自身修养的外在表现，是其思想道德品质、工作能力的外在体现。修身进德，德才兼备，敢于亮身份、树形象、当先锋，以德施政，以德感人，才能不负重托、不辱使命，展现更多的人生亮点，永葆共产党人的先进性和纯洁性。在日常工作和生活中，党员干部应遵循内强个人素质、外塑单位形象的修养原则，固本培元，修身养性，提升道德修养，“时时勤拂拭，勿使惹尘埃”，通过努力追求自身形象的至善至美，以良好的德行、崇高的威望，处处作出表率。

一个党员就是一面旗帜

旗帜领航

对于党员干部而言，形象就是旗帜，具有鲜明的导向作用。历史上有“齐王好紫衣，一国尽服紫”的典故，就是对这种导向作用最好的诠释。

提到党员形象，使人想起有着传奇人生的高级将领李克农将军。1929年，他按照党组织的要求，打进国民党特务首脑机关潜伏，多次身临险境，处变不惊，逢凶化吉。后来党内出了叛徒，李克农紧急撤退。直到李克农脱险后，国民党中统特务头子才恍然大悟：“我怎么早没注意到啊？这个每天埋头工作十几个钟头，不贪、不奢、不赌的人，怎么看都不太像‘自己人’，而更像一个‘共产党’。”

从人们心目中的共产党员，到当年敌人眼中的“共产党”，共产党人都有着非常鲜明的形象。这一形象的树立，不光是说豪言壮语，而且要拥有内在的人格力量；不都是做出英雄壮举，主要看平凡工作中的一言一行，看在关键时刻站得出来、顶得上去。

一个党员就是职工群众中的“一面旗”，体现在践行入党誓词的“言”上，就是要自觉用党章规范自己的言论，在党言党、在党护党。在意识深处坚定理想信念、树立党章意识，不忘党员身份，顾全大局，讲政治、讲正气，不做无原则的“好好先生”；面对歪曲事实、抹黑党的形象的言论，敢于站出来大喝一声，据理力争。

一个党员就是职工群众中的“一面旗”，体现在践行入党誓词的“行”上，就是从入党那天起，到生命的终结，都要牢记自己的第一身份是共产党员，第一职责是为党的事业而不懈奋斗，始终不渝忠诚于组织，永怀赤子之心，与党同心同德，自觉用党章规范自身行为，在党性修养熔炉中炼就“金刚不坏之身”。有朝气、锐气、正气，处理事情坚持原则，干一行、爱一行、专一行、精一行，既“仰望星空”，又“脚踏实地”，把每项工作都做好；增强角色意识和政治担当，讲责任，讲奉献，将党章的要求外化于行，将“全心全意为人民服务”和“为共产主义奋斗终身”的誓言付诸爱岗敬业、勤恳工作的实际行动。一心为党，实干兴党，政治信仰不变、政治立场不移、政治方向不偏。

楷模风采

中国国际航空股份有限公司“金凤乘务组”现有员工 70 余人。20 余年来，金凤乘务组始终以高度的使命感履行时代责任，以真诚的态度、优雅的表现奉献爱，为千万旅客提供顺心、舒心的旅程，充分展示了爱国、敬业、诚信、友善的精神风貌，荣获全国“青年文明号”“全国巾帼文明示范岗”等称号。2014 年 7 月 28 日，中共中央宣传部授予金凤乘务组“时代楷模”称号。

金凤乘务组的服务对象上至中外国家元首，下至普通旅客，既有正常的航班服务，也有海外撤侨、地震救灾。她们在飞机上抢救过危重病人，接生过婴儿……她们对旅客的一片爱心赢得了中外旅客的普遍赞誉。

老乘务员在向新乘务员传授经验时，第一件事就是要求她们学会微笑。这种微笑就是沟通，就是亲和。这种微笑不需技巧，而要发自内心，蕴含着对旅客的真诚、友善、爱与尊重。有一次，主任乘务长魏莉娜发现一位外籍男士上了飞机后神情异样，仿佛有些恐惧，魏莉娜与他同行的女友沟通后得知，这位男士曾在一次直升机失事过程中负伤，由此产生了恐惧症。

魏莉娜微笑着给他递上了一杯咖啡，耐心给他介绍了国航的安全状况和对飞行的严格要求。飞行中，魏莉娜时不时过来和他聊聊天。魏莉娜一次次地微笑安抚，使他解除了恐惧，最后他竟在机舱中散起了步。航程结束时，这位旅客主动要求和魏莉娜及乘务员们合影，镜头中，他也和乘务员们一起绽放了微笑。

主任乘务长尹宁每次在飞机起飞前都要微笑着仔细巡视一遍全客舱，询问旅客有什么需求，与老人聊上几句，逗逗孩子。飞行途中，问问旅客是否需要叫醒服务、开饭时间提前还是推后等。飞机降落前，通报一下目的地天气情况，告知办理过海关手续需要注意什么、如何填写入境卡。

国航空中服务经常给客舱营造温暖、欢乐、亲和的氛围。乘务员们平常就注意常旅客们的资料，如果碰到谁过生日，一定会送上生日祝福的礼物。主任乘务长蔡静在舱门口迎客时，听到了一对夫妇带的两个孩子的对话，五六岁的哥哥对妹妹说今天是他的生日。途中她建议大家给小朋友过个生日，准备了蛋糕的同时，一位懂绘画的乘务员还为小朋友画了一架飞机。当乘务员们推着蛋糕、拿着绘画、唱着“祝你生日快乐”的歌曲走到这一家座位前时，孩子看到好吃的蛋糕和纸上的飞机异常高兴，这对夫妇被深深感动了。

国航乘务员的亲和力无处不在，当旅客大汗淋漓登上飞机，便有乘务员为他送上热毛巾；旅客刚取出药盒，还没按呼唤铃就被乘务员看见，随后送上一杯温水；旅客眉头紧锁，乘务员就过去询问其身体状况。每个航班上遇到的情况都不同，但是通过乘务员们与旅客的沟通了解，送上的都是一份温暖。

金凤乘务组还提炼出了融亲和工作法、沟通工作法、导师工作法三位一体的“金凤工作法”。在“金凤工作法”的框架下，提出了“一二一”要求，即一个案例、两次辅导、一个点评。乘务长利用航前准备会讲解一个案例，对两名乘务员进行现场辅导，针对航班情况进行航后讲评。对两舱乘务员提出了“一二三”的要求，即一个需求、两个名字、三个信息。主动了解一位旅客的个性化需求，主动向两位旅客介绍自己的名字，主动向三位旅客介绍航班信息。

主任乘务长们也注意乘务组之间的沟通，因为这是做好服务工作的基础，她们不会让乘务员带着不好的情绪上飞机。在一次飞行中，尹宁发现有位年轻的乘务员愁眉不展。到达目的地后，尹宁给她泡上一壶好茶，两人一边品茶，一边聊了起来。

“一路上看你情绪不高，是不是有什么事？”尹宁问。年轻的乘务员伤心地告诉尹宁，父亲去世前，她和父亲有一场争论，她觉得是自己使父亲心脏病发作去世的，内心一直愧疚不已。年轻的乘务员说，自己马上就要结婚了，但自己是个负罪之人，已经没心情办婚礼了。尹宁耐心开导说：“天下的父亲都是最疼爱女儿的，他绝不会因为和你争论了几句就往心里去……”经过尹宁的开导，年轻的乘务员慢慢想通了。“姐，那我就办婚礼，明天你帮我挑婚纱去吧……”经过这次出差，年轻的乘务员从对父亲内疚的旋涡中挣脱了出来，又愉快地投入航班工作中，她现在已经是一名非常优秀的乘务员，客舱部的人们都叫她“小尹宁”。

国航客舱部党委将金凤乘务组作为有力抓手，始终把政治建设摆在首位。2018年，客舱部总结了金凤乘务组党建工作经验，出台了《金凤党支部工作法》，倡导以先进的思想引领发展，以过硬的作风砥砺前行，引导客舱部全体乘务员始终把“金凤精神”接过来、传下去、发扬好。

金凤人以实际行动诠释着对党忠诚。在学习贯彻党的十九大精神中，金凤乘务组开展了一系列活动：集中学、驻外学，让党的十九大精神入脑入心；重温入党誓词，强化筑牢党员观念；参观中国人民抗日战争纪念馆，追寻党员初心；聆听雷锋班班长讲党课，常思精神源泉。

创新产品，引领服务潮流。金凤乘务组总结规律，寻求突破，总是用别出心裁的服务产品为旅客带去惊喜。她们打造出一系列拥有独特名称的机上服务产品：阳光咖啡屋、空中酒廊，甚至全聚德烤鸭，都相继走入机舱，引领着空中旅途生活的新时尚。

每一年，金凤乘务组的成员会变，但金凤乘务组锐意进取的精神不会变。在新时代，一批又一批国航客舱乘务员都是金凤精神的传承者和践行者，是时代楷模的传人。如今，金凤乘务组已经先后培养出 1000 多名优秀乘务员，成为国航空中优质服务的骨干。金凤乘务组将时刻铭记自己的身份和使命，秉承爱心服务世界、创新导航未来的国航精神，使“金凤”品牌伴着国旗享誉全球，在蓝天上书写新时代的精彩华章。

励志延伸

他像一面旗帜，引领他的团队走向洒满春晖的明天。他像一面风帆，带领人们乘风破浪，驶向成功的彼岸。郝献晟，现为中国冶金地质总局山东局蒙古正元有限责任公司总经理兼党支部书记。2003 年，经过山东正元地勘院在蒙古国长达两年考察论证，蒙古正元有限责任公司在蒙古国首都乌兰巴托市注册成立，正式开启了冶金地质的境外勘探之旅。

创业初期，蒙古正元有限责任公司只有 3 名员工。出行，没有车辆；勘探，没有矿权；生活，差异巨大；沟通，障碍重重；租用的办公室，更没有任何地质资料。尽管如此，郝献晟带领大伙儿没有丝毫的退缩，仅用 7 个月就察看矿点 60 余处，圈定有价值矿点 5 处，登记矿权 1 处，申报并获批中央财政专项补助 1 项。

成功之门悄然开启，然而频频遭遇的艰险境地、一次又一次的惊魂之旅，让蒙古高原的勘探者体会到“走出去”的艰辛，而长期的坚守与坚持更是难上加难。

入蒙古国十余年，郝献晟和班子成员带领职工累计行程百余万公里，累计探获资源潜在经济价值达数千亿元人民币。公司也发展成一支技术力量雄厚的综合性地质勘查队伍，年产值实现了从几十万元到 8000 余万元的历史性跨越。他们的技术和管理水平也得到了提升。

作为一名境外国有企业党支部书记，郝献晟深刻认识到境外国有企业要建立现代企业制度，实现又好又快发展，就必须将创新企业党建工作与企业发展相结合。在上级党委的指导下，他结合公司境外作业实际，紧密围绕企业生产经营和企业文化建设，开展党建工作，把党员考核与工作实绩考核结合起来一道抓。开展了党员责任区、党员先锋岗等形式多样的主题活动，激发党员发挥模范带头作用。通过一系列的努力，切实把党员培养成了岗位能手，把非党员技术骨干和青年职工吸引到了党组织周围。

我国驻蒙使馆领导高度评价了蒙古正元有限责任公司的党建工作，认为其是在蒙中资企业党建工作的一面旗帜。2013 年 7 月 10 日，时任中共中央政治局委员赵乐际听取了中资企业驻蒙代表郝献晟所作的党建工作情况汇报，给予高度评价，同时勉励中资企业把国家“走出去”战略落实好，实现互利双赢，为谱写中蒙世代友好的新篇章而不懈努力。

别人对我们“高看一眼”，但我们不能“高看自己一分”。要把常修为政品德放在首位，作为第一准则、第一信条，作为一生永恒的课题来坚守，强化自我塑造、自我修炼、自我完善。国有企业党员干部必须按照习近平总书记的教诲，修好共产党人的心学，提高自己的综合素质，这是一生重要的必修课。要用中国优秀传统文化精髓来提升道德水平，增强抵御腐败、拒腐防变的能力。要认认真真、坚持不懈地践行党的宗旨，做到从业掌好权、公事用好权、私事不动权。

行走在实现中华民族伟大复兴征程上的国企人，应坚定不移地做到不忘初心，永远保持对祖国对人民的赤子之心。“人在年轻的时候，就应该沉下心来，爱岗敬业、踏实做事、艰苦奋斗，才能无悔青春、无悔梦想。”中国核动力研究设计院的李志明经常这样告诫自己。美好的初心需要时常回望、精心呵护，不断校准方向，砥砺前行。沈阳鼓风机（集团）公司高级技师、全国劳动模范杨建华的座右铭是：“舞台可以简陋，演出必须精彩；岗位可以平凡，追求必须崇高。”

把抓好党建作为最大政绩

旗帜领航

国有企业是我国产业工人最集中的地方，国有企业员工是我国工人阶级的主力军。国有企业党组织数量众多，是我们党执政的组织基础的重要组成部分。这些分布于国民经济各领域、各层面的国有企业党组织，这些工作和生活在各地区、各行业的国有企业共产党员，既是推动国民经济建设的强大力量，也是党的路线方针政策的忠诚执行者和党的执政地位的坚定维护者。

对于国有企业各级党组织而言，最重要的使命，即第一使命，就是从巩固党的执政地位的大局出发，抓好党建工作，让我们党始终成为伟大事业的坚强领导核心。改革开放以来，我国国有企业的生产力、创新力和竞争力显著增强。党建是关键，是龙头，抓好党建就牵住了各项工作的“牛鼻子”。党建抓好了，能够激起干部做好中心工作的巨大能量，重点工作就落实得比较好，发展上也能够有所作为。

然而，一些国有企业党组织的地位和作用与这一要求还不相适应，一些国有企业还存在党建工作被“边缘化”、被“矮化”等现象和党组织作用发挥不充分等问题。党的基层组织应当而且必须强化使命意识，履行政治责任，发挥好政治核心作用。党建工作始终是国有企业的独特政治资源，是实现企业科学发展的根本保证，是企业核心竞争力的有机组成部分。牢固确立国有企业党组织在公司治理结构中的政治核心地位，是加强国有企业党建工作必须把握的一条重要原则，也是建立中国特色现代国有企业制度的鲜明特征和本质要求。

2016 年 10 月，习近平总书记在全国国有企业党的建设工作会议上指出，坚持党的领导、加强党的建设是国有企业的“根”和“魂”，是我国国有企业的独特优势。国有企业党组织发挥领导核心和政治核心作用，归结到一点，就是把方向、管大局、保落实。要明确党组织在决策、执行、监督各环节的权责和工作方式，使党组织发挥作用组织化、制度化、具体化。要处理好党组织和其他治理主体的关系，明确权责边界，做到无缝衔接，形成各司其职、各负其责、协调运转、有效制衡的公司治理机制。各级党委要抓好国有企业党的建设，把党要管党、从严治党落到实处。地方各级党委要把国有企业党的建设纳入整体工作部署和党的建设总体规划。国有企业党委（党组）要履行主体责任。要加强国有企业党风廉政建设和反腐败工作，把纪律和规矩挺在前面，持之以恒落实中央八项规定精神，抓好巡视发现问题的整改，严肃查处侵吞国有资产、利益输送等问题。

国有企业是我国基本经济制度的构成主体和国民经济的“顶梁柱”，是国家应对重大突发事件和经济风险的可靠力量。在新时代，中国共产党的领导是中国特色社会主义最本质的特征，也是国有企业的独特优势。国务院国资委党委书记郝鹏说：“党中央对国有企业党的建设高度重视，党的十八大以来，先后作出一系列重大决策部署，对国有企业坚持党的领导、加强党的建设、全面从严治党，提出了明确要求。”

政绩观是党员干部对工作业绩的总体看法和根本观点。把抓好党建作为最大的政绩这一重大政治理念，从执政地位的高度给党的建设以科学定位，将党建工作提升到了新高度，凸显了对党建工作的新要求，体现了正确的政绩观。习近平总书记明确指出：“对各级各部门党组织负责人特别是党委（党组）书记的考核，首先要看抓党建的实效，考核其他党员领导干部工作也要加大这方面的权重。”将党建的实效排在其他任务之前，并成为党委（党组）书记优先于其他责任的首要责任，这是对用好考核这根“指挥棒”的重大改变，体现了重视党建、抓好党建的鲜明导向。

楷模风采

2013 年 2 月 8 日，习近平总书记视察慰问中国铁道建筑总公司中铁十四局集团有限公司北京地铁 8 号线项目。在现场，习近平总书记与李传营亲切握手，并询问他的工作、生活及收入等情况，李传营紧张又激动地一一做了回答。这是难忘的时刻，更是一名党的基层干部牢记嘱托、干好工作，为党的崇高事业贡献应有力量的巨大动力。

李传营，中国铁道建筑总公司中铁十四局集团有限公司北京地铁 8 号线三期项目党支部书记，高级工程师。在长期实践基础上，李传营摸索出一套基层项目开展党建工作的标准化做法，上级党委结合这一有效形式，系统归纳、整理形成了《党建工作标准化建设手册》在全公司推广，取得了良好效果，党的基层组织工作优势在现场得到了进一步巩固和夯实。

李传营的不懈努力赢得了各级肯定。2011 年，中国铁道建筑总公司党委组织全系统 34 家单位 100 余人现场参观李传营所在项目的基层党建工作，该项目支部当年被国务院国资委评为先进单位。

李传营常说："作为中央企业，发展不仅仅是一个经济效益的问题，必须坚持和社会效益一起抓。"在施工中，李传营强化绿色文明施工标准和基础硬件建设，所推行的绿色施工措施受到业主和地方政府部门的好评。中央电视台多次报道：北京地铁 8 号线三期工程位于世界瞩目的天安门南侧前门处，环保要求非常高。在李传营带领下，项目部采用全封闭管理施工，引进先进技术控制施工扬尘，进行有效压尘，防止了环境污染。这一举措被北京市推广，为企业赢得"文明之师"的赞誉。

北京地铁 9 号线由于项目部地处京西宾馆、中央军委大楼、中央电视台附近，北京地铁 8 号线三期在天安门南侧，政治敏感度极高，安保任务重。每年的全国"两会"及中央重要会议期间，李传营积极主动配合当地公安部门，认真做好会议期间的安保工作。近十几年，他年年参与安保工作，队伍始终保持和谐，未出现不稳定因素，由于工作突出，他被北京市公安局荣记三等功一次。

李传营对常年工作在外的员工有深厚感情，对于他们的诉求，他切实做到“事事有回音，件件有落实”。为保障安全，李传营在北京建设领域率先设置“门禁系统”，实现人员进出现场“全程监控”，满足了员工的安全诉求；建设“换衣房”，解决农民工上下班时工装更换不便的问题；实施“五同”管理（同吃、同住、同劳动、同学习、同管理），增强了农民工兄弟的归属感，促进了队伍的和谐与稳定；还吸收2名农民工党员参加组织生活，发挥他们在现场的先锋模范作用，激发了广大农民工的工作热情，大大增强了凝聚力。

励志延伸

中国东方电气集团有限公司新一届领导班子以习近平新时代中国特色社会主义思想为指导，认真贯彻落实国务院国资委工作要求，逆势求进，创新求变，走出一条党建引领高质量发展之路。在2017年实现脱困振兴之后，2018年全面完成利润指标，生产经营平稳向好。

中国东方电气集团有限公司党组按照“学原文、读原著、悟原理”的要求，坚持对照党的十九大报告原文，从党的建设、制造强国、“一带一路”、深化改革、脱贫攻坚和企业文化6个方面制定了《东方电气集团学习贯彻落实习近平新时代中国特色社会主义思想和党的十九大精神路线图》（以下简称《路线图》），为东方电气开启新征程新使命提供了行动指南。

《路线图》共6章29节，涉及270项工作任务，并对每一项工作任务的完成时限、责任领导、责任部门进行了明确，切实将全面学习贯彻落实习近平新时代中国特色社会主义思想和党的十九大精神落实到东方电气集团经营发展的各个领域，贯穿于全面深化改革、促进企业高质量发展等各项工作中。

《路线图》将习近平新时代中国特色社会主义思想概述为“8+14”，即

“八个明确”和“十四个坚持”。其中，将党的建设思想概述为“5+2”，即全面推进党的政治建设、思想建设、组织建设、作风建设、纪律建设，把制度建设贯穿其中，深入推进反腐败斗争；将全面从严治党思想概述为“4×10”，即“打虎”“拍蝇”不敢腐体制机制建设思想10个要点、关权进笼不能腐体制机制建设10个要点、强根固魂不想腐体制机制建设10个要点、中国特色社会主义监督体系建设思想10个要点；将巡视思想概述为“2×10”，即10个巡视方法、10个巡视重点。通过承接安排80项工作，以新的认识指导东方电气集团党的建设新的实践，确保党的各项方针政策和全面从严治党各项要求在东方电气落地生根。

东方电气集团党组坚持把党的建设工作融入生产经营的各个方面，充分发挥“把方向、管大局、保落实”的领导作用，党建工作应势应变、求进求新。以“一支部一品牌”为目标，坚持服务生产经营中心任务不偏离，找准党建工作融入生产经营中心任务的“路”和“桥”，深化创先争优主题实践活动，打造了一批“特色党建活动品牌”，把党建的独特优势转化成为推动企业改革发展的竞争优势。东方电气党委聚焦白鹤滩、溪洛渡等国家重大项目，与产业链业务关联单位共同打造“创争联动”活动品牌，每年开展活动30余项，实现直接降成本约1亿元，取得多项科研创新成果，着力打造精品工程。

在全面建成小康社会的征程中，在实现中华民族伟大复兴中国梦的责任面前，国有企业每个党员干部都肩负着神圣使命。尽管职责不一，使命各异，但总的目标是完全一致的。党员干部应该守土有责，在使命面前，要坚守共产党人的职责使命，体现共产党人的最高价值。像许多时代楷模那样，以使命为最高准则，只要使命还没有完成，不管付出再多心血，也要坚持到底。

把抓好党建作为最大的政绩，突出抓好思想政治工作，使党员干部做到在党信党、在党爱党、在党忧党，与党同心同德，忠实履行责任。思想政治工作要围绕生产经营中心工作，找准思想工作的切入点和着力点，做到因势而谋、应势而动、顺势而为、因时而进。选树先进典型，大力宣传无私奉献精神，弘扬主旋律，传播正能量，传递好声音，充分发挥正面宣传鼓舞人、激励人的作用。

国有企业党委抓支部党建，要思想认识到位、时间精力到位、工作指导到位。要坚持问题导向，着力解决一些重点问题，以钉钉子的精神抓支部党建工作。力戒五花八门的形式主义，不做虚无缥缈的表面文章。坚持从严从实，做到情况实，把实际看完全，把有关的各种情况弄清楚，从实际出发，察实情、讲真话、办实事，具体情况具体分析，反对简单化、片面性和绝对化，实事求是地研究处理问题，使主观与客观相统一，认识与实践相符合，对认准的事情，一环连一环地抓，抓紧而不松懈，不出成效不罢休。

加强国有企业党建工作，就要充分发挥国有企业党组织政治核心作用。发挥政治核心作用，就是要保证和监督党和国家的方针政策在本企业的贯彻执行，参与企业重大问题的决策，努力把国有企业的政治优势转化为经营管理优势和核心竞争力。从中央到地方，各级国有企业不断完善公司法人治理结构，积极探索国企党组织发挥政治核心作用的领导体制和工作机制，积极参与企业重大问题的决策。各个国有企业按照“双向进入、交叉任职”的办法完善公司制国有企业领导体制，为国有企业党组织充分发挥政治核心作用提供制度保障。根据自身实际，探索建立一整套党组织参与决策的规章制度和运行机制，实现党组织工作机制与公司治理结构制度安排的有效对接，为党组织发挥作用提供制度保障。发挥企业党组织的政治核心作用是一个重大原则，任何时候都不能动摇。应着重探索法人治理结构下企业党组织发挥政治核心作用的有效机制。国有企业党组织必须坚持党对国有企业的政治领导，发挥核心作用，开辟党建工作的新境界。

要明确企业基层党建常规工作、重点工作和试点项目，每月月初下达计划、月底通报情况，做到“抓些什么”“抓得如何”一目了然。根据不同岗位的职能职责，分别设定党建履职考核指标。考核指标要精简实用，设定几个关键指标，着重进行细化量化考核。干部选任全过程各环节均与党建工作考核紧密相连。对真抓实干、抓出实效的党委和党支部负责人，要在干部任用等方面给予激励；定期表奖抓党建有成效的干部；在党建目标考核中连续排在末尾的，对该党组织通报批评，对主要负责人严格追究责任。

书记抓党建，要抓住要害。通过培养任用德才兼备的干部，有效促进各项工作；落实全面从严治党的新要求，经常不断地对干部进行教育、管理、监督，打造廉洁从政的干部队伍。健全"三会一课"等制度，严肃认真开展党内组织生活。

要切实落实好"两个责任"，传导正风肃纪，推进党风廉政建设。把纪律和规矩立起来，严格要求，执行到位。开展警示教育，以案明纪，使全体党员干部知晓纪律的底线，将规矩内化于心、外化于行，"从心所欲，不逾矩"。

国有企业党组织应加强对工会、共青团等群众组织的领导。国有企业党组织既然是"政治核心"，在其周围就应当合理拓展工会、共青团等群众组织的工作空间，给他们以更多的工作资源，适当增强他们工作的独立性，为企业和员工的发展做出更大成绩。应坚持以人为本，在保障职工民主权利、维护职工利益方面发挥更大的作用。应通过制定尊重人、了解人、关心人、提高人、理解人、激励人和依靠人的具体制度，使企业基层党组织成为党员之家、职工之家，真正起到凝聚人心的作用；应努力加强企业党组织和党员队伍建设；应把党员培养成生产经营骨干，把符合党员条件的生产经营骨干培养成党员，充分发挥党员的先锋模范作用。

涵养共产党人浩然正气

旗帜领航

共产党人保持浩然正气，是党性的综合体现，是对共产党人优秀品质的集中概括，是永葆党的先进性的必然要求，是防止权力滥用和异化的根本保证。胸怀正气，公道正派，正直为人，伸张正义，是国有企业党员干部的“硬盾牌”，是体现权力本质的政治要求。

有了浩然正气，才能信仰坚定，保持党的先进性和纯洁性，坚持真理、不搞腐败、抵制歪风，保持强大的思想定力、道德定力，无论遇到什么困难挫折都不改初衷，自觉抵御各种腐朽思想侵蚀，坚守共产党人的精神高地，巍然立于天地之间。有了浩然正气，才能出淤泥而不染，视不义之财而不贪，说话才有底气，干事才有勇气，碰硬才有锐气，才能增添人格魅力，产生凝聚力和号召力。

楷模风采

百色革命老区腹地德保县，如今又静静地接纳了一副忠骨——他就是先后被中铝集团党组和国务院国资委党委追授为“中铝集团优秀共产党员”和“中央企业优秀共产党员”的中铝股份广西分公司纪检监察战线的好干部——李兆雄。2017 年 9 月 25 日，李兆雄在步行前往当地检察院办理案件相关手续的路上，因疲劳过度猝然发病，倒在了检察院门口。

2017 年 10 月，中铝集团党组书记、董事长葛红林在集团党组会上感慨道：“李兆雄是中铝人的杰出代表，是中铝集团全体党员的标杆和表率。李兆雄的事迹和精神，是集团的宝贵财富，要好好珍惜和大力弘扬。”同时，中铝集团党组要求有关单位全力做好李兆雄同志家属的安抚慰问工作，切实解决英雄家属所面临的实际困难。随后，中铝集团党组发出“向优秀纪检干部李兆雄同志学习”的号召。

“企业纪检监察部门不仅工作辛苦，待遇低，而且还很容易得罪人，是一份公认的苦差事，一般人都不愿意干。”2002 年，在将李兆雄调入纪检监察部之前，时任化验室党委书记的肖俊杰讲述了纪检工作的清苦。他原本以为家庭负担较重的李兆雄会打退堂鼓，没想到李兆雄斩钉截铁地说：“服从命令是军人的天职，组织让我去哪里，我就去哪里！生活只要过得去就行，钱财职位如镜中花水中月，全是身外之物。”这番话让肖俊杰认定，李兆雄必将成为纪检监察战线的杰出人才。

2015 年，中央巡视组对某地区所属多家单位开展延伸巡视。那次巡视收到了大量职工群众的举报，但信息很零碎，很多问题缺乏明确的证据，线索比较杂乱，留给纪检部门大量的核查工作。为了在这千头万绪中抽丝剥茧，尽快取得案情的突破，中铝集团党组纪检组决定让经验丰富的同志制定调查方案，这个重任便落到了李兆雄肩上。李兆雄又一次展现了他“接受任务不讲条件，执行任务不打折扣”的退伍军人作风，连续奋战 48 小时，吃住都在办公室。专案组的同事回忆道：“李兆雄拟订的方案思路清晰、重点明确、逻辑严谨，一次性通过了纪检组的审核。”

按照该方案的工作思路，专案组的调查推进较为顺利，共形成了 90 个卷宗，李兆雄参与完成了其中的 20 个。在调查某个企业副总涉及经商办企业一事时，由于对方对企业纪检人员的工作流程和调查方法十分熟悉，采取了很多反调查手段，没有留下什么明显的破绽，调查一度陷入了僵局。不服输的李兆雄带领调查小组转换工作思路，“明修栈道，暗度陈仓”，表面上按部就班地正面与涉案对象谈话了解情况，暗地里对其周边的关系网进行摸排。经过连续 20 天的奋战，他们累计整理发现 17 大类 74 节小问题，最终取得突破性进展，掌握了该副总参与经商的实证，为整个专案的整体推进撕开了突破口。

出色的业务能力并非与生俱来，刚转岗到纪检部门时，因为缺乏经验，李兆雄写的材料经常被领导退回，他不仅没有气馁，还铆足了劲儿连夜修改被打回来的材料，反复字斟句酌，有时候还因为某一个字用得是否准确而打电话向同事请教，第二天一上班重新提交给领导审阅。一来二去，李兆雄摸透了写纪检材料的门路，不到一个月时间，李兆雄写出的材料就因为要素齐全、逻辑严谨、证据严密，被中铝股份广西分公司纪检监察部当作范文供组织内部学习。

“没有好的调查和谈话成果，好材料就无从谈起。”曾多次与李兆雄共事的中铝国贸纪委书记刘波说，“李兆雄能调查，能谈话，材料写得好，是难得一见的多面手。”这个“多面手”背后，凝聚了李兆雄大量的付出和心血，也得益于他“善于学习，精于钻研”的特质。李兆雄狭小的房子陈设十分朴素，唯一引人注目的是客厅的一个大书柜，里面摆满了各种各样的专业图书，不起眼的角落里堆着一摞鲜红的荣誉证书。

“那些书每一本他都认真读过，上面密密麻麻地记满了笔记。”李兆雄的徒弟黄雄飞回忆道，“他的涉猎很广泛，除了纪检业务图书之外，他还大量阅读了侦查学、行为心理学、犯罪心理学等专业图书。”李兆雄曾告诉黄雄飞，许多违纪违法人员知道纸终究包不住火，心里对如何应付纪检部门调查都有预演，甚至对反侦查都有一定研究，必须具备过硬的本领才能在斗智斗勇中击溃对方。

在中铝集团专案组里，李兆雄是公认的谈话“有办法、突破快”的高手，这主要得益于他在心理学方面的造诣。2014 年春节前夕，中铝集团“10 · 28”案件查办进入攻坚阶段，其中对一名主要涉案人员的谈话能否取得突破至关重要。李兆雄再次受命接下了这个艰巨的任务。谈话初期，对方自以为专案组没有掌握确凿的证据，故意避重就轻，顾左右而言他，企图拖延时间。李兆雄转换谈话策略，跟对方聊起了家庭生活和业余爱好，消除对方的戒备心理。他循循善诱，在闲聊的同时间或插入与案件相关的问题，伺机捕捉对方心理防线的薄弱点，站在对方的立场深入分析“抗拒到底”和“主动坦白”所要承担的不同后果，终于在第三天击垮了对方的心理防线，为案件推进赢得了时间。

深圳，是李兆雄留下最后一片足迹的地方。2017 年 3 月，中铝集团成立专案组调查一起涉嫌国有资产流失的案件，案情极为复杂，涉案的资产2009 年之前就已被出售，随后又被拆迁，时间久远加上原物灭失，证据搜集变得困难重重。

接到通知后，李兆雄简单向爱人交代了一下，就立即动身赶赴深圳。

刚一就位，李兆雄就马不停蹄地投入调查工作中，他白天奔波在现场，趁拆迁工人休息的时候，爬到涉案大厦的废墟上拍照取证，晚上调阅 10 多年前的卷宗，从字里行间努力寻找蛛丝马迹，每天工作十五六个小时。专案组的一位同事说："高强度的工作令我们都有点吃不消了，但李兆雄仿佛有用不完的精力，在完成专案组的工作后，还抽时间处理广西分公司的一些案件。面对我们让他多休息的规劝，他总是笑着说'没事，我在部队的时候体能全优，底子硬着呢'。"

经过半年的调查，案件取得了突破性进展，专案组开始整理材料，准备移交当地检察院立案。2017 年 9 月 25 日，按计划，李兆雄和同事要带领一名涉案人员到检察院配合调查。由于此前已经连续奋战了 48 小时，当天早上李兆雄感到有些头晕，为了不耽误案件调查，他拒绝了同事劝他到医院检查身体的提议，经短暂休息后，继续和同事一起步行前往不远的检察院。在距离检察院不足 50 米的地方，李兆雄猝然倒地，同事立即对其进行心肺复苏急救，被李兆雄的人格魅力和敬业精神折服的涉案人员没有趁机逃走，而是帮忙拨打了急救电话。10 分钟后，医生赶到现场，就地开展抢救，却已无力回天。

李兆雄就这样走完了他短暂而光辉的一生。当地检察院办案人员说："我们和企业纪检人员合作了那么多年，从未见过像李兆雄那么专业的，比检察院的检察员有过之而无不及。"

作为一名纪检干部，少不了要面对各种各样的情况，说情讲和有之，糖衣炮弹有之，威胁恐吓亦有之。李兆雄的姐姐李翠玲告诉记者，为了不让家人担心，李兆雄几乎从不和家人谈起他的工作，但有一次他专门打电话叮嘱道："姐，咱爸治病需要花多少钱，咱自己想办法凑，现在有人拿钱过来想贿赂我，我拒绝了，如果有人给你或者家里人送钱，你们也千万不能收！"

2014 年，李兆雄参与"10·28"案调查期间，有一次路过德保老家，与表弟吃饭叙旧。饭还没吃完，李兆雄的电话就响个不停，他摸出来一看，是一个云南的未知号码，心想可能是说情的，就给挂掉了。"对方愣是打个不停，”李兆雄表弟回忆说，“后来我就替他接了，对方一上来就喊打喊杀，叫他不要多管闲事，否则小命不保。”他表弟紧张地问：“你不是在平果铝工作吗？怎么会得罪云南那边的黑社会？你要小心点啊！”李兆雄轻描淡写地说：“我在公司干的是惩恶扬善的事，这种恐吓见多了，自古邪不压正，他们不敢把我怎么样。”

李兆雄虽然离开了，但他的精神永远闪耀在国企人的心中，引领大家踏着他的足迹，不忘初心、牢记使命，砥砺前行！

励志延伸

陈超英同志生前任中国建筑第五工程局土木公司党委副书记、纪委书记、工会主席，2011 年 6 月 13 日，在慰问职工家属返程途中发生车祸，不幸因公殉职，时年 53 岁。她心系职工，一年中有 200 多天奔波在外，哪里有困难，就去哪里，500 多名离退休职工、1000 余名在职职工都在她心中，被职工群众誉为“主心骨”“贴心人”“大姐书记”。她公而忘私，心中的天平一边是公平公正的信念，一边是公心公义的无私，她不遗余力倡导弘扬主旋律，旗帜鲜明批评纠正错误行为，以自己的刚正不阿坚守了一个党员干部应有的原则、信条。她被中华全国总工会追授“全国五一劳动奖章”，并获得“全国优秀工会工作者”荣誉称号。

在国有企业，风清气正的工作环境是团队和谐的支撑，是凝心聚力的基础。面对企业提拔任用、岗位变动、人员整合等涉及职工切身利益调整这些重要问题，领导干部要出以公心，一碗水端平、一把尺子量人，摒弃人情干扰、利益羁绊，就会以德服人、以理服人，使复杂的事情简单化，营造出良好氛围。党员干部决不能用自己手中的权力谋取不正当的利益，一定要经常思考自己的责任，靠党性来克制自己的欲望，保持头脑“清醒”，始终对身外之物“看得透、想得通、放得下、忘得了”，自觉抵制各种诱惑和歪风邪气，切莫让诱惑把自己引向人生岔道，决不让诱惑践踏精神家园，廉洁用权，依法办事，公正办事，不辱党和人民赋予的神圣使命。

让理想拓展生命的厚度

旗帜领航

我们党从成立那天起，就肩负着团结带领全党全国各族人民实现民族独立、人民解放和国家富强、人民富裕的历史任务，与人民一道，凭着艰苦奋斗精神，顽强进取，百折不挠，战胜艰难险阻，建立中华人民共和国，从积贫积弱走向伟大复兴。革命战争年代，大多数革命者的青春岁月是在艰苦卓绝的浴血奋战中度过的。

从只有 50 多名成员的弱小组织起步发展成拥有 8900 多万名党员、世界最大的执政党，从积贫积弱的落后国家迈向社会主义强国，正是因为我们笃信马克思主义信仰，坚守“为人民谋幸福、为民族谋复兴”的初心和使命。

坚定共产主义的理想和信念，是一代代共产党人一生中政治修养的要义，是战胜艰难险阻的精神支柱、开创伟大事业的力量源泉、拒腐防变的思想武器。

共产主义的实践活动就在我们身边。我们理直气壮地讲共产主义理想，就是讲在建设中国特色社会主义的过程中为共产主义而奋斗。为中国特色社会主义而奋斗与为共产主义而奋斗，是同一方向的伟大事业。

楷模风采

马志民，1949 年 6 月参加工作，1952 年 2 月加入中国共产党。1950 年至1978年先后从事经济、侨务、旅游、开发建设等工作，1979年入职香港中国旅行社，一干就是20年，历任副总经理、总经理等职。适逢改革开放和香港经济蓬勃发展的大好时机，他与时俱进，改革创新，同时代共舞，推动了香港中旅（集团）有限公司乃至中国旅游业向前迈进，书写了辉煌的旅游改革发展篇章。

马志民儿时遭遇的日军侵略之苦、家仇国恨在他心中留下了深深的烙印，也培育了其炽热的爱国情感。他在新中国成立前就参加了新民主主义青年团，从事共产党领导下的新民主主义运动，赴港工作后，依旧坚持国家至上原则。

1985年，香港中旅（集团）有限公司成立，他担任副董事长、总经理，提出了“多元化、国际化、现代化、集团化”的发展目标和“立足香港，依托内地，面向海外”的发展方针，使集团发展跃上一个新台阶。1992年11月，由他担任董事局主席的香港中旅国际投资有限公司在香港上市，成为最早直接在香港上市的中资企业，并以创纪录的超额认购而轰动海内外。

华侨城创建之初，马志民按照中央指示，带领一班人，以高度负责的精神，坚持旅游为主和战略规划先行，顶住压力，聘请一流规划专家深入研究，历时数月，几易其稿，成功制定了一个科学合理、具有特色、高起点的总体规划，为华侨城的开发建设奠定了坚实基础。马志民认为，先进的观念比物质更为重要。他顶住压力，宁可在规划上多花时间，也不盲目建设。正是那些即使到今天也不落伍的规划理念，给华侨城打下了坚实的基础。

当时的华侨城区域，还是一片滩涂。如何在这片荒凉之地搞出旅游精品项目，马志民的心里其实已经有了底。中国历史悠久，文化灿烂，名胜古迹、名山大川、民居民俗数不胜数，是世界上旅游资源较为丰富的国家之一，如果能将中国的文明古迹、人文景观用微缩的形式荟萃一园，使境外游客能“一步迈向历史，一日畅游中华”，岂不是一件好事？马志民曾前往欧洲考察，在荷兰马德罗丹看到小人国时大受启发：小小微缩景观能穷尽荷兰名胜，我们为什么不能把中华五千年文明和大好河山浓缩在一地，让游客在短时间里领略中华民族传统文化的博大精深？有人说，深圳湾那么荒凉，拿出1亿元的资金在那里搞旅游，无异于把钱扔到海里。马志民顶住压力，中国第一座主题公园在一片质疑声中开建。

万事开头难。筹建组一缺资料、二缺人才，最初只有4个人。他们手头没有数据，给全国重点文物单位、博物馆发出80封信寻求帮助，回信寥寥。于是，筹建组人员奔赴北京、南京、苏州、西安等地上门求教，收集资料，专家教授们都表示了合作的诚意。几十个景点陆续物色到理想的设计、制作者。当时提出了两条制作原则：一是必须具有历史真实性，微缩后的建筑必须保持实景原样；二是必须达到很高的工艺美术水平，否则就没有观赏价值。

1987年9月，景点正式破土动工。景区面积30万平方米，投资1亿元，建有80个景点，景点比例按1∶15、1∶10、1∶18、1∶1，错落分布在中国版图上。为了再现各景点的真实风貌，许多景点都是请原景点所在地的文物研究部门和古建筑施工队联合建造。国内一流的历史学家、古建筑专家、雕塑艺术家、园林工艺专家担任景区的技术顾问或直接参与景点创作。全国20多个省市的2000多名工程技术人员会集深圳，奋战两年完成了第一期74个景点的建设。

1989年9月，锦绣中华微缩景区开始试营业，首日入园人数就超过3000人。那年国庆假期，每天都有3万多人涌入园中，深南大道不得不封闭一半道路用来停靠车辆。以锦绣中华为背景的照片从深圳大大小小的冲印店冲印出来。1989年11月22日，锦绣中华微缩景区举行了隆重的开业庆典，同时举行了中国深圳旅游洽谈会，来自20多个国家和地区的1400多位嘉宾出席了开业仪式。锦绣中华开业后轰动海内外，1亿元的投资当年就全部收回，并在弘扬中华民族优秀文化、增进与世界各国人民的文化交流和了解、激发爱国主义情怀等方面发挥了独特的作用。

锦绣中华景区开业的同时，另一个项目已经箭在弦上。1990年5月17

日，中国民俗文化村正式破土动工，此前总体规划已经先后修改了 13 稿。1991 年 10 月 1 日，中国民俗文化村举行隆重的开幕仪式，来自海内外的 1500 多位嘉宾出席了开幕式。1992 年春节期间（初一至初五），锦绣中华景区和中国民俗文化村共接待游客 27 万人，境外游客占 26%。一天两个景区的游客最多时达 6.4 万人，其中中国民俗文化村入园游客达 4.6 万人，创下了日接待游客的最高纪录。

1992 年早春，一位年近九旬的老人来到锦绣中华景区，给这里增添了春天的喜悦。马志民曾撰文回忆当时的情形："1992 年 1 月 20 日早晨，风和日丽，只是还有点寒意。约九点半，邓小平和夫人卓琳在广东省委书记谢非、深圳市委书记李灏、市长郑良玉等陪同下，乘坐一辆中巴在中国民俗文化村底层的大门下车，我与几位华侨城和锦绣中华的负责人在现场迎接，他下车后与我们一一握手。"邓小平选择深圳的锦绣中华景区及中国民俗文化村景区作为其中一站，可见对这里的重视程度。

锦绣中华及中国民俗文化村的建设运营，成了中国旅游业发展的里程碑事件。马志民乘势而上，推动投资兴建一座旨在介绍世界各地历史名胜、文化风情，促进我国人民与世界各国人民之间友好往来和文化交流的旅游景区——世界之窗。1991 年 12 月的最后一天，世界之窗破土动工。整个景区投资达 6 亿多元，150 多个参与工程设计、施工的单位来自全国各地，参与人员达上万人，其中专家学者数百名。1994 年 4 月 28 日，经过 2 年 4 个月紧张施工的世界之窗景区开始试营业。景区面积达 48 万平方米，有景点 118 个。开业后的世界之窗再创辉煌，3 年就收回了全部投资。

大到旅游模式创新，小到景区厕所设置，马志民都身体力行、实干革新，为香港中旅（集团）有限公司的发展、为中国主题公园的建设和旅游事业的繁荣，做出了不可磨灭的贡献。他激励大家，一定要把锦绣中华经营好、管理好，通过锦绣中华、中国民俗文化村等景区把中华五千年文明和丰富的旅游资源浓缩在一园，让中外游客在短时间内领略中华民族传统文化的博大精深。

马志民以其远见卓识启动落成的锦绣中华、中国民俗文化村、世界之窗等一系列旅游精品，使中国主题公园建设从无到有，实现了划时代的突破，他也因此被誉为“中国主题公园之父”“中国现代主题公园创始人、开拓者”。他还尝试在美国佛罗里达建设锦绣中华，直接在国外介绍中国，被称为“爱国者”“一个有良心的企业家”。1992 年，他出席了党的十四大，1993 年，他当选第八届全国政协委员，并先后兼任中国旅游协会副会长、香港中国旅游协会会长。20 世纪八九十年代，锦绣中华、中国民俗文化村、世界之窗接待的游客已经超过 5500 万人次，其中境外游客达到 1000 万人次，旅游收入超过 30 亿元。这仅是景区本身的经营业绩，而它们对相关地区、相关行业的带动和促进，对中国主题公园、旅游业发展所产生的示范作用，是无法用金钱来计算的。

励志延伸

有波澜人生的人，大多会看到一番不一样的风景。1995 年，吴尔愉 32 岁。在这之前的 12 年，她是上海著名的纺织系统大军中再普通不过的一员。那一年，上海掀起产业结构调整的大潮，55 万纺织工人中的绝大多数面临下岗。时任上海航空公司（现上海航空股份有限公司）党委副书记、副总经理的范鸿喜，作为一名曾经的“老纺织”，在参加上海纺织工业局召集的一场“回娘家”座谈会上，建议借鉴国际同行做法，在经过大工业历练的中青年纺织女工中招收一批乘务学员，培训合格后再上岗就业。在这之后，轰动一时、闻名遐迩的“上航十八位空嫂”诞生，吴尔愉就是其中一员。

吴尔愉上机实习的第一个月，一共飞行了 14 天、105 个小时，从未请过一天假，在吐出很多“苦水”后，终于闯过了“晕机关”。在这之后，吴尔愉为了弥补自己在服务工作实践中的语言弱项，利用业余时间刻苦学习英语和普通话。

吴尔愉的努力被看到了，在她上机飞行的100天里，共收到98封感谢信，创造了上航成立后的最高纪录。重新上岗一年后，吴尔愉在1996年被评为“上海市十佳职业道德标兵”，1997年被评为上海市“三八红旗手”，1998年被评为“上海市劳动模范”，1999年成为“全国五一劳动奖章”获得者，2000年被评为“全国劳动模范”。

虽然获得了很多荣誉，但吴尔愉并没有因此松口气，“我真的优秀到能够获得这么多荣誉吗？”“我的能力真的这么强吗？”都说时间和经历会沉淀出人生最美好、最真实的东西。吴尔愉时常回顾自己的初心，带着对空乘职业的敬畏，一步一个脚印地在职业道路上不辍前行。

吴尔愉成为教员以后开始学思考和表述，在教其他乘务员之前，自己总是一边工作，一边用心去“悟”，等到自己理解透彻、操作熟练之后，再告诉别人为什么要这么做。在标准流程和服务规定之外，她总爱思考如何能够做得更好，“服务于旅客开口之前”，便是她一直奉行的“服务原则”。

在一次执行航班任务时，吴尔愉发现走进客舱里的一位老人衣服间隐约露出一条蓝色的腰带。迎完客后，她便拿了两条毛毯走到老人面前，询问道：“先生，您是否腰部不适？给您垫上两条毛毯好吗？”老人很讶异，惊呼：“你怎么知道我腰不好？太谢谢你帮我拿毯子过来了。”吴尔愉用手指了指老人腰间的蓝色腰带，说：“我父亲跟您年龄差不多，也有腰疼病。前些日子，我刚帮他买过这样一条腰带。”一句问候、两条毛毯，便让这位旅客感受到了家的温暖。

2005年，《吴尔愉服务法》诞生了，这是中国民航界第一个以个人名字命名的服务法。而这一年，吴尔愉42岁。在丰富的实践中迅速成长起来的吴尔愉，早已褪去了当初的“青涩”，也克服了转岗之初的种种痛楚和不安，“空嫂”与“空乘”之间的隔阂早已消除，吴尔愉的工作越发得心应手起来。

2009年6月8日，吴尔愉所在的上航加入了东航大家庭。东上重组后，吴尔愉和她的同事们既有了宽阔的行进空间，也面临着“中流击水、浪遏飞舟”的挑战。促进文化融合、创新管控模式、完善运行机制、加强队伍建设等诸多考验摆在眼前。东上重组后，《吴尔愉服务法》再出续集，她本人也被聘为东航首席技师。在前行的道路上，吴尔愉一步步迈得越发踏实。

现如今，50多岁的吴尔愉成为上航第一位继续飞行的“空奶奶”“空外婆”。她觉得现在还能继续陪伴年轻乘务员一起成长，并愿意与新的乘务学员分享工作经验，愿意帮助这些年轻人进行系统的学习，吸收老一辈的精华并传承下去。

人不仅活在物质生活中，更活在精神生活中。要活得出彩，首先要有崇高理想和执着追求；有什么样的理想和追求，就有什么样的路径和行为。有了为之奋斗的理想和信念，就能使人具有崇高的目标、高尚的情操和勇于献身的品格。

用理想定位人生坐标

旗帜领航

人们无法选择自己的出身，无法决定自己的容貌，却可以选择自己的理想，把握自己的人生道路。清代金缨《格言联璧·学问》有言：“志之所趋，无远弗届；穷山距海，不能限也。志之所向，无坚不入；锐兵精甲，不能御也。”大意为：人若志存高远，没有不可实现的目标，纵然山海尽头，亦不能阻止其实现理想的步伐；没有攻不破的壁垒，即使是精兵坚甲，也无法抵御他的坚定信念。俄国文学家车尔尼雪夫斯基有言：“人的活动如果没有理想的鼓舞，就会变得空虚而渺小。”理想为人生的实践提供动力，使人的意志坚强、热情高涨，不惧怕各种困难和挫折，充满必胜的信心，心甘情愿地拼搏进取。

坚定的理想和信念，是国有企业党员干部从业理政之魂，具有坚定的理想和信念，能使人具有高尚的情操和勇于献身的品格。如今，许多卓越的国企人创造了一个个人间奇迹，真是“当惊世界殊”。一个个时代楷模和先进人物响亮、亲切的名字，一段段感天动地的故事，镶嵌于中华历史的长廊，珍藏于国人的心中，人们不会忘记，历史不会忘记。正是因为有了他们，社会才会春意盎然，国家才会美丽。他们不愧是优秀的中华儿女，是指引我们成长和前行的航标灯！

楷模风采

远洋运输体制改革的推动者许立荣是中国远洋海运集团有限公司党组书记、董事长。他在担任上海航运交易所首任总裁期间，打造了我国第一个国家级水运交易市场，成为我国最早对外开放的航运交易窗口。2016 年，他成功领导全球最大航运企业改革重组，直接策划指挥了中远集装箱货运体制改革，引领中国集装箱运输事业的发展，有力推动了中国外贸运输改革，为更多中国企业“走出去”搭建了桥梁。积极落实“海上丝绸之路”建设任务，探索国际合作新模式，加快推进码头产业国际化经营，着力打造中国融入全球经济的海洋运输通道和物流通道，为“一带一路”建设提供有力保障，荣获“全国五一劳动奖章”“改革先锋”殊荣。

改革开放后，随着中国经济的腾飞，我国航运业发展迅猛。重组合并后，中远海运集装箱船队规模为 189 万 TEU（标准箱），居世界第四。眼光要瞄准全球。许立荣认为：“集团未来要在经营质量上下功夫，每一个经营环节，都要建立对标系统，每一个经营数据都要和全球最好的企业去比。”

中远海运目前拥有 6 个“世界第一”：总运力规模居世界第一，干散货、油轮和杂货特种船队运力世界第一，同时还是全球最大的集装箱码头运营商、全球最大的船员管理公司。许立荣指出：“下一步，要注重协同效应，规模形成之后，协同的潜力非常大。”通过全面深化改革，中远海运集团各业务板块迅速打造规模和成本领先优势，协同效应、规模效应和产业集群优势持续显现，经济效益稳步增长。2016 年，集团实现利润总额 161 亿元，同比增长 47.3%；2017 年，集团实现利润总额 190 亿元，同比增长 18.2%，连续两年超额完成国务院国资委考核指标目标。尤其是连续亏损多年的航运主业在市场低迷的情况下实现了扭亏为盈，集装箱运输、油品运输、散货运输、特种货运输、旅客运输五大航运公司全部实现赢利。在《福布斯》发布的全球最受信赖公司 2000 强榜中，中远海运集团排名第 104 位，且成为全球唯一上榜的航运企业，在中国大陆最值得信赖企业中排名第一。

与此同时，许立荣非常重视文化融合，提出“四个一”的核心理念，即“打造一支优秀团队、建设一种和谐文化、确立一个奋斗目标、构筑一个伟大梦想”，这为改革重组的顺利推进提供了思想基础。

许立荣提出“优先发展战略”，集团优先发展集装箱航运、优先发展港口和码头、优先发展综合物流、优先发展航运金融。“把综合物流、港口、航运金融等快速发展起来，进而利用航运的先天优势，带动相关的产业。”按照这一思路，围绕“四个优先”发展产业，集团培育了航运金融（保理、租赁等）、装备制造、航运信息化等业务，最终形成整体的战略协作，提升集团的综合竞争力。

作为响应“一带一路”倡议的先头部队，集团海外战略成效明显，特别是在“一带一路”沿线国家和地区进行了积极布局。

近年来，集团在“一带一路”沿线投资额达到 170 亿元，其中在码头项目股权及配套固定资产投资为 140 亿元。“一带一路”沿线投入约 180 艘集装箱船舶、115 万 TEU 运力，约占公司总经营集装箱船队规模的 62%。与此同时，中远海运加强“一带一路”沿线港口码头节点的建设。2017 年，集团加强“陆上丝路”物流基础设施布局，包括物流、仓储、配送等延伸业务，为客户提供全程一揽子解决方案。

许立荣强调，未来的物流行业将进入一个以新思维、新动能、新模式引领的新时代。“中远海运将进一步发挥规模优势，积极加大综合物流基础设施建设的投入，优化服务，致力于为客户提供更加专业的、可信赖的个性化服务等方面来应对变革，以开放的心态去拥抱变革，在继承中发展，在发展中创新。”

从数据来看，中远海运已经是一家全球化程度相当高的企业，而全面提升全球竞争能力，是中远海运始终坚定不移的目标。许立荣说：“锤炼自己全球化的思维，从每个员工的思想到我们的战略都要有全球化意识。”到2020年，上海将基本建成具有全球航运资源配置能力的国际航运中心，占据了天时地利人和。

阮兵，中国机械工业集团有限公司所属中国汽车工业工程公司总工程师，华晨宝马项目设计总负责人，2014年度天津市劳动模范，2015年度全国劳动模范。他先后主持设计完成了包括长安福特、华晨宝马、长安福特马自达发动机、卡特皮勒无锡研发中心、宝马北京研发中心、捷豹路虎汽车等数十个重大工程建设项目，为中国汽车装备制造业发展做出了杰出贡献。

2010年，阮兵带领团队，战胜国际上众多强劲对手，拿下了迄今为止国内合资企业建设水平最高的汽车整车工厂——华晨宝马铁西新工厂一期建设项目，一举打破长期以来欧洲设计公司在高端汽车工程建设市场的垄断。

面对巨大挑战，阮兵身先士卒、迎难而上，第一批入住简陋的现场办公室，一干就是4年。在项目实施中，面对德国客户和专家几近严苛的技术要求，以完全开放的心态，虚心学习德国标准，接受德国专家提出的改进建议；比较中外标准的差异，积极提出能够有效融合中外标准要求的各类技术方案，自主设计研发，圆满完成了这一全球最高工艺技术水平、最低综合能耗的“绿色工厂”项目，被业内誉为“高水平整车工厂的标杆”。

工地是庞杂的，工程是紧张的。面对错综复杂的现场情况，阮兵率先爬上20多米高的脚手架，核实质量问题；在酷暑里，在40摄氏度的高温下，他穿着连体服在涂装车间查找问题；在严寒里，在零下 30 摄氏度的极寒气温下，他奔走在施工现场，协调解决方案；出现重大问题，他带头在现场加班到深夜。在他的感召下，中汽工程宝马设计团队总是积极乐观地迎难而上，解决各类技术问题 100 余项。

经过两年多的艰苦工作，华晨宝马铁西新工厂一期工程（15JPH）在 2012 年年初正式全线投产，这标志着这个具备全球最高工艺技术水平、最低综合能耗、最佳工程建设效果的"绿色工厂"正式诞生，也标志着中国汽车工业工程有限公司已经跻身汽车行业具备国际竞争能力的少数国际化工程公司行列。

阮兵带领团队完成各类科研业务建设课题 156 个，正在开展的项目 109 项，参与制定行业技术标准 12 项，获得专利 27 项，内容涉及汽车工厂工程规划、智能制造、能源智能管理系统建设等方面。他将科研成果与项目经验有效提炼，引领行业发展，并取得了国际同行的认可和赞赏。

阮兵为了项目的"完美"，舍弃了许多常人的乐趣和幸福：孩子从小就被他交给父母一直带到上高中，之后孩子住校、他出差。父母都已是八十高龄，他至今也无法尽孝膝前。每每谈到这些，他都会唏嘘感叹、倍感歉疚，但是他从没有抱怨，更没有消沉，他总是积极面对人生中的坎坷与不如意。

为国"圆梦"，一路披荆斩棘。阮兵舍小家为大家，30 年默默坚守、执着追求，正是这种坚毅的力量点燃了中国民族汽车工业快速发展的星星之火，筑起了中国制造坚强的脊梁。

励志延伸

理想信念的核心是信仰。理想以其高度的科学性成为引导人们努力奋斗的强大精神力量，决定了人生的格局与高度，它与人们的知识、见识、智慧等密切相关。

1985 年，裴永斌从部队转业来到哈电集团哈尔滨电机厂有限责任公司工作，抱着“把工作做到极致”的心态，投入车工岗位，从初到公司的新人一跃成为技师骨干。在 30 多年的工作中，裴永斌忠于职守、精益求精、善于创新，始终将追求卓越品质作为工作重心，研究开创了弹性油箱的智能制造加工，实现了几代操作者的梦想，被誉为“车工大王”和“金手指”，荣获“全国劳动模范”“国务院国资委优秀共产党员”“第九届中华技能大奖赛全国技术能手”“全国机械行业有突出贡献技师”等称号。

怎样才能透视油箱内部确定走刀精确位置，是摆在全体技师面前的一道难题。裴永斌凭着一身的韧劲儿、满腔的热情和智慧，潜心投入弹性油箱的生产攻关之中。退刀、调整、进刀、找正、触摸……一年又一年的重复性积累和摸索，让裴永斌掌握了靠双手摸就能“自测”油箱壁厚和表面粗糙度的绝活，其测量精度和效率甚至超过了一些专用仪器，也因此成为行业公认的“金手指”。

除了用手测弹性油箱壁厚和表面粗糙度这个绝活，裴永斌在水电机组轴类制造领域也造诣极深。通常大型水电站主轴、转轴等轴系部件在厂内单件制造，联轴整体验证在工地直接进行，如有质量问题只能在安装现场发现，修复难度和对工期冲击较大。为了实现多轴联轴提前验证，裴永斌带领技师团队进行大型卧车多轴联轴攻关，通过多环节质量控制，实现了百吨级两根、三根联轴在高速旋转时仍保持圆跳动在 0.025 毫米以内的高精度突破，此项技术已被应用到长河坝、溪洛渡等巨型电站轴类加工生产中。裴永斌还提出采用留量精车、人工补偿精度的方案，实现了国内抽水蓄能电站巨型超大轴类制造技术的突破。

在岗 30 多年来，裴永斌一直奋斗在生产一线，参与了近百个国内外电站项目。在“满足用户的追求、追求用户的满足”理念的指引下，凭借高超的技术、高度的责任心，裴永斌带领团队解决了一个又一个用户急需、至关重要的生产难题。2014 年 10 月，裴永斌临危受命，到“埃博拉”疫情重灾区尼日利亚凯恩吉水电站进行产品抢修。裴永斌忍受着水土不服带来的困扰，每天加班加点，凭借高超技艺不仅提前完成了生产任务，还帮助水电站先后完成了发电机支架、水轮机螺杆、叶片起吊工具改造等多项工作。业主被他的劳模精神感动，深情地感叹道："你让我感受到了哈电员工的敬业精神，你不光是中国劳模，同样是非洲劳模！"

在技术革新方面，裴永斌平均每年提出有价值的合理的技术革新意见10项以上。他撰写的论文《克服弹性油箱精车时R部涨根难题》获得黑龙江省政府的表彰，在生产实践中先后攻克了"水轮机导叶在旋转加工中轴径扁度超差""三峡螺栓精加工"等难题。

作为一名技术高手，裴永斌想方设法把自身高超的技术技能传授给周围的同事和青年员工。在5年的时间里，裴永斌完成哈电电机级培训十余次、分厂级培训30余次，裴永斌将其加工的经验进行了细致总结，结合实际事例毫无保留地进行了讲解、传授，培训1000余人次。他结合国外先进经验，将多年积累的实际加工经验与技巧编制成《OPL标准作业单点培训教材》，实现了加工技术标准化、规范化、实用化。

宝剑有锋需磨砺，创新突破开先河。不断进取是裴永斌成为顶级高手的最大诀窍。公司给裴永斌配备了新的数控机床，但数据编程必须由裴永斌完成，因为很多传统的技术不一定适合数控机床。裴永斌选择接受了这次新的职业挑战，把数控机床当作自己的理想传人，让自己的绝活发扬光大。为数控机床自制个性化刀具，是他挑战数控机床的最大难题，从手工操作到数控机床，并不像他想象的那么简单，反复琢磨、反复修改，刀具在他手中强度和稳定性越来越好，对刀刃角度、切削弧度、曲线走向同样力求完美。裴永斌开始编制程序，把用30多年练就的精准手感和经验一点一点地转化成详尽的数据并输入机床中，在经历了3个多月的艰苦攻关之后，他用数控机床成功生产出第一台弹性油箱产品件，实现了人生最重要的一次跨越，成为中国装备制造业奋勇争先的佼佼者。

作为国有企业党员干部，在理想信念的校准之下，志存高远不懈怠，才能在个人利益和公共利益之间做好选择题，在能力要求和水平不足之间做好填空题，才能做好思维、行为等方面的改错题，交出一份高分答卷。国有企业党员领导干部要从大处着眼，志存高远。领导干部一旦树立了正确的、远大的理想，人生就有了崇高的目标，就有了准确定位，就有所追求。他们的从政道德修养才有自觉性和持久性，就会为了实现理想而发挥更大的心力，挖掘自身的潜力，时时牢记目标，在思想上扎根，并将它化为行动，为人生开辟坦途，人生的光辉至此粲然可见。

第三章

坚定初心，履职担当，把工作当事业做

敢于担当是领导干部职责所系、使命所在。有担当的人都是使命意识、忧患意识和责任意识强烈的人，都是敢为天下先、敢于坚持真理、敢担风险、敢作敢为的人。困难面前不低头、艰险面前不退缩、重任面前不懈怠，这是使命所在，是强烈的事业感的表现。能够担当责任的人，才能担当好使命。

务实赢得赞誉，责任铸就卓越，担当是勇敢的品质和责任意识的统一。看党员干部是否合格，很重要的一条就是看其有没有责任感、有没有担当精神。担当是检验领导干部思想成熟、工作一流、作风过硬的试金石。无论在什么岗位、遇到什么情况，都要有一种“工作没干好寝食不安、任务没完成夜不能寐、工作出差错心中愧疚”的职业操守。勇于担当，就是要勇挑重担、事不避难、敢于负责，做好自己的工作；打破陈规、敢于拍板、忠诚履责、尽心尽责、勇于担责、一抓到底。

新时代好干部的一个重要标准就是敢于担当。领导干部在国有企业中处于重要位置，在其位就要谋其政，敢于担当、履职尽责，不怕担风险、不怕得罪人。2013 年 6 月，习近平总书记在全国组织工作会议上概括了好干部的标准，好干部要做到“信念坚定、为民服务、勤政务实、敢于担当、清正廉洁”。那么怎样才是敢于担当呢？习近平总书记指出：“敢于担当，党的干部必须坚持原则、认真负责，面对大是大非敢于亮剑，面对矛盾敢于迎难而上，面对危机敢于挺身而出，面对失误敢于承担责任，面对歪风邪气敢于坚决斗争。”党员干部要牢记自己的使命与重任，保持旺盛的斗志与激情，始终保持“等不起、坐不住、慢不得”的紧迫感，心中有责，勇于担当，在急、难、险、重的情况下，勇于面对、敢作敢为。要有舍我其谁的气魄，挺身而出，把重任扛下来；有攻坚克难的勇气，迎难而上，敢于较真，敢打硬仗。

实干家一生坚持不懈，持之以恒，把做好本职工作当事业，尽职尽责，分内之事尽力干好，分外之事主动承担，几十年如一日，以踏石留印的干劲、逢山开路的闯劲、抓铁有痕的韧劲，不计较报酬和地位，不讲究个人荣誉和得失，自觉为企业分忧、为人民造福，有所建树、有所成就，使忠诚在本职岗位上得到完美体现。

作为国企领导，要真心实意地爱护、推崇实干家，及时奖励、提拔、重用那些不走关系、没有“靠山”、业绩突出的实干家，为那些敢于担当、踏实做事、不谋私利的干部撑腰鼓劲。坚持有“为”才有“位”，突出实践实干实效，让那些想干事、能干事、干成事的干部有机会、有舞台。坚持全面历史辩证地看待干部，公平公正对待干部，对个性鲜明、坚持原则、敢抓敢管、不怕得罪人的干部，符合条件的要大胆使用。决不能让实干家流血流汗再流泪，要宣传他们的精神，提高他们的待遇，为他们解决后顾之忧。同时，及时批评、查处一些遇事推诿、不抓落实、空谈误事、失职渎职的严重官僚主义者，以明功过、以正视听，让群众认可和满意，做出无愧于历史、无愧于人民的业绩。

梦想在历练中起飞

旗帜领航

艰苦奋斗、砥砺奋进，是我们党历久弥新的本色，折射出一种坚韧不拔的务实作风，具有巨大的作用和深刻的政治意义。艰苦奋斗、砥砺奋进，也是国有企业做强做优做大的精神力量，对国企人走在时代前列具有重大意义。

习近平总书记在党的十九大报告中指出，综合分析国际国内形势和我国发展条件，从二〇二〇年到二十一世纪中叶可以分两个阶段来安排：第一个阶段，从二〇二〇年到二〇三五年，在全面建成小康社会的基础上，再奋斗十五年，基本实现社会主义现代化；第二个阶段，从二〇三五年到二十一世纪中叶，在基本实现现代化的基础上，再奋斗十五年，把我国建成富强民主文明和谐美丽的社会主义现代化强国。

新起点标注新方向，新时代呼唤大作为。中国特色社会主义进入新时代，我国社会主要矛盾已经转化为人民日益增长的美好生活需要和不平衡不充分的发展之间的矛盾。这是关系全局的历史性变化，对党和国家工作提出了许多新要求。不驰于空想，不骛于虚声，最终落实在“奋斗”两个字上。努力奋斗才能梦想成真。做人一世，任职一方，要坚持历练，决不能有松口气、歇歇脚的念头，要有叩石垦壤的实劲，要有挖山不止的恒劲，不怕困难、百折不挠，始终为做强做优做大国有企业不懈奋斗，为实现人民的美好生活而艰苦奋斗。这样的人生才是崇高的人生，这样的奋斗才能通达高远的境界。

实干是新时代的底色，奋斗是新时代的注脚。只有奋斗的人生才称得上幸福的人生。共同奋斗，是我们党团结带领广大人民群众为伟大事业努力奋斗的实践状态和精神状态，是党与人民群众一起奋斗。顽强奋斗，是指不畏艰难险阻，不屈不挠，英勇奋斗，体现的是直面问题、与困难做坚决斗争，攻坚克难、逢山开路、遇水架桥的精神状态。艰苦奋斗，是一种不怕艰难困苦、百折不挠、越战越勇的英雄气概，是一种埋头苦干、锐意进取、勇于开拓的精神，是知难而进、一往无前、自强不息的闯劲，也是国有企业优秀党员干部、优秀员工宝贵的本色。

楷模风采

黎明，寓意着美好和光明。张黎明是国家电网天津市电力公司滨海供电分公司运维检修部配电运检室党支部副书记兼配电抢修一班班长。他坚守基层一线，刻苦钻研技术，在平凡岗位上练就过硬本领，从事电力抢修工作 30 多年，累计巡线 8 万多公里，从未发生安全事故。他带领团队实现技术革新 400 余项，获国家专利 158 项，20 余项填补智能电网建设空白，并把创新成果应用于生产实践，取得良好的经济社会效益。他带领着“黎明共产党员服务队”，坚守“黎明出发、点亮万家”服务承诺，活跃在街区里巷，被百姓亲切地称为“光明使者”。他是中央企业系统涌现出来的学习型、专家型、技能型、创新型工人的先进典型，荣获“全国劳动模范”“全国优秀共产党员”“时代楷模”“改革先锋”等称号。

张黎明出生在一个工人家庭，“黎明”这个名字是父亲起的。因为他出生的时候，天刚蒙蒙亮，还恰好赶上停电。父亲是中建六局的一名老党员、老班长。张黎明小时候，父亲为参加湖北二汽、引滦入津工程等国家建设，带着全家“南征北战”，他从来没听父亲说过一个“不”字，感受到老一辈产业工人的牺牲和奉献精神。

张黎明物理学得不错，加之对电学感兴趣，在技校上学的两年，他总考班里第一。1987 年，张黎明 18 岁，成了一名电力工人。上班第一天，他父亲找出用过的老虎钳子，深情地说：“黎明，这把钳子给你，电工可是个技术活儿，一定把技术学好了，让同事们信任你，这才是咱工人的本分。”张黎明接过钳子，感觉手里沉甸甸的，不善言谈的他就说了一句：“您就放心吧！”

张黎明所服务的天津市滨海新区是我国北方的第一个自贸区，有多家世界 500 强企业在这里落户。保障区域用电安全、及时排除故障隐患，是张黎明所在班组的首要任务。杆上、荒野、泥塘，是张黎明坚守的地方，抢修工作常常与危险相伴，三伏、三九，是张黎明坚守的时光，巡线、抢修、操作……张黎明坚持把简单的事情重复做、重复的事情用心做，练就了一手诊断故障的绝活儿。

配电装修这个工作时常面临着考验，无论是烈日酷暑、狂风暴雨，还是天寒地冻、大雪纷飞，都容不得有丝毫的马虎和懈怠。2012 年 7 月 26 日，天津地区遭遇 60 年一遇的暴雨突袭，当时张黎明正在病房陪伴病危的父亲，他留下前来送饭的妻子，毅然赶到抢修班，刚进门就接到关于新港四号路港 39 线路电线断落的故障电话，立即出发赶往现场。

张黎明和同事跋涉在雨水中，车陷下去，就用手推，小区路窄，就一起蹚水走。张黎明没有喝一口水、吃一口饭，和同事在暴雨中奔波近 8 个小时；那天夜晚，从 17 时开始，共完成报修工作 81 件，所有抢修任务全部完成已是次日凌晨 1 时。工作服由干到湿，又由湿到干，双手被浸湿的手套泡到发胀，疲惫不堪的张黎明回到医院，看到躺在重症病房里的父亲和忙碌的妻子，眼泪流了出来。

工作之余、生活之中，张黎明随身带着笔记本，沿着电力线路遛来遛去，记录下所辖线路的安全状况、地理位置和周边环境。曾有位同事有意考他："黎明，上大线 68 号杆在哪儿？"张黎明脱口而出："在马厂减河边桃树园内，距 67 号杆 325 米，中间点是滨海公司与检修公司的管理分界点。"凭着这样的真功夫，哪里发生故障，他总能以最佳路线和最快时间赶到现场。

张黎明说，他生来就很有好奇心。小的时候，他看到天上飞的小鸟，就琢磨它们为什么会生出翅膀，如果有的话，他也会自由地飞了。当他成为抢修工人时，工作艰辛，有时还有很大的危险性，他就想能不能通过技术革新，将劳动强度和危险性降下来。张黎明发现，当用电超负荷或遇到暴雨雷电时，线路变压器就容易发生保险片故障，更换变压器保险时必须佩戴绝缘手套、绝缘靴、护目眼镜，使用绝缘棒登上变压器操作，一般需要 45 分钟左右。如果连续处理几处故障，一天的时间就过去了。张黎明就琢磨如何利用物理学中重力跌落的原理，巧妙地将刀闸设计成可摘取式，在地面就能摘取更换，不用爬电线杆。历经 18 次失败后，他终于成功了，故障处理时间也由原来的平均 45 分钟缩短到 8 分钟。

为了改进关键“小处”，抓好精细管理，他还优化抢修工作流程，推广实施以“受理、行动、评价、分析”为主要内容的“AAEA”抢修管理模式，将高压故障平均处理时间由 3 小时缩短到 1 小时。

为了进一步降低带电作业的安全风险，2017 年以来，张黎明和同事利用传感、识别、认知等人工智能技术开展带电作业机器人研究，成功研发导线上的“钢铁侠”——基于人工智能的配网带电作业机器人。该项目成功入围天津市人工智能重大科技项目。机器人将可从事配网带电作业全部工作，该项创新成果将减少工作人员高空作业以及避免高压触电，大大提升了供电可靠性。

张黎明说：“创新不怕小，解决实际工作中的问题，往往就是创新。创新还要不怕大，要敢想敢干、不怕失败。这才是我们新时代产业工人该有的样子。”他先后实现技术革新 400 余项，20 余项成果填补中国电力行业空白。

张黎明说：“工作场所就是创新的阵地。要让别人的生活因为有了你的存在而更加美好！”30 多年来，张黎明一直是这样做的。配网抢修工作不分昼夜，需要随时待命。“我从未关过手机，有时夜里听到下雨，就起来穿戴好，把电话握在手里，或者干脆到班里看看，为的就是能第一时间赶到抢修现场。”翻开抢修工作单，几乎每一项抢修张黎明都参加了。

张黎明很喜欢王国维《人间词话》中提到的“人生三境界”，并通过发散思维将其演绎为“创新三境界”：第一重境界是独上高楼。他认为，技术创新是一个孤独者的事业，要面对征途中凛冽的寒风，还要独上高楼，遥望目标，耐得住寂寞。第二重境界是衣带渐宽。他认为，技术创新是一项吃苦的事业，要甘愿吃尽千辛万苦，苦中有乐，义无反顾。第三重境界是蓦然回首。他认为，技术创新是一项漫长而崎岖的事业，不光要吃苦，还要坚持求索。“众里寻他千百度，蓦然回首，那人却在灯火阑珊处”，这也是历尽磨难最终收获成功的美好境界。

张黎明说，创新的过程是快乐的。创新的成果让他获得了成就感和自豪感。“张黎明创新工作室”完成的技术革新 200 余项，经济效益超过 1 亿元。2013 年，“张黎明创新工作室”被授予“天津市十大劳模创新工作室”称号。在他的带领下，滨海供电分公司先后孵化出“志鹏”“蒲公英”“金种子”等班组创新工作坊 8 个，培养出一批“蓝领创客”。

人民的利益至高无上，要把人民群众的小事当作自己的大事。在徒弟眼中，张黎明是“专家导师”；在客户眼中，张黎明是“电保姆”；在困难户和孤寡老人眼中，张黎明是点亮心灯的“光明使者”。2007 年，“滨海黎明共产党员服务队”成立。张黎明主动向社区居民公布了自己的手机号码，只要接到小区居民的电话，不管是否与电力工作有关，他和队员们总是有求必应，为大家排忧解难。他们为 11 个社区 150 多位老弱孤残人员建立了服务档案，为居民开展志愿服务近万次，惠及居民 10 万余户。

黎明之光犹如他的拳拳为民初心，营造了城市的一道道亮丽风景。张黎明在日常服务中发现，一些老旧小区的楼道没有照明灯，老年人出入很不安全。为了解决这一问题，他主动找到社区，倡议发起“节能互助、照亮邻里”公益行动，拿出自己的 1 万元道德模范奖金，发起设立“黎明 · 善小”微基金，用于购买节能灯泡，免费发放给居住在老旧社区的居民们，为社区居民带去了光明。如今，“滨海黎明共产党员服务队”20 支分队、326 名队员已经把志愿服务制度化、常态化，每年累计出勤 1100 余次，用实际行动践行着共产党人的为民初心。

有“黎明”的地方就有光明。在重大项目建设、重大活动保电、重大事故抢险等急难险重任务面前，他总是主动请缨、挺身而出。他在党爱党，在党为党，把走街串巷为民办实事作为人生乐事、作为最大的价值追求，在点亮万家中坚守一名共产党员的初心。他用实际行动生动诠释了习近平总书记“劳动最光荣、劳动最崇高、劳动最伟大、劳动最美丽”的重要思想，谱写了新时代的劳动者之歌。

“不忘初心，牢记使命，永远奋斗，就是要不畏艰难、不怕牺牲，保持永不懈怠的精神状态和一往无前的奋斗姿态。”2018 年 4 月 16 日，张黎明在天津城市建设管理职业技术学院思想政治教育公开课上这样说道。

“路是一步步走出来的，不要浮躁，没有随随便便的成功，一分耕耘一分收获。当你埋头坚持时，你已经在收获成功了。”从一名普通工人成长为全国劳模、党的十九大代表，张黎明在电力抢修一线坚守 30 多年，梳理急修案例和《抢修百宝书》，改进传统技术和流程，带领上百人的创新团队创效益超过 1 亿元。可以说，张黎明是伴随我国改革开放成长起来的产业工人的杰出代表，是深入学习贯彻习近平新时代中国特色社会主义思想的优秀共产党员楷模，是全心全意为人民服务的根本宗旨的模范践行者，是“点亮万家的蓝领工匠”。

2018 年 9 月 30 日晚，“时代楷模”张黎明作为天津市唯一劳动模范代表，参加了国务院在北京人民大会堂举行的国庆招待会。

励志延伸

他不是军人，却有军人的情怀，他用滚烫的热血诠释了军人的内涵，30 年如一日，矢志求索装甲战车的先进技术，他就是毛明，现任中国兵器工业集团有限公司首席专家，在网络上被冠以“军工十大国宝级人物”称号。

1983 年，有着军人情结的毛明从 300 多名考生中脱颖而出，进入素有战车研制“国家队”之美誉的中国北方车辆研究所，攻读军用车辆工程专业硕士研究生。1989 年，27 岁的他取得北京理工大学军用车辆工程博士学位，之后他抵挡住当时风生水起的下海潮、出国潮的双重诱惑，毅然决然守望着“研制世界一流坦克”的理想，回到北方车辆研究所，投身钟爱的兵器科研工作。他把心血和精力全部付之坦克，很少有晚上 12 点前回家的时候。他工作之高效、节奏之快、思维之敏锐，常令年轻人佩服不已。

毛明深有体会地说，搞科研事业，首要的是喜欢、是热爱。不热爱，调动不起激情，激发不了好奇心和突破的欲望，科研事业也就不可能有创新。凭着这份热爱和初心，面对广阔而陌生的领域，他毫无怨言，勤勉认真；攀登科研高峰，他锐意进取，从不放弃；即使带领99A主战坦克跻身世界先进行列，他也从未止步于对先进科技的探索与渴望。

他在项目研究中很刻苦，写出了一篇篇有真知灼见的论文，并相继发表在国内外刊物上。他个人也获得了首届兵工青年科技奖，这是他人生中获得的第一个科技荣誉。

毛明不仅以超强的创新能力出众，更以性情活跃出名，像办球赛、组织英语角等多种活动，他开了研究所之先河，组织能力格外出色。

由此，在不到两年半时间里，他先后被提拔为汽车分所副所长、9室（特种车辆研究室）主任。刚到9室时，一个喜讯传来，美国机械工程师学会（ASME）组织的国际学术交流会发来邀请函，毛明撰写的关于行星变速箱动力学分析的论文被大会选中，邀请他到会交流。他激动万分，决定只身前往美国。

在这次国际交流会上，他的论文得到了好评，他也学到了很多先进经验和前沿知识，开阔了视野，拓宽了思路。会后，他告别了敬重的学长，义无反顾地踏上归途，踏上了一条报效祖国的漫漫征程。

1992年4月，毛明率领9室走上了创新之路。在之后的短短几年里，慧眼识才的老所长退居二线时，推荐毛明担任北方车辆研究所所长。

历经岁月的打磨，“502工程”项目——新一代步兵战车终于自主研制成功。大批量装备部队后，获得一片赞誉：“当今世界上火力最猛、水陆机动性最好、防护性优良、综合性能最优的战车，达到世界领先水平……”2009年10月，新一代步兵战车首次亮相国庆60周年阅兵式，以恢宏、磅礴之势震惊了世界。

截至目前，他先后获得省部级以上科技成果奖励12项，其中，国家科学技术进步奖一等奖2项，国防武器装备研制金奖1项，被中共中央、国务院、中央军委联合授予“高技术武器装备发展建设工程重大贡献奖”，拥有发明专利20件，发表论文70余篇，并出版专著3部，累计立功2次，包括培养2名中国兵器科技带头人、2名博士后和22名研究生在内的多名优秀青年工程技术人才，并创造出良好的军事、社会和经济效益，为我国坦克装甲车辆科技事业做出了重大贡献。

毛明谈到自己的最大愿望时说：“当前，我国的坦克装甲车辆已经达到了世界先进水平。我们还要朝着引领世界坦克车辆技术发展的方向去努力。”

国有企业党员干部要保持奋发进取的精神状态，以时不我待、只争朝夕的精神把企业做强做优做大，才能向党和人民交上一份满意的答卷。不忘初心、砥砺前进，为中国人民谋幸福，为中华民族谋复兴，是党员干部义不容辞的历史使命。要初心不改，矢志不渝，不驰于空想，不骛于虚声。常怀忧党之心，恪尽兴党之责，在岗一日、尽责一天，加满油，鼓足劲，把稳舵，一步一个脚印前行，书写人生的瑰丽篇章。

与创新女神结缘

旗帜领航

创新，是成功的火种，它能点燃理想的明灯，激发智慧的火花，创造人间的奇迹。创新的本质不是复制，而是在积极探索中前进。一个有作为的、富有创新能力的领导干部，必须具有强烈的创新争先意识。核心技术也好，关键领域也罢，都须瞄准前沿、着眼长远，潜心钻研、改革创新。培养、锻炼和提高自己的创新思维能力，具有创造能力的人能够表现出敢闯、敢担风险的精神和气魄。创新是引领发展的第一动力，没有创新，就不会有创造性工作的成果。“志士惜年，贤人惜日，圣人惜时。”要抓住时机，瞄准世界科技前沿，全面提升自主创新能力，力争在基础科技领域进行创新，在关键核心领域取得突破。

2018 年 3 月 7 日，习近平总书记在参加广东代表团审议时强调：“发展是第一要务，人才是第一资源，创新是第一动力。中国如果不走创新驱动发展道路，新旧动能不能顺利转换，就不能真正强大起来。强起来要靠创新，创新要靠人才。”2018 年 4 月，习近平总书记在湖北考察时指出，真正的大国重器，一定要掌握在自己手里。核心技术、关键技术，化缘是化不来的，要靠自己拼搏。2018 年 4 月，习近平总书记在考察烽火科技集团有限公司时指出，具有自主知识产权的核心技术，是企业的“命门”所在。企业必须在核心技术上不断实现突破，掌握更多具有自主知识产权的关键技术，掌控产业发展主导权。2018 年 6 月，习近平总书记在中集来福士海洋工程有限公司烟台基地考察时强调，国有企业特别是中央所属国有企业，一定要加强自主创新能力，研发和掌握更多的国之重器。为此，国有企业领导者应当重视创新精神，鼓励创新实践，宽容失败，当好创新者的“保护伞”。要形成“鼓励创新、宽容失败”的环境和氛围，建立起“失败后还有明天”的思维定式，做支持创新的促进派、促进创新的实干家、推进创新的践行者。

创新是永无止境的。我们要突破前人，后人也必然突破我们。最好的创新永远是“下一个”。李嘉诚说过：“在瞬息万变的社会中，应该求知，求创新，加强能力。在稳健的基础上力求进展，居安思危，无论你发展得如何好，你时刻要做好准备。”创造世界水平的“微软神话”的比尔·盖茨说：“企业的最大财富，不是地产和资金，而是它拥有创造性头脑。”比尔·盖茨从不津津乐道于过去的辉煌，而是把渴望挑战、接受挑战作为人生内容。他说：“我知道，我人生的高潮还在前头，而不是在我身后。”事实上，如果你以有创意的方法对待生活中的挑战，生活会变得有趣得多。

楷模风采

劳模不只是靠吃苦耐劳、硬打硬拼，更需要责任、担当和智慧，离不开创新精神和家国情怀。创新精神是劳模精神的重要内核。创新要有方法，不畏艰难、共同成长、分享成果，才能取得成功；创新要有核心价值观引领，以功利为目的的创新不可持续。

提高创新思维能力，要有敢为人先的锐气，打破迷信经验、迷信本本、迷信权威的惯性思维，摒弃不合时宜的旧观念，以思想认识的新飞跃打开工作的新局面。创新思维须打破思维定式，另辟思维的新径。做企业的主心骨，当团队的领头雁，做时代的奋进者，都必须首先坚持创新。准确地发现和提出问题，就等于问题解决了一半。提出问题对于创新思维的培养尤其重要，提出新的问题、新的可能性，从新的角度去看问题，培养自己提出问题和研究问题的习惯。

继孟泰、王崇伦、郭明义之后，鞍钢又有一位具有时代精神的先进典型，这个人就是鞍钢集团鞍钢股份有限公司冷轧厂 4 号线设备作业区党支部副书记、作业长李超。他是当之无愧的当代产业工人的创新楷模，获得“全国优秀共产党员”荣誉称号。参加工作以来，他先后担任检修车间钳工、点检员、点检长、作业长等职务，主导完成多项国内外首创、国际领先的技术改造核心项目，是一名善于解决现场难题的“技术专家”。

1970 年出生的李超，喜钻研、好创新，遇到技术难题总是勤问、勤查、爱琢磨。在李超的童年记忆中，父亲经常在家修理一些小设备，像变戏法似的把它们拆了再装好，问题就解决了。李超 5 岁的时候就站在一旁看父亲修半导体。小学时，他就自己动手制作能收到几个波段的收音机。他用简单的电器元件和废旧物品制作的“自动黑板擦”获得了学校的小发明奖。

1989 年，李超从鞍钢技校毕业，被分配到鞍钢冷轧厂检修车间钳工 2 班。李超很快就发现每个老师傅都有自己的诀窍，他就拜他们为师，从此进步迅速。进厂一年左右时，车间接了一个“新增翻钢机运输链”的工程，在安装设备盖板时，施工图与现场实际对不上。李超回家研究到半夜两点，搞出一张图展示得清清楚楚，按照图纸安装，十几个部件严丝合缝地落在了设备上。

1998年5月，时任盐酸洗机械点检员的李超，婚假刚休了一半就被车间主任叫了回来。冷轧盐酸洗活套段因活套车和摆动门经常损坏，三天两头发生事故，每次事故都要处理6个小时以上，严重影响了生产和效益。那是一套进口的欧洲二手设备，已运转多年，“年老多病”。救急还是根治？李超萌生了“拔病根”的念头。他每天盯住活套车寻找故障根源，测取了400多个数据，最后确定了在设备本体增添侧导轮的改进方案。他白天在现场测绘、查数据，晚上回家查资料、画草图。当时没电脑，没设计软件，每一条线都要手工来画。妻子不忍看他辛苦，主动帮他校验尺寸，两口子一画就到半夜。半个月后，李超画出了30多张图纸。

厂里特意召开专家论证会，完善方案，最终决定按李超的方案和图纸对活套车进行改造，由李超担任技术总监。厂领导对一个普通点检员如此重视，让李超深受感动和鼓舞。

为保证大修质量，李超多次跑到制造厂查看新设备制造质量，不放过任何一点细小的瑕疵。验收轨道时，施工人员都认为轨道直线无偏差，但李超左看右看坚持说还有偏差。施工方调来精密测控仪器进行校验，果然偏差接近3毫米。李超说：“要生产出高质量的产品，设备是保障，一点也不能差。”为了消除这3毫米的偏差，李超又和施工人员在现场连续奋战了4天3夜。大修改造后，1号线发生了翻天覆地的变化。改造前，全年产量勉强达到60万吨；改造后，1999年全年设备事故时间仅为3小时，年产量达到了100万吨。十几年后，这个活套车仍然稳定运行。

这次设备改造给李超的职业生涯留下了深深的烙印，“相同的事故只要出现两次以上，就必须找到病根根治。”李超一直坚持这一理念，而这也成为冷轧厂点检工作的准则。李超善于把难题变成课题，让想法变成现实，在攻关解难中领略创新之美，在成功中汲取创新力量。李超主导完成的冷轧厂 1 号线活套车改造工程项目，使设备故障时间由全年几百小时降为 3 小时，大幅提高了设备作业率，获得冷轧厂当年唯一的创新项目特等奖。

他发明的“日修制”设备点检新方法，为改造保产两不误提供了有力的设备保障。李超主导完成的“冷轧机 1450 生产线内径自由转化”技改项目，拓展了生产线生产品种，满足了各生产线之间的物流需求，实现了不同规格的快速转换，属国内首创。他主导完成的连退机组废钢压力机装置改进研发项目和成品卷无划伤装置研发项目，有效提高了产品成材率。

“怀妙想、夺天工，潜心冷轧见丹衷。前贤足迹今犹在，更越云峰又几重。”探寻李超的事迹，有这样两个字光彩耀人：忠诚。实践证明，入党的确可为一个人的发展提供长久动力。多年来，李超牢记职责和使命，坚定崇高的理想信念，永葆共产党员的先锋本色，永葆产业工人的质朴本色，用智慧和担当书写忠诚，对工作精益求精，对工作程序不打折扣，执行标准不讲价钱，积极参与创新项目，把职业当成了自己的事业，每一步都扎扎实实。2004 年，建设冷轧 2 号线清洗机组时，李超是工程组设备负责人。在安装工艺段电解槽时，他发现两槽连接处的密封垫是拼接的，这将会导致槽体中的碱液外漏，后果非常严重。当时，槽体上面的设备快安装完了，施工单位不愿为小小的垫片返工。李超急了：“我们要对企业负责！”工人分离了槽体，大家都倒吸了一口凉气，几段密封垫中间果然有几毫米长的间隙。

作为一名鞍钢人，李超时刻牢记责任和使命，用智慧和担当为企业争光、创效。在鞍钢建设冷轧 4 号线时，李超作为谈判小组成员赴日本参与设计审查，主谈清洗机组部分。他把 2 号线清洗机组暴露出的 60 多个设计问题和修改方案详细列出来，一个一个地谈。双方争执的焦点集中在清洗机组刷辊传动轴直径要不要加大上。李超坚持要增加 2 毫米，日方则拒不接受。双方激烈争论了两个多小时，僵持不下。李超“将”了对方一军，他站起身来，一字一句地说：“如果不修改设计，就将此项写入纪要中，以后这个部位出了问题，你们要负全责！”最终，日方答应了修改设计，并敬佩地与李超握手言和。时至今日，4 号线清洗机组仍然运行稳定。

成功不是孤独前行。李超胸怀全局，处处发挥共产党员的表率作用，每到一个新岗位都迅速融入团队，善于把难题变成课题，把创新意识灌输给整个团队，把创新经验和技术诀窍传授给大家，形成“比学赶帮超”的创新风气，使创新工作室、攻关团队成为创新创效的“孵化器”。这些年来，李超带领团队累计完成革新项目 553 项，共培养出作业区管理人员 4 名，点检长、区域工程师等专业技术人才 12 名，青年技术骨干 30 多名，“李超创新工作室”仅 2011 —2015 年合计创效达 2733.40 万元。

“盖有非常之功，必待非常之人。”如果说科技是国家强盛之基，那么人才就是创新发展之源。从一名钳工成长为钢铁特级技师，经过不懈的努力、创新，李超和他的团队为企业解决生产难题 260 多项，获国家发明专利 9 项、专有技术 6 项，国际和全国发明展览会金奖 3 项，创造经济效益 1.5 亿元。李超被授予国家科学技术进步奖二等奖，在第八届中国发明家发明创业奖颁奖大会上，他被授予“当代发明家”荣誉称号。

励志延伸

世界在创新中变得绚丽多彩，社会在创新中呈现勃勃生机。创新已经成为新时代的主旋律。一个没有创新意识、创新能力的民族，就难以屹立于世界民族之林。如果不站在时代前列和实践前沿，不再开拓创新、与时俱进，就有被时代淘汰的危险。

“绿色代表飞机在地面健康状况良好，蓝色代表飞机在空中健康状况良好，黄色代表飞机出现了警告信息。”站在南航机务维修控制中心的大屏幕前，中国南方航空集团有限公司机务工程部负责机载信息的主任、高级工程师刘宇辉说，“凡是在屏幕上显示的飞机，我们都能通过飞机远程诊断实时跟踪系统直观地看到它的‘健康情况’，及时进行维护处理。”刘宇辉是这套“飞机远程诊断实时跟踪系统”的研发者。当时中国民航的飞机都是采用事后维修的方式，等飞机落地后才开始进行检查和维护，不仅耗时耗力，对飞机在空中飞行的数据也无法监控。

在十几年前，对于中国人来讲，对飞机进行远程实时“听诊”还是一件不可想象的事，飞机飞行数据的传输和应用对当时的中国民航来说是空白领域。没有中文资料、缺乏历史经验、数据大量复杂……刘宇辉和他的团队硬是啃下了多部“大部头”的英文原始材料，自掏腰包购买各种工具书，从飞机飞行维护手册等材料涉及的历史数据中分析、寻求规律，而这一干就是近 20 年。“当你找到完整的规范，能够跟机器里面说的东西一致，又跟数据是对上的，那叫作听懂飞机的语言。”

为了找到入门诀窍，刘宇辉翻烂了一本本厚厚的与飞机数据相关的原厂手册和几乎所有原版飞行数据链资料，想要从中破解“飞机语言”与人类语言所对应的“译码规则”，建立起系统初始模型，而这一翻就是 3 年。3 年间，刘宇辉及其团队还经常与经验丰富的机务工程师一起实践故障排除，从中研究飞机数据的传输原理。终于，2003 年以南航波音 777 为原型的“飞机远程诊断实时跟踪系统”上线了。

这意味着发动机性能监控的工程师和飞行员再也不用每日大量地人工录入数据，而通过“飞机远程诊断实时跟踪系统”就可以自动获取飞机的飞行状态和故障信息，实现了飞机在空中实时传送飞行数据给地面的机务工程师。工程师通过这些数据就能够及时掌握飞机的健康状态，极大提升了南航飞机的安全运行水平。

波音 777“远诊”模块的投产具有开创性，后续机型的远程诊断系统开发并不轻松，每引入一个新的机型就意味着需要进行新一轮的开发。2004 年，为了解决波音 747 飞机数据频繁掉包的问题，刘宇辉和他的团队在半年时间里往返飞机执管基地深圳 10 多次。时值盛夏，机库温度高达 40 多摄氏度，刘宇辉就蹲在没有空调的飞机驾驶舱和电子舱中调试设备，衣服全部湿透了，汗一直流到裤脚。

2006 年 4 月 19 日，具有南航自主知识产权的“飞机远程诊断实时跟踪系统”正式获得国家知识产权局颁发的发明专利证书。这也是南航获得的第一项发明专利，属国内首创。

2016年，秉承“自主创新的科技发展战略”，鼓励并发扬机务“工匠精神”，公司为刘宇辉团队设立了“刘宇辉创新工作室”。目前，这支团队已经或正在将多个国家发明专利提交申请；多个OEM国际化创新合作项目正在孵化；与商飞的“创新工作室”联建也在互动中，他们以坚毅和专注的精神致力于“机载信息技术与飞行大数据应用”的研究，在持续创新的道路上，攻克一个个的不可能。

经第23届“中国青年五四奖章”评审会议评审，共青团中央、全国青联决定，授予中铁九桥工程有限公司电焊工特级技师王中美等30人第23届“中国青年五四奖章”，“月宫一号”团队、中国航发动力所研发设计团队等13个青年集体“中国青年五四奖章集体”。

其中，中国航发动力所研发设计团队共有11名成员。团队成员涵盖航空发动机性能、结构等多个专业。团队以“严慎细实，精益求精”的工作作风，连续攻克多道技术难关。青年同志务实创新、不辱使命，面临艰巨的任务，主动放弃休息时间，出色完成了各项任务。

该团队在项目研究过程申请专利20余项、发表论文5篇。受该团队影响，该团队所在部门掀起了专利的申请热潮，近一年来共申请专利50余项，为我国制造业发展做出了突出贡献。

人们的认识过程不是直线式的一次性活动，要达到创新的目标也同样需要在试与闯中不断深化，通过由实践到认识、由认识到实践的多次反复才能完成。具有创新意识的人不畏艰难险阻，在他们眼里每一个困难都是一次成功的机会。中国建材集团有限公司董事长宋志平说：“人们为什么把企业家看得那么重呢？因为他们引领着我们的行业、企业和社会的创新。马云等一批企业家引领了互联网、电商、快递等一系列服务领域的创新，从他们身上，我们能看到企业家的作用，看到企业家的创新和求变。”“时代楷模”张黎明认为，创新并不高大上，它就是一种思维方式、工作方式和行为习惯；创新的基础是用心，创新的动力是坚守。只要能做到这一点，就能不断挑战自己创新的高度。

新时代是革故鼎新、开拓创新的时代，是打破常规、富于创造的时代。发展是第一要务，人才是第一资源，创新是第一动力。强起来要靠创新，创新要靠人才。实现跨越式发展，满足人民对美好生活的需要，离不开人才的支撑。国有企业必须带头以积极的创新精神、进取精神，大胆改革，兴利除弊，开创新局。创新永无止境。我们应掌握好创新思维，应用到工作实践中，并培养一批思维活跃、敢于突破常规思维的创新人才，收获“天光云影共徘徊”的秀美风景。

用“工匠精神”铸就精品

旗帜领航

工匠精神在我国源远流长。例如，“尚技”体现了对中国古代工匠技艺水平的要求，“切磋琢磨”“道技合一”“尚巧求精”都强调外在劳动与内在精神的有机统一。传统文化中就有“庖丁解牛”“卖油翁”等经典故事。其中，“庖丁解牛”这个故事告诉我们，庖丁专业能力很强，不仅在于他掌握了牛的骨架结构，更在于他能根据不同牛的特点采取不同的解牛方式。也就是说，只要掌握了事物的客观规律，不管世事如何纷繁复杂，都能得心应手，运用自如。

德国，这个只有8000多万人口的国家竟有2300多个世界品牌，享誉世界的“德国制造”是品质的象征，德国人甚至不相信“物美价廉”这回事。“德国制造”的优势在于它的质量，德国企业的产品都是具有世界领先水平、别国一时无法制造出来的产品。德国30%以上的出口商品在国际市场上都是没有竞争对手的独家产品。德国在半个世纪的时间里，将世界一流的科学家队伍、工程师队伍和技术工人队伍结合在一起，珍视“身后名”，不贪“眼前利”，遵守企业道德，精益求精制造产品。

“大国工匠”是我国广大技术工人的杰出代表。“大国工匠”的先进事迹和崇高精神，对于引导广大职工为实现“十三五”规划目标任务而奋斗、将个人梦融入中国梦，起着重要的榜样和示范作用。如同英国作家罗·阿谢姆所言：“一个榜样胜过书上二十条教诲。”

我国技能人才总量不缺，缺乏的是响当当的“中国名片”，其背后折射出的是优质技术人才的缺失，缺少的是大国工匠，其本质是工匠精神的缺失。为此，要以树匠心、育匠人、出精品为抓手，大力弘扬工匠精神，从而实现“中国制造”到“中国智造”的跨越。党的十九大报告指出：“建设知识型、技能型、创新型劳动者大军，弘扬劳模精神和工匠精神，营造劳动光荣的社会风尚和精益求精的敬业风气。”这进一步强调了劳模精神与工匠精神在中国特色社会主义建设中的重要性。进入新时代，我国正从“中国制造”向“中国创造”迈进。国企人只有努力打造和做强“大国工匠”品牌，将精雕细琢、精益求精、追求完美的工匠精神融入干事创业的全过程，才能有所作为、彰显价值。

楷模风采

徐立平，现为中国航天科技集团公司第四研究院 7416 厂航天发动机固体燃料药面整形岗位班组长，从事被誉为“炸弹上雕花”的固体动力燃料药面微整形工作。30 多年来，徐立平因其精湛技艺、敬业态度和奉献精神被赞誉为“雕刻火药的大国工匠”，获得过“感动中国人物”“全国技术能手”“时代楷模”等荣誉称号。

徐立平出身于一个光荣的航天之家，全家 11 口人除了 3 个还在上学的孩子外，其他都是航天人。20 世纪 60 年代，徐立平的母亲温荣书响应国家三线建设的号召，几经辗转来到秦岭的大山深处。1987 年，徐立平从技校毕业时尽管深知雕刻火药的危险，母亲还是建议他到自己工作过的发动机药面整形车间，为导弹固体燃料发动机的火药进行微整形。

1987 年，徐立平被分配到发动机整形岗位，一干就是 30 多年，用汗水和智慧、勇气和毅力，为国铸剑——给导弹、火箭的火药“做手术”，即“整形”，就是对火箭发动机里的燃料药面进行精细的修理、开槽、挖药、修补等。在火药上动刀，危险系数高，稍有不慎蹭出火花，就可能引起燃烧爆炸，必须非常小心。药与药之间不能有缝隙，否则火药不能燃烧，发动机就很有可能偏离轨道乃至爆炸。这就要求修到最后的面必须刀刀一步到位，哪怕有一刀铲过了，整个药都得报废，因而必须具有高超的技能、极度的细心、强烈的奉献意识和责任感。这个极度危险的工作，全中国只有不到 20 个人可以胜任，其中就有徐立平。

1989 年，一台国家重点型号航天发动机出现脱粘，为查明原因，专家组艰难地做出决定：就地挖药整形。人们形容那是站在火药堆上，要挖开已经装填好的推进剂，则是钻进烈性火炸药的“芯”里，这简直就是玩命。但这是国家利益，没有一个人退缩。一支挖药突击队迅速组成，当时还不足 21 岁的徐立平主动请缨参战。

挖药操作的高危险让人高度紧张，而且发动机壳里面狭小，只允许半躺半跪着操作，用木铲、铜铲小心翼翼地一点点挖药，每次只能挖四五克，机内推进剂散发着浓烈而刺鼻的气味，每次最多只能干 10 分钟。徐立平每次进去总是坚持多干五六分钟才出来，好让师傅们多缓一阵儿。就这样，连续两个多月，徐立平和师傅们凭着超人的意志品质，“蚂蚁啃大象”，挖出 300 多公斤火药，成功排除发动机故障，修补后试车成功。

2005 年以来，先进的数控技术逐步进入推进剂药面整形者的视野。为使国内最大的立式整形机尽快服务于生产，徐立平根据自己多年的工作经验提出改装吸屑装置、加装连锁装置等 20 余项改造项目。

为了让青年人能以更快的速度成长为技术骨干，他用业余时间编写了《整形机培训教材》等多份岗位教材。由他培养的七名徒弟中，两人已分别担任重点班组副组长，两名成为国家级技师，其他几名均为班组生产骨干；班组青年在他的带领下完成了 30 多项技术革新，仅其中一项型号攻关就使产品批产合格率从 65% 提高至 93% 以上；由他指导班组集体开展的 QC 项目等也多次在院厂两级获奖。

如今，徐立平已不再年轻。工作 30 多年，与他同时进厂的工友们都已离开单位或调换岗位，只有徐立平一直坚守。有人问他为什么？他说："危险的岗位总得有人去干哪！"徐立平一直从事着航天固体动力燃料的微整形工作，这样一份工作，常人望而却步，徐立平却一干数十年。他把对祖国的热爱融于日常的工作中，把对航天事业的执着刻在热血沸腾的心间，初心不变，精益求精，干到了巧夺天工的境界，把传说中的"完美"变成了现实。在这份坚持和完美中，我们看到的是徐立平对事业的深深热爱，是始终如一的认真和严谨。

如何传承好工匠精神？徐立平建议，首先应做好对工匠精神的宣传，把传承工匠手艺作为必修课。其次还应建设区域性、行业性技能人才培训基地，围绕国家重大战略、重点产业组织展开技能竞赛，促进技术交流和发展。徐立平说："我在做好本职工作的同时，还要做好技能传承，传播执着梦想、永不放弃的工匠精神。"

励志延伸

工匠精神是职业精神、职业道德、职业能力、职业品质和职业价值取向的集中体现。其基本内涵包括敬业、精益求精、专注、创新等方面的内容。具备工匠精神的人是向内收敛的，他们隔绝外界纷扰，凭借执着与专注从平凡中脱颖而出。他们甘于为一项技艺的传承和发展奉献毕生才智和精力。弘扬工匠精神，本质上是对劳动的尊重，尤其是对劳动中的专注精神、执着精神、精益求精精神的尊重。

传承和培育工匠精神，必须树立匠心。一方面，从中华优秀传统文化中汲取营养，力倡尊重劳动、尊重知识、尊重人才、尊重创造的社会价值观，尊重一线员工和技术人员的劳动，形成推崇工匠精神的良好社会氛围，真正从内心认同并热爱自己所从事的职业。另一方面，建立健全评价机制，设立与工匠精神有关的奖项，建立技师和首席技师制度，通过评选奖励引导员工和技术人员精益求精。

在内蒙古北方重工业集团有限公司，戎鹏强是一个传奇式的人物：28 岁当劳模，并且蝉联 8 届；30 岁成为内蒙古自治区劳模、全国劳模。这些年来，戎鹏强用自己的实际行动诠释了精益求精的工匠精神。

1983 年，18 岁的戎鹏强初中毕业后进入北重集团，成为火炮炮管生产线上的一名深孔镗工。他的工作主要负责对火炮炮管内膛进行精镗，是保证火炮直线度和火炮打击精度的关键工序，产品加工误差精度均以头发丝粗细计算。

刚开始，面对艰苦的工作环境和深涩难懂的专业技术知识，戎鹏强有点蒙，也曾动过换工种的念头。但在师傅的言传身教下，特别是一根根笔直光滑的炮管如艺术品般从师傅手中诞生时，他被震撼了，“我也要做出这样的管子！”从那时起，戎鹏强暗下决心，立志成为像师傅那样的高手。

从此，戎鹏强工作之余一头扎进了新华书店和书摊，所看的都是与深孔加工有关的理论图书。有时，为了解决一个技术难题，他向外车间的老师傅们讨教学习，尽管他们有的不是深孔镗工，但在车工上的磨刀技巧和技术有值得学习借鉴的地方。为了练好基本功，他反复刃磨刀具，一点点摸索、试验，逐步掌握了高强度合金深孔加工技术。功夫不负有心人，经过几年的学习实践，戎鹏强的专业技能有了质的飞跃，干起活来更加得心应手。

戎鹏强并未满足于对刀体、刀具等的小改小革，而是大胆创新，根据不同产品、不同材料、不同精度微调镗刀的角度。比如，超长小孔径身管加工，由于管体孔径小，加工时根本看不到刀具在零件内部的切削状况，根据这一情况，戎鹏强总结出“摸、听、看、量”四字诀——摸刀杆，判断刀在行走时的状态；听机床发出的声音和硫化油流动的声音，判断机床运转是否正常；看铁屑的形状和电流表的读数，判断直线度和光洁度；测量刀杆每分钟行走的距离和内控的尺寸，判断尺寸精度。

20 多年前，戎鹏强被派往某国调试一条重要产品生产线。试制开始时，戎鹏强发现国外工装存在一些技术上的问题和设计上的缺陷，刀体偏离轴线造成内膛严重超差，如继续加工，将会因超差导致报废。于是他立即提出挽救方案，换上了中国的刀体，在精镗工序中修复了该零件，成功地激活了即将报废的毛坯。受援国工程技术人员高兴地竖起拇指："中国工人OK！中国工装 OK！"

戎鹏强的父亲就是北重集团的老职工。5 岁时，他就听过父亲一遍遍地讲述北重集团副厂长、总工程师吴运铎的传奇故事。戎鹏强对前辈工程师的精神有了深切的体会。他说："要实现'诚敬做产品'，必须把个人的修养提上去。你不糊弄工作，工作就不糊弄你，所以要对工作充满敬畏。"戎鹏强的妻子翟春梅告诉记者，丈夫是一个温和、内向、自我加压的人。"只有在工作现场，只有干出从前没有的高精尖产品，才是老戎最幸福的时刻。"

有一次，包头及附近区域连降暴雨，厂领导和车间领导担心老旧厂房可能会漏雨，组织护厂队冒雨排险。刚进车间，大家就惊呆了：没有接到通知的戎鹏强早已抵达现场，并且已经清理出好几个区段，雨水夹杂着汗水流过他憨笑的面庞。

作为业界响当当的"定海神针"，戎鹏强干起活来有钢的硬度。在操作上，戎鹏强不仅倾囊相授，而且对每个徒弟都用心去相处、用爱去感化。他现在带的徒弟张杰以前是从事别的专业的，属于门外汉。戎鹏强手把手地教，一开始，张杰还不能独立加工产品，收入不高，戎鹏强就主动把工时分一半给他。谈起此事，张杰总是感动不已。

传承和培育工匠精神，必须敬业，忠于职守。敬业源于责任，要杜绝"得过且过""差不多""过得去"的错误思想，时刻牢记自己的责任，清楚自己要干什么，要深刻理解用户的需求，以"一日无为，三日不安"的高度责任感，勤勤恳恳、兢兢业业、担当作为，按质按量完成组织交给的任务。

工匠精神的核心是专注、专心、专一。艺要精，贵在专。“贵有恒，何必三更眠五更起；最无益，莫过一日曝十日寒。”从古至今，大国工匠无不始于静心、成于专注。工匠精神与技能的区别在于，技能是可以学会的，但工匠精神是需要长时间培育的。要找准工作切入点，然后把全部精力和所有智慧聚焦到这一个点上，继而心无杂念、全神贯注地朝着这个方向努力，逢山开路，遇水架桥，目标如一，不偏不倚。

传承和培育工匠精神，必须改进生产工艺，强化责任意识和职业操守，不断提升专业技能。发扬“钉钉子”精神，遇到困难寻找有效的解决办法，将“功成不必在我”的信念发扬光大。

传承和培育工匠精神，必须发展高水平的现代职业技术教育。实行产教融合、校企合作的技能人才培育方式，为一线员工和技术人员提供培训学习机会，提高其职业技能。将工匠文化融入企业文化建设，激发员工钻研生产技艺、不断创新创造的积极性。

工匠是国家的脊梁，是值得尊重和推崇的。要通过制度顶层设计，转变“重装备、轻技工，重学历、轻能力，重理论、轻操作”的观念，形成培育工匠精神的保障机制。把工匠精神扩展开来，就是认真细致严谨精准的工作态度。有“匠心”方成“绝活儿”，有“绝活儿”才叫“工匠”，这是我们国企人应有的境界和追求。作为高铁研磨的“第一把手”，宁允展认为“工匠就是凭手艺吃饭”，他宁可辞去研磨班班长职务也要回到一线，他掌握好车轮“脚踝”中 0.05 毫米的研磨空间，保证了京沪高铁试跑速度世界第一。有人说他是“不愿当官的大国工匠”，他却说，“我不是完人，但我的产品一定是完美的”。

正是一颗颗一丝不苟、精益求精的“匠心”，成就了一个个精品工程，树立起了国企的品牌和形象。为此，要让工匠精神成为引领社会风尚的风向标，要将那些有工匠精神、以专业化的水平推动创新实践的国企人选拔出来，让他们真正成为干部队伍里的“行家里手”。

沧海横流显砥柱

旗帜领航

“沧海横流显砥柱，万山磅礴看主峰。”担当体现勇气，担当展示情怀，担当看出境界，担当是勇敢品质和责任意识的统一。担当是检验国企人思想成熟、工作一流、作风过硬的试金石。面对新时代的难题和挑战，每一个党员干部有多大担当才能干多大事业，尽多大责任才会有多大成就。一个人不管是做人还是做事，关键在于有责任心。责任心是党员干部工作的思想保障，是对工作的内在尊重和热爱之情。责任心往往比能力更重要。权力的行使与对责任的担当紧密相连，没有无责任的权力，也没有无权力的责任。敢于担当，不是为了个人，而是为了党和人民的事业。

担当是党员干部职责所系、使命所然。国有企业领导干部在党内和社会上处于重要位置，是社会正常运行的中坚力量，是“关键少数”。全面深化改革，力推国有企业发展，尤为需要领导干部树立敢为人先的意识，敢于担当有风险的事、棘手的事、得罪人的事，不因“避嫌疑而不言”，在矛盾面前敢抓敢管、不怕碰硬，临危不惧、处变不惊，敢于决策、大胆指导，突破主要矛盾、抓住关键环节。习近平总书记指出：“担当大小，体现着干部的胸怀、勇气、格调，有多大担当才能干多大事业。”国有企业党员干部要按照习近平总书记的教导，敢于担当有风险的事、棘手的事、得罪人的事，不因“避嫌疑而不言”，在矛盾面前敢抓敢管、敢于决策，大胆指导，攻坚克难，突破主要矛盾和抓住关键环节，创出新的业绩。

楷模风采

2015 年 1 月，在国家科学技术奖励大会上，由中国钢研科技集团有限公司钢铁研究总院特殊钢研究所副所长刘正东牵头负责的“600 ℃超超临界火电机组钢管创新研制与应用”成果，荣获国家科技进步奖一等奖，刘正东受到习近平总书记、李克强总理接见。2018 年 5 月 30 日，第 12 届光华工程科技奖在北京揭晓并颁奖，刘正东教授获“光华工程科技奖”。

长期以来，我国火电机组蒸汽参数低导致热效率低、煤耗高、污染物排放严重。提高蒸汽参数可大幅降低煤耗和减排。2003 年，国家科技部设立国家重点项目，组织由钢研总院（中国钢研前身）、宝钢集团以及国内多家企业组成产学研用联合攻关组，围绕 600 ℃超超临界火电机组锅炉管技术开展攻关，刘正东成为项目负责人。

苦心人，天不负。“科研要耐得住寂寞。科研的过程有过很多艰辛，也有很多挫折，但这都是值得的。”据刘正东介绍，完成这个项目的是一个 100 多人的团队，每一个人都付出了难以想象的努力。团队成员长期坚守在锅炉管生产第一线，解决了浮动芯棒连轧管产品“竹节”现象等难题。经过十几年的科研攻关，该项目终于实现了我国超超临界关键锅炉管从无到有的历史性跨越，填补了国内空白，打破了国外技术垄断，并通过自主创新使我国锅炉管技术跃居国际先进水平，促进了全行业技术进步，保障了国家能源安全。该技术成果获得 2013 年中国冶金科技奖一等奖和 2014 年国家科技进步奖一等奖。

至 2015 年，国产高压锅炉管国内市场占有率从 27% 跃升到 86%，国外市场占有率也占到 25%，已出口日本、欧美国家共 40 多万吨，改变了世界锅炉管市场格局。项目组销售收入 455.76 亿元，利润 97.51 亿元，税收 19.95 亿元，出口 48 亿元。锅炉管自主化后采购费降低 45%，电站造价降低 20%，我国已建成 600 ℃机组 110GW，节煤减排效益显著，中国已成为燃煤发电技术领先国家。据测算，我国火电机组的蒸汽参数从亚临界提升到 600 ℃超超临界，我国每年可少用电煤2.32亿吨，少排放二氧化碳达5.1亿吨。

在系统研发大型先进压水堆核电站核岛主设备材料技术的过程中，刘正东团队经长期探索和工程实践，终于探究出影响核岛大锻件韧性和退火后强韧性的本质因素。突破了300—600吨级钢锭超大锻件韧性提升和退火后强韧性优化匹配控制关键技术，解决了锻造开裂、晶粒控制和性能均衡提升难题，形成核岛主设备材料成套生产技术集成。

刘正东与团队一起成功研制压力容器和蒸发器全套锻件、传热管等，保障了先进三代压水堆核电首堆建设，国内市场占有率从零跃升到90%以上，主导了我国核岛主设备材料市场定价权，使其采购价降低60%，核电工程单位造价降低30%，全面实现了压水堆核岛主设备材料技术产业化，推进我国成为世界核电技术和产业中心。压水堆核岛主设备材料技术也因此获得了2014年冶金科技奖特等奖和2016年北京市科技奖一等奖，压力容器特大锻件制造技术获2014年机械工业科技奖特等奖，蒸发器传热管制造技术获2016年上海市科技进步奖一等奖。

励志延伸

对于国有企业领导干部来说，担当是职责所系、使命所然。周恩来曾说："干部要有革命热情和担当精神，敢于正视困难、努力解决问题。"各级领导干部在党内和社会上处于重要位置，在其位就要谋其政，履职尽责。习近平总书记说："看一个领导干部，很重要的是看有没有责任感，有没有担当精神。"能够担当责任的人，才能担当更多的使命，承接更多的事业。

曹保刚，现任中国铁建中非建设有限公司（原中国铁建中土集团）副董事长兼党委副书记。1994年，大学刚毕业的曹保刚被分配到中国铁建中土集团有限公司，从此就开始了累计长达近20年的海外筑梦人生。

第二年，他被派到了赞比亚工作，成为第一位在实习期间就派出驻外工作的员工。从此，他和非洲结下了不解之缘。他在赞比亚和坦桑尼亚一干就是 6 年，患疟疾 30 多次，每次都头沉脑热、腿软乏力、忽冷忽热、持续高烧。几年间，坦桑尼亚市场发展起来，成为公司主要国外市场之一。

2001 年 7 月，妻子怀孕 3 个多月，本可回国工作的他，由于工作需要被直接调到尼日利亚，任尼日利亚铁路大修改造项目常务副总，由此和尼日利亚结下了不解之缘。

尼日利亚铁路大修改造项目（老尼铁项目）合同额 5.28 亿美元，是 20 世纪 90 年代国内在海外承揽的最大的工程项目。项目由中国铁建中非建设有限公司负责实施，曹保刚和他的团队负责带领国内十几个铁路建设单位、1000 多名中方员工、近万名当地雇员在尼日利亚 3000 多公里的铁道线上，展开了轰轰烈烈的海外大会战。旱季挥汗如雨，雨季争抢工期，经过多年艰苦奋战、顽强拼搏，按期实现了全线开通运营，中国铁建也在当地市场占据了一席之地。

2011 年 8 月底，奥约州遭受 30 年一遇的暴雨袭击，当地伤亡严重。在时任总经理曹保刚的指挥下，中国铁建中非建设有限公司经过连续 4 天奋战，被困的 40 万居民安全转移。尼日利亚总统和州长盛赞："中国铁建中非建设公司不愧为有责任感的国际化大公司，中国人是尼日利亚人民最值得信赖的朋友。"

2012 年，他分别被尼日利亚两个地区授予"酋长"称号，这表达了当地对一名外国人的最高敬意，这也是曹保刚在非洲奋斗的真实写照。

曹保刚在尼日利亚逐步摸索出了适合当地发展的经营策略：不只埋头施工、被动做事，而是立足当地、放眼长远，始终保持对市场的高度敏感，主动融入，引导需求，发掘机会，广交朋友，高端运作，顶层设计。

2014 年 11 月 20 日，中国最大的海外工程项目——价值近 120 亿美元的尼日利亚沿海铁路项目成功签约；几天后的 12 月 1 日，尼日利亚阿卡铁路铺通。

2014 年 12 月 1 日 20 时，随着尼日利亚交通部部长为最后一节轨排拧紧螺栓，中国铁建承建的尼日利亚铁路现代化项目第一标段——首都阿布贾至卡杜纳铁路宣告全线铺通，通车在即。

为了这条非洲首条按照中国铁路技术标准修建的现代化铁路，曹保刚和他的团队克服了埃博拉疫情、50 多摄氏度的炎热高温和恐怖袭击等常人难以想象的困难。曹保刚提出了公司奋斗目标——“非洲最强，世界一流”，他和团队都相信，有着祖国的强大支持和团队努力，这一目标的实现指日可待。

领导干部是企业的顶梁柱和主心骨，是否有担当精神就显得特别重要。忠诚履责、尽心尽责、勇于担责，是检验国有企业党员干部先进性和纯洁性的重要方面。勇于担当，就是要弘扬以天下为己任的精神，勇挑重担、事不避难、敢于负责，做好自己的工作；打破陈规、敢于拍板、忠诚履责、尽心尽责、勇于担责、一抓到底。

争做新时代的“劲草真金”

旗帜领航

不忘初心，就要敢于担当。领导干部的职责要求就是担当责任，这种担当不是为“小我”担当，而是为“大我”担当，是为事业、为人民、为社会。勇于担当就要担当使命、担当任务、担当风险。

履职之道，贵在实干。满腔热情地对待工作，主动承担责任，而不是敷衍了事，得过且过；讲实话、办实事，不搭“花架子”，不推卸责任，不回避矛盾；把原则性和灵活性有机结合在一起，想方设法化解难题，以可贵的担当精神和非凡的领导能力走在时代前列。担当就是责任，好干部必须有责任重于泰山的意识，坚持党的原则第一、党的事业第一、人民利益第一，敢于较真碰硬，对工作任劳任怨、尽心竭力、善始善终、善作善成。

有权必有责，担当方尽责。“疾风识劲草，烈火见真金。”“雪压根不死，春到绿乾坤。”为了把国有企业做强做优做大，我们要敢想、敢做、敢当，做新时代的劲草真金，经受住疾风与烈火的考验，不负信任、不辱使命。

楷模风采

2017 年 4 月 27 日下午，国务院国资委党委举办首届“央企楷模”发布会，中核集团“华龙一号”总设计师邢继和来自中交集团、船舶工业、中国电信、航天科工等 8 位央企人获此殊荣。国务院国资委党委书记郝鹏、副主任黄丹华、刘强出席发布仪式，向央企楷模颁奖，并与他们进行座谈交流。国务院国资委授予邢继的颁奖词是：你用自主创新的巨大能量，把“中国名片”打造得光鲜亮丽，为民族争气；你领航“华龙一号”向核强国迈进，在世界舞台扬名。你捍卫的是民族的尊严，展现的是央企人的铮铮傲骨。

“华龙一号”总设计师邢继带领自己的团队创新研发了具有自主知识产权的三代核电品牌，使中国进入世界核电第一阵营。出口一座核电站拉动国内产值能可达 1000 亿元，相当于输出 30 万辆汽车。“华龙一号”已落户巴基斯坦，并与阿根廷签订框架协议，未来将参与英国核电市场的竞争，带动了中国高端装备制造业走出去，为我国“一带一路”倡议实施和建设核强国的目标提供了有力支撑。

邢继出生于 1964 年，老家在四川南充。高中毕业后，他因为喜欢海军和舰船，填报了哈尔滨船舶工程学院的船舶工程专业，进入大学后，读的是核动力装置专业，也算是和海军、舰艇有了关联。从哈军工毕业后，邢继被分到了核工业第二研究设计院——中国核电工程有限公司的前身。院里有许多参与过“两弹一艇”研制的老专家，在核工程研究设计上摸爬滚打了好多年，研究能力和技术水平相当过硬。邢继跟着老专家全国各地搞火电厂和啤酒厂工程设计，学到了很多东西。邢继说：“那时候，我们二院有‘八大怪’——八位老专家，个个都有真本事、真性情，我和他们都合得来。每次出差，搞工程设计，老专家都带着我。那些年尽管没有直接从事核电工程设计，却是我最受益、最有成长感的时代。”

1987 年 8 月 7 日，大亚湾核电站正式开工建设，这是中国首次从国外引进核电技术，它的总工程师是欧阳予院士。大亚湾核电站施工需要中国人参与，邢继也去了。凭着厚实的专业知识，不耻下问、勤于思考的秉性与怀疑精神，在大亚湾核电站，邢继很快与法国人直接对话、讨论工程方案。有些时候，法国人直接把图纸交给邢继去组织施工，也会把重要工作交给他来做。“在大亚湾核电站工作的那些年，使我较深入了解到了当时国际上先进核电站的工程设计流程，积累了核电工程设计经验。这对我以后的科研和工程设计也产生了很大的影响。”他说道。

2011 年，邢继任 CP1000 总设计师，而他的“177 堆芯”“双层安全壳”等设计理念早在 2009 年就已经定型。

设计院总体所副所长宋代勇说：“邢总很有情怀，不温不火，特别有韧劲。在 2012 年那段时间，邢总承受的压力很大，他知道自己的目标，以及他在我们这个团队中的作用。在工作层面，他挥斥方遒、游刃有余，很多压力都被他化解，非常自如。在个人修养方面，他不仅是一个领导，还是一个好大哥，我们从来没见过邢总发火。遇到问题，无论大小，只要找到他，他一定会给你一个思路，有时候‘四两拨千斤’，让人豁然开朗。”

“华龙一号”研发成功后，要通过国际原子能机构等权威机构的安全认证，才能走出国门。有一次，他们出国参加认证会，到飞机上才发现邢继左膝盖积水，走路时腿只能直着，不能弯曲。到达之后，在简陋的房间里，一伙人坐在床上、沙发上，对答辩和论证各个细节进行严密的推敲。当时，邢继就坐在一把木椅子上，与大家讨论，最终拍板。当他疼得龇牙咧嘴时，只好用药来扛。有的同事看不过去，就去给他揉揉肩膀，拍拍背。

2015 年 5 月 7 日，“华龙一号”示范工程——中核集团福清 5 号核电机组正式开工建设。作为中国核电“走出去”的主打品牌，“华龙一号”在国内首次落地意味着我国核电“走出去”已进入“造船出海”时代。“华龙一号”

示范工程的建设具有里程碑式的意义，意味着我国已经进入了世界先进核电水平的第一阵营，也是我国从核电大国向核电强国迈进的重要标志之一。

2016 年 3 月 17 日，由中核集团和中广核集团共同出资的华龙国际核电技术有限公司正式揭牌成立。业界认为，华龙国际正式运作，将为“华龙一号”技术融合发展及市场开拓注入更强大的动力，促进“华龙一号”在国内批量化建设，并在更多国家和地区落地。

2017 年 5 月 25 日，“华龙一号”全球首堆示范工程——中核集团福清 5 号核电机组提前 15 天精准完成吊装。5 万多台（套）设备、165 公里管道、2200 公里电缆，上千人的研发设计团队、5300 多家设备供货厂家、近 20 万人先后参与了“华龙一号”项目的建设。“华龙一号”技术正走向世界，我国已经与 20 余个国家建立合作意向。其中，英国的布拉德韦尔 B 项目采用“华龙一号”技术，这是中国自主核电技术首次进入发达国家。邢继不仅是工程设计专家，他的领导能力也是非凡的。在邢继的组织领导下，团队现在已经完全实现了研究、设计、采购一体化运作。

励志延伸

陈苏社，1991 年从西安矿业学院采矿工程专业毕业，成绩名列前茅。本可选择大城市，他却单单挑了陕北大柳塔这个地方。初到这“荒凉”之地，他很不习惯，小区仅有几栋楼，刮大风、飞沙尘，想看见绿色竟然是奢望。

陈苏社刚上班时被分到矿里的地测科，3 个月后调到综采队，慢慢地，他明白了书本知识和工作实际的差别很大。没有师傅，没有可供借鉴的经验，只能白天多下井，跑现场，晚上翻阅资料，不断地“悟”，积累实践经验。1992 年 12 月，他去综采队当工人，第一次在井下一线接触采煤设备和工艺流程，自己上手抽水、扛水泵、清浮煤，什么苦活儿、累活儿都干过，直到被提拔为连采队的采煤工程师，陈苏社的专业知识才真正有了用武之地。

在连采队期间，他主持编写了大柳塔煤矿首套连采工作面的作业规程。

1996年，在1–2煤北翼边角煤房柱式工作面回采时，经历了惊心动魄的大面积冒顶，他深刻认识到安全就是煤炭企业的生命，立志通过努力去改变现状。1997年，他被调到生产技术科工作，主要负责采掘接续及采矿设计，学习了电脑应用以及CAD软件作图。没有老师，没有教科书，大冬天跑去附近热电厂举办的CAD学习班“偷艺”，成为矿里第一个熟练运用该软件的人。

2001年，大柳塔与活鸡兔两矿合并，陈苏社以竞聘上岗第一名的成绩再次成为矿生产办主任，开始组织管理两个矿的生产技术工作。2006年，活鸡兔井即将开采的21304综采工作面上方采空区有积水30多万立方米，如果不能按期完成积水泄放，该工作面将面临停产，如果坚持开采，又将面临重大安全问题。陈苏社仔细研究，精确分析，用数字说话，精心布孔，加班赶制出方案，但未被采用。矿上请来专业的技术公司探测打孔，而泄水效果却不好。后来矿领导仔细看了他的图纸，立即命令按照该方案泄水。孔打下去后，30多万立方米的水一泄而出，所有人心中的石头才落了地。此后，他获得一个雅号——百米井下的“水龙王”。

2004年，凭借多年的工作经验，陈苏社对井下初次放顶深孔爆破技术进行改进，将原先的炮眼长度从16米提高到50米，使放顶后综采初次来压步距明显减小，采空区冒落完全，初次来压时没有明显的冲击波，有效保护了人员和设备安全，每个工作面间接创造经济效益100万元以上。神东好多矿井也请他去现场指导强放工作，该项改进技术很快在全矿区推广应用，人送外号“神东第一炮”。大柳塔煤矿两井已采的90多个工作面里有80多个由他主持设计，他对井下的每条巷道、每个工作面都了如指掌，被称为大柳塔煤矿的“活字典”。

2012年，他取得中国矿业大学研究生学历，并获硕士学位。2013年，被神华集团评为教授级高级工程师。这位能保持乐观积极的生活态度、“宁静致远”的学术态度、能够耐得住寂寞沉得下心钻研技术、常年坚守在矿井下的总工程师，恰似一名从《唐才子传》中走出来的儒雅书生，厚积薄发。

从1991年参加工作到现在，陈苏社一直在大柳塔煤矿工作，亲眼见证了一个年产能 90 万吨的小矿发展成为年产能 3000 万吨、世界上最大的现代化矿井。从综采队工人、连采队技术员、生产科主任工程师、科长、副总工程师到世界第一矿的总工程师，他与大柳塔煤矿一起成长。

使命呼唤担当，目标意味责任。"'为官避事平生耻。'干部就要有担当，有多大担当才能干多大事业，尽多大责任才会有多大成就。"习近平总书记在不同场合反复强调党员领导干部要敢于担当，主动担当。忠诚履职、勇于担责、不畏风险，是领导干部事业心和责任感的具体表现，展现了执政为民的情怀，展示了人生价值的取向。身处伟大的变革时代，国企人理应担起时代重任、不辱历史使命，积极发挥先锋和引领作用，充分弘扬敢于担当精神，做新时代的"劲草真金"。

争做新时代的"劲草真金"，就要在提高推动创新发展的能力上下功夫，克服求稳畏难情绪，勇于创新突破，经风雨，练本领，以素质的综合提升促进更好地履职尽责、担当作为。要在提升出色完成任务的能力上下功夫，在哪个岗位就要站稳哪个岗位，做哪项工作就要保质保量出色完成，努力争当本岗位的"排头兵"、本专业的"行家里手"。

争做新时代的"劲草真金"，就要倡导担当之风。无论是领导还是员工，都要以"等不起"的紧迫感、"慢不得"的危机感和"争一流"的使命感，去工作、去担当、去作为，凝聚起干事创业的"精气神"，管好自己的"一亩三分地"，做到关键时候顶得上、做得好。

涉深水者得蛟龙

旗帜领航

国有企业领导工作离不开调查研究。调查研究是党的一项基本工作方法和领导制度，是谋事之基、成事之道。

正确的决策来自对实际情况的周密调查和科学分析。一定要把实际看全面，把有关的各种情况弄清楚，这才真正是从实际出发。陈云说：“我们过去所以犯错误，也不是对实际情况一点都不了解，只是了解的情况是片面的，而不是全面的，误把局部当成了全面。”他认为，重要的是把实际看全面，把情况弄清楚，其次是决定政策，解决问题。难者在弄清情况，不在决定政策，只要弄清了情况，不难决定政策。

怎样弄清事实？陈云概括为六个字：“交换、比较、反复。”“所谓交换，就是要互相交换正反两面的意见，以求了解事物的全面情况。交换时要特别找同自己相反的意见，相反的意见可以补充我们对事物认识的不足。交换是为了更全面地认识事物，比较则是为了更好地判断事物的性质。不经过比较，就看不清事物已经发展到什么程度，它的要害和本质是什么。……一经比较，就能够对事物认识得更清楚、更深刻。……比较仍然是认识的过程，反复则既是认识的过程，也是实践的过程。反复，首先要在决定了对策之后，再找反对的意见攻一攻，使认识更正确。而最要紧的，是在实践过程中反复认识。凡是正确的，就坚持和发展。如果发现缺点就加以弥补，发现错误就立即改正。总之，判断，行动，再认识，修正之，这样就可以不犯大的错误。”

加强调查研究不仅是一个工作方法，而且是制定方针政策的基础，是实事求是的必然要求。

今天，改革发展面临许多新情况、新问题，面临许多困难和挑战，须臾离不开调查研究这个党的“重要传家宝”。习近平同志在中央党校 2011 年秋季学期第二批入学学员开学典礼上指出：“调查研究的过程，是领导干部提高认识能力、判断能力和工作能力的过程。经常走出领导机关，深入实际、深入基层、深入群众，进行各种形式和类型的调查研究，非常有益于促进领导干部正确认识客观世界、改造主观世界、转变工作作风、增进同人民群众的感情，有益于深切了解群众的需求、愿望和创造精神、实践经验。”习近平同志提出领导干部在调研中应有“自选动作”，要“看一些没有准备的地方，搞一些不打招呼、不作安排的随机性调研……避免出现‘被调研’现象，防止调查研究走过场”。

楷模风采

2018年10月22日至24日，中国建材集团有限公司党委书记、董事长宋志平一行专程赴云南省昭通市就集团扶贫工作进行实地调研，其间与昭通市委书记杨亚林及市政府有关领导会谈，与集团派驻昭通市县乡村的挂职干部进行座谈，共商脱贫攻坚措施和长远发展计划。此外，还深入集团定点帮扶的昭阳区、永善县、绥江县实地了解扶贫工作落实情况和扶贫项目进展情况，进行现场办公，解决具体问题。

宋志平在座谈会上说，中国建材将充分发挥自身优势，立足当地资源禀赋，从教育文化、卫生医疗、特色种植、特色食品加工、特色手工绣坊、就业帮扶、安全饮水、特色旅游、绿色小镇、高载能工业10个方面对集团在昭通的定点扶贫地区给予更大的支持力度，把帮扶工作做成典范，实现绿色发展、人民生活幸福。

在昭阳区，宋志平一行重点调研了集团帮扶的段家石桥水厂、守望乡卫生院、守望乡卡子村樱桃种植基地。其间，还看望了昭阳区一中的师生们，为建档立卡学生颁发了善建公益基金“志学奖”奖学金。宋志平表示，一定要抓好教育扶贫工作，让贫困家庭的孩子都可以上学，不让学生因家庭经济困难而失学。让更多建档立卡的贫困学生能接受更好、更高层次的教育，都有机会通过高等教育、职业教育或职业培训学到更多知识和工作技能，得到工作机会，实现家庭脱贫。

在永善县，宋志平一行到细沙乡黄金村对集团帮扶的党群活动基地建设、产业发展、健康扶贫、教育扶贫等项目实施情况进行实地调研，考察了青杠猕猴桃种植基地，慰问了黄金村小学师生。宋志平表示，集团在黄金村的扶贫要在特色种植产业上大规模发展，形成规模经济，让黄金村

“黄土变成金”。

在绥江县，宋志平一行调研了中城镇兆佳坝集中安置点卫生室、罗坪村的安置点以及田坝小学建设情况，在罗坪村与当地老百姓一起算扶贫账、谋脱贫计。宋志平表示，要结合地方实际情况，将新型房屋本地化，让农民住上与环境协调的、舒适的新型农房。同时，与相关方开展协作，加大当地特色手工绣坊的培训和市场化推广力度。

中国建材通过多种方式开展精准扶贫帮扶工作，积极整合各方资源，通过项目合作，直接捐资，捐赠设备，招聘用工，选派政治素质好、工作能力强的干部挂职等方式，为昭通脱贫攻坚提供了有效的帮助。将在定点帮扶区县投入的扶贫资金主要用于基础设施建设、地质灾害治理、产业发展、医疗卫生、教育帮扶、电子商务培训等方面。依托集团扶贫公益电商平台，推动了昭阳、永善、绥江等地特色农产品的线上销售。此外，集团在西南地区企业加大就业扶贫方面的力度，举办专场招聘会。

决策之源，莫过于“实”。有的决策之所以成为“浮萍”、有的机制之所以成为“空文”，其中一个重要原因就是决策的初期不注重调查研究，没有做到实事求是。在基层调查研究，防止走马观花，蜻蜓点水，走走过场，浅尝辄止；防止受“规定路线”、“标准答案”和“示范样板”的影响，使调研成了“论证会”、“报喜会”和“盆景展”。到基层一线作随机性调研，悄悄地下，悄悄地看，悄悄地听，细致地观察，有针对性地追问，潜心地研究，才能听到最真实的声音，获得最真实的东西。

要通过与群众面对面交流，集聚各个方面的智慧和声音，倾听方方面面的意见和反映，以保证决策的科学性。要学习孔子的“每事问”，须有“入于泽而问牧童，入于水而问渔师”的精神，切莫不知以为知。要把老一辈革命家陈云所说的“不唯上、不唯书、只唯实”和“全面、比较、反复”作为座右铭，必须虚心体察和详细掌握情况，多听不同的意见，在调查中研究，在研究中再调查，才能逐步对问题的本质以及各部分、各方面之间的联系有正确的认识，进而得出正确的结论。

励志延伸

叶聪，中国船舶重工集团有限公司第七〇二研究所副所长、水下工程研究开发部主任，“蛟龙”号深海载人潜水器首席潜航员，全海深载人潜水器总设计师。他长期从事载人潜水器的研究、设计和研发工作，参与“蛟龙”号深潜作业共计 50 次，最大下潜深度达到 7062 米，荣获“载人深潜英雄”“改革先锋”称号和“全国五一劳动奖章”“中国青年五四奖章”殊荣。

叶聪 2001 年大学毕业后来到中国船舶重工集团有限公司第七〇二研究所，有幸接触到“蛟龙”号载人潜水器项目。2003 年，叶聪被任命为“蛟龙”号总布置主任设计师。总布置是整个潜水器设计的主线，协调和配置所有潜水器设备的功能、指标、接口。他说：“我最大的优点，就是愿意不厌其烦地去做一件事。”随后几年里，叶聪把设计图纸修改了几百遍，在没有母型船提供参考借鉴的情况下，完成了“蛟龙”号的总布置设计任务。叶聪还参与了潜水器结构、推进、观通、水声、水面支持等部分的设计和协调工作，为载人潜水器的成功研制立下汗马功劳。

每一次海上试验挑战前，叶聪总抢着说：“我下！”茫茫大海中，内径只有 2.1 米的“蛟龙”号就像芝麻粒一样小，还从来没有中国人下去过。“蛟龙”号载人潜水器四度进行海上试验，累计下潜 51 次，叶聪承担了 38 次试验任务。叶聪说，对设计师来说，如果不下潜，设计只能来自记录的数据，如果亲自下潜，将多方数据进行有效关联，是提高潜水器实用性、总结设计方法的绝佳机会。50 米下潜时，“蛟龙”号离开母船后遭遇通信故障，在茫茫大海中等待了两个多小时才恢复通信；挑战 3000 米下潜时，遇到绝缘故障；5000 米试验回收时遇到暴风雨，母船迟迟找不到“蛟龙”号……每一次深度的突破，叶聪都是第一个参与者与见证者。

在设计全海深潜水器时，因为在经验、方法上已有很多积累，可以很好地平衡和优化机动性和作业性能。“协调完成潜水器的功能和性能指标是设计的第一层次，经过优化，精准极致地完成是第二层次。”叶聪说，自己一直努力的方向，是能够在方式、方法和模式上取得创新。

作为国内首位载人深潜主驾驶员，叶聪随后担任了我国第一代职业潜航员培训导师，先后完成了项目策划、总体教材编写、理论和操作培训，成为我国载人深潜领域潜航员专业的开拓者和创始人。

2016 年，全海深载人潜水器项目正式立项，37 岁的叶聪正式挂帅总设计师。“蛟龙”号在 7000 米处的压力是 700 个大气压，万米级载人潜水器还要增加 400 余个大气压。这样的高压对潜水器的结构设计、材料等都提出了巨大挑战。2018 年 7 月，全海深载人潜水器完成设计，转入全面建造阶段。

太平洋的海风，吹拂着他的脸庞，“敢下五洋捉鳖”的梦想再一次在他的心中激荡。作为这支平均年龄只有 34 岁的团队少帅，叶聪还有一个小目标，2020 年项目完成时，搭乘自己设计的潜水器，造访万米深渊。在“深海日志”中，叶聪用工整的字迹写下这样一句话：“不忘初心，继续前进！”

习近平同志强调“调查研究是做好领导工作的一项基本功”，就是要求各级领导干部克服工作的盲目性和随意性，勤于调研、乐于调研、善于调研，坚持做到不调研不决策、先调研后决策，不断研究新情况、解决新问题、总结新经验，以增强工作的原则性、系统性、预见性和创造性。有志于获得真知的领导者，一定要首先把调查研究作为一项必不可少的基本功，把调查研究作为头一件工作、第一位的大事，作为领导活动的起点，贯穿于领导活动的全过程，不断开拓新局面。

增“库存”解“恐慌”

旗帜领航

历史在发展，时代在奋进，新的知识层出不穷，一个人固有的知识已经满足不了时代发展的需要，如果故步自封、不惜时学习，知识就会老化，思想就会僵化，能力就会退化。在当前瞬息万变的形势下，唯有前进才不会落后。面对新时代中的新东西、新情况、新问题，有些领导干部表现出“本领恐慌”。面对改革和发展中不断出现的新情况和新问题，我们一方面需要坚定道路自信、理论自信、制度自信、文化自信；另一方面要保持使命感、危机感和紧迫感，在学习和探索中克服“本领恐慌”，提升本领，攻坚克难。

为了告诫大家抓紧学习、增强本领，习近平同志曾重提毛泽东 1939 年在延安的讲话：“我们的队伍里有一种恐慌，不是经济恐慌，也不是政治恐慌，而是本领恐慌。”在新的历史条件下，唯有正视“本领恐慌”，不断学习钻研，提高管好企业的能力，我们才能找到破解发展和改革难题的金钥匙。

我们正处在竞争激烈、崇尚能力的时代，不熟悉、不懂得的东西很多，需要学习和掌握的知识很多，应有“本领恐慌”的危机感、“能力不足”的忧患感和“无一事而不学，无一时而不学”的紧迫感；摒弃“不思进取不愿学、热衷应酬不勤学、流于形式不真学、浅尝辄止不深学、食而不化不善学”的不良作风，把读书学习作为一种使命、一种境界、一种追求，下苦功夫惜时读书学习，抓住一切机会，通过各种形式和渠道，挤时间学，抢时间学，多学习一些新知识、多掌握真本领，具备“张口能讲、提笔能写、遇事能办”的基本素质。

我国社会主要矛盾已经转化为人民日益增长的美好生活需要和不平衡不充分的发展之间的矛盾。群众利益诉求不断增加，对领导干部的执政能力的期望越来越高，需要付出艰辛的努力，需要专业的思维、专业的精神。要培养“专注式”干部，干事创业专心一意；培养“专爱式”干部，干一行、爱一行；培养“专攻式”干部，“三百六十行，行行出状元”。要忠诚于自己的事业，及时发现自身工作的规律性，把握其中蕴含的机理和要求，用专业的精神从事工作，从而不断满足人民日益增长的美好生活需要，实现党为人民谋幸福的初心和使命。

楷模风采

践行工匠精神的优秀代表许振超，曾任青岛前湾集装箱码头有限责任公司固机部高级经理，中华全国总工会副主席（兼职），第十一届、第十二届全国人大常委。他自学成才，苦练技术，练就了“一钩准”“一钩净”“无声响操作”等绝活儿，先后 8 次刷新集装箱装卸世界纪录，使“振超效率”名扬四海。他带出了一支技术精、作风硬、效率高的团队，积极开展科技攻关，持续破解生产难题，填补国际技术空白，为国家节约巨额成本。在工作中，创造出“振超工作法”，为青岛港提速建设发展提供了宝贵经验。许振超荣获“全国劳动模范”“全国优秀共产党员”等荣誉称号。2018 年 12 月 18 日，党中央、国务院授予他“改革先锋”称号。

许振超小学时是班干部、学习尖子，他最大的遗憾是“没有上过大学”。多年来，他始终把学习作为“第一需要”。多年来，工友们打扑克、下象棋，或是一块儿撮一顿时，他都在读书。许振超在黄岛宿舍住宿时，为了不影响工友休息，就用报纸挡住台灯光线。有一次许振超不知不觉靠在床头睡着了，突然被工友推醒，原来报纸已经被烤煳，差点着火。许振超说：“在别人眼里，学习是一件苦事。但对我来说，学习带给我无穷的快乐。每当我攻克一个难题，我就有一种成就感和满足感。”

工作需要什么就学什么。只要碰到了难题，他就开始学习，从学习中寻找攻克难题的钥匙。他厚厚的读书笔记里面包括关于电器原理、钢丝绳种类及承重、发电机原理及故障排除、安全事故、股票、国企改革、计算机、英语的内容。

许振超至今对自己学习英文的过程记忆犹新。他刚看到随着新机器到港的英文资料时，全不认识，问大学生后也记不住。接着，他买了一本《英汉词典》，看着图纸，对照词典认单词，一个一个地背。他回忆说：“那段时间真遭罪，一个单词反复背。”就这样，他翻译出厚厚的两大本英文图纸。一次吊运两个集装箱，其安全操作规程在世界上是空白，许振超利用晚上时间，一句一句地翻译，结合工作经验，没几天就拿出了《桥吊双箱吊具操作规程》，技术主管们都从心底佩服他。

许振超坚持自学，家里与机械、电气有关的图书、报刊等摆满了书橱，高校教材就有 50 多本。他读过的各类图书有 2000 多册，写了近 80 万字的读书笔记。功夫不负有心人，许振超学出了名堂。

一次，一场大雾使整个码头的装卸作业被迫停止，直到中午雾仍不散，货轮的船长火急火燎地找到许振超，请求马上把集装箱卸下来。原来，该轮装载的全是冷藏箱，不料供电电源发生故障，如不抢卸，一旦箱里温度升高，货物变质，损失就是好几百万元。

桥吊有十几层楼那么高，而集装箱上起吊用的 4 个锁孔，从 40 多米高的桥吊上看下去，很难分辨，更别说用在空中把摆荡的吊具放下去，一次把锁眼都对齐，把集装箱抓牢靠了。但是，许振超和他的队友们做到了。许振超练成的“一钩准”的诀窍是，钩头起吊平稳，钢丝绳走“一条线”，一个箱子一钩到位，顺顺利利全卸了下来。凭着过硬的功夫、娴熟的技巧，他闯过了雾天作业禁区，避免客户遭受巨额损失。

“一钩净”是许振超的又一项发明。开吊车的工作，有一个“四稳”的口诀：起钩要稳，旋转要稳，落钩要稳，变幅时要稳，但要协调做到这四个方面很不容易。特别是落钩，操作不好就会造成货物撒漏。许振超经过反复练习，做到了吊具一钩下去，一点不撒，他把这种技术起名为“一钩净”。

1991 年，他当上了桥吊队队长。他在工作中发现桥吊故障中有 60% 是吊具故障，而故障主要是由于起吊和落下时速度太快，吊具与集装箱碰撞造成的。他首次提出了“无声响操作”，亦即从抓箱到落箱做到几乎没有声音，这个要求是相当苛刻的。但是，通过一番苦练，许振超硬是做到了——将偌大的集装箱放入用铁做的船上或车中，居然做到了铁碰铁，不出响声。然后，他专门编写了操作要领，亲自培训骨干并在全队推广，以事实说服人。

2000年，队里的6台轮胎吊发动机又到了大修的时候，许振超找到公司领导，主动要求把这个项目交给他，让他组织技术骨干来完成，一来锻炼队伍，二来节约资金。面对复杂的维修工艺，他与攻关小组一起边琢磨边实践，加班加点，提前完成了轮胎吊发动机的大修。近几年来，经他主持修理的项目累计为青岛港节约800多万元。

2003年4月27日，在许振超的提议下，他和工友们艰苦奋战6小时27分钟，创下了每小时单机效率70.3自然箱和单船效率339自然箱的世界纪录。5个月后，他又和工友们把每小时单船339自然箱的世界纪录提高到381自然箱。“振超效率”扬名国际航运界！

在青岛港，许振超虽然是工人，但从上到下都把他划到技术人员圈里。青岛港与英国铁行、丹麦马士基、中国远洋公司组建合资公司时，他进一步受到重用，被聘请出任专管设备和技术员的技术部固机部经理，手下工程师就有40多名，名正言顺地走进了技术管理人员的行列。

有一次，青岛港老港区承运了一批经青岛港卸船后出境的化工剧毒危险品，这种东西特别怕碰撞，稍有碰撞就可能引发恶性事故。原铁道部有关领导和船东、货主都赶到了码头，为确保安全，码头、铁路专线都派了武警和消防员。许振超和他的队友们，在关键时候把“绝活儿”亮出来了，只用了一个半小时，40个集装箱被悄然无声地从船上卸下，又一声不响地装上火车。面对这“行云流水”般的作业，紧张了许久的船主、货主们欢呼雀跃。

许振超在日记中写道：“悟性在脚下，路由自己找。”正是凭着这种韧劲，许振超学得真功，从工人迈进了技术主管的行列，并创造了世界纪录。他尤为自豪的是，青岛港几乎不用请人帮助修理桥吊设备故障，他们有能力自己排除。看着设备转得安全，许振超说：“这是对我最好的奖赏。”

励志延伸

通过读书学习来增长知识、增强本领，是新时代每一位国企人胜任职位、从合格到卓越的内在要求和必经之路。古人云：“吾生也有涯，而知也无涯。”习近平总书记指出：“活到老学到老，世界观改造永远没有完成时；学习越深，接受教育越多，就越能认识真理，越能坚强党性。”学习是一个漫长的过程，不可能毕其功于一役。领导干部唯有多学习，储备丰厚的知识，扩充自己的知识面，才能具备长远的眼光，提高思考的深度、广度，从而提升我们的战略发展能力。

面对改革开放的深水区、实现“两个一百年”奋斗目标的历史交汇期，党员干部必须增强应对复杂局面的本领，真正使读书学习成为工作、生活的重要组成部分。习近平总书记指出：“努力学习各方面知识，努力在实践中增加才干，加快知识更新，优化知识结构，拓宽眼界和视野，着力避免陷入少知而迷、不知而盲、无知而乱的困境，着力克服本领不足、本领恐慌、本领落后的问题。”加强学习的根本目的，是增强工作本领、提高解决实际问题的水平。要发扬理论联系实际的马克思主义学风，带着问题学，拜人民为师，做到干中学、学中干，学以致用、用以促学、学用相长。

我们应当把学习作为一种追求、一种爱好、一种健康的生活方式，做到好学乐学，如饥似渴地学习，只要坚持下去，必定会积少成多、积沙成塔。要自觉把学习作为一种生活方式、一种人生境界、一种政治责任，养成好读书的自觉性，培养读好书的习惯，以学明理增智，以学修身养德，加快知识更新，优化知识结构，使一切有益的知识和文化入脑入心，沉淀在血液里，融入行为中，融入人生和事业之中。

学习要想取得良好的效果，很重要的一点在于理论联系实际，形成崇尚实干、力戒空谈、精准发力的良好风尚。国有企业领导干部加强学习，应当坚持干什么学什么、缺什么补什么，有针对性地学习掌握做好工作、履行岗位职责所必备的各种知识，努力使自己真正成为行家里手、内行领导。要读马克思主义理论著作、做好领导工作必需的各种知识图书和古今中外优秀传统文化图书；要坚持阅读与思考的统一，坚持读书与运用的结合，要锲而不舍、持之以恒；要精学专业理论，深学业务知识，具备专业思维、专业素养、专业方法，根据干部的知识结构、岗位职责、专业特点，有针对性地进行“加油”“充电”。应像海绵吸水一样涉猎企业管理和专业知识，熟悉有关部门业务，重视专业能力的培养，跟上时代发展的要求，成为这方面的“行家里手”；应该自觉地把本职工作当学问做，把工作的过程看作学习和研究的过程，把学习研究过程当作工作一样要求。要大力提倡“学习工作化，工作学习化”，把学习与工作看成一个问题的两个侧面、两个视角、使学习和工作有机结合，踏踏实实地提高自身的素质和能力，努力成为博学多才的领导者。

盘马弯弓惜不发

旗帜领航

国有企业中本领高强的领跑者，往往能以较少的成本而获得较大的社会效益和经济效益；而有的人由于缺少本领，一次又一次地付“学费”，工作面貌依旧，难以获得社会效益和经济效益。从现实看，能力不足也是国有企业目前面临的危险之一。韩愈诗云：“将军欲以巧伏人，盘马弯弓惜不发。”骑马盘旋不进，拉弓满弦不发，描绘了将军射技之精巧和运筹之巧妙。若要成为优秀的党员领导干部，也应有“神功技巧”，需要具备多方面的素质和能力。

党的十九大报告强调，“领导十三亿多人的社会主义大国，我们党既要政治过硬，也要本领高强”，并对“全面增强执政本领”提出了明确要求。习近平总书记在十九届中共中央政治局第一次集体学习时指出：“领导干部不仅要有担当的宽肩膀，还得有成事的真本领。”党的十九大报告提出我们党要提高八项执政本领，排在第一位的就是增强学习本领。

尽可能地掌握方方面面的科学文化知识，对做好工作是大有裨益的。专业知识掌握好，本职工作才能做得好。假如你负责人事管理，招聘、培训、考评方面的知识便必不可少；假如你主管研发管理，研发方面的知识要牢靠；假如你负责销售管理，就要掌握市场营销方略。许多事实表明，如果不刻苦学习，知识就会老化，思想就会僵化，能力就会退化，作风就会腐化，不可能健康成长。国有企业党员领导干部应当而且必须学习掌握马克思列宁主义、毛泽东思想、中国特色社会主义理论体系，尤其要深入学习掌握习近平新时代中国特色社会主义思想，这是我们做好一切工作的看家本领。要学习和掌握党的路线方针政策和国家的法律法规，这是领导干部开展工作要做的基本准备。

“纸上得来终觉浅，绝知此事要躬行。”要学习书本知识，还要在实践中学习，做到干中学、学中干，学以致用、用以促学、学用相长，绝不能夸夸其谈，要加强实用性、实效性学习，从而真正掌握解决具体问题的能力，进而解决工作中的实际问题。

楷模风采

致敬央企楷模，点赞时代英雄。中国电建集团海外投资有限公司副总经理兼巴基斯坦卡西姆港发电有限公司总经理蔡斌，是践行“一带一路”“走出去”的建设先锋。他无悔坚守海外一线 20 余年，参与完成 10 余个国际大型水电、火电工程项目的建设及管理。他不舍昼夜，忘我工作，持续拼搏，人称“拼命三郎”。在巴基斯坦卡西姆燃煤电站建设中，他的团队创造了让巴基斯坦政府赞誉的“中国速度”，所建的老挝南欧江流域一期工程经受了百年不遇的洪水考验，让老挝前副总理宋萨瓦·凌沙瓦对他竖起了大拇指。

2017 年 4 月 27 日下午，国务院国资委党委举办首届“央企楷模”发布会，蔡斌以及来自中交集团、船舶工业、中国电信、航天科工等的 8 位央企人获此殊荣。国务院国资委对蔡斌的颁奖词是：百舸争流千帆竞，敢立潮头唱大风！历经严峻的考验，赢得世界的尊重。你与山川为伴，与江河同歌，你筑就了大坝巍峨，搭建了邦交友谊，挺起了央企脊梁，成为“一带一路”建设的时代先锋！

从蔡斌身上，我们可以感受到蓬勃向上的昂扬斗志，学到诚实敬业的优秀品质和孜孜不倦的“匠心独造”。在马来西亚巴贡水电站，中国水电“走出去”的成果得到了检验。作为土建总承包商主要负责人的蔡斌，一马当先，冲锋在前。工期最紧张的时候，他亲自带着工人爬边坡、抬设备，渴了喝溪水，饿了啃面包，硬是创造了月开挖土石方 208 万立方米，并以连续 11 个月开挖强度超过 150 万立方米的速度，写入了中国企业第 12 批新纪录。

在巴贡，中国水电的施工技术也突飞猛进，捧起了我国工程建设质量最高荣誉——第一个海外工程金质奖。2010 年 10 月 13 日上午 9 时 30 分，马来西亚巴贡水电站下闸蓄水，顺利完成重要节点，美丽的婆罗洲岛热带雨林里呈现出“高峡出平湖”的壮观景象。巴贡水电站无疑是中国水电“走出去”的典范之作，而中国水电从引进消化吸收再创新到扬帆出海，前后不过 20 年。

1996 年，蔡斌的第一次出国便是到巴基斯坦。19 年后的 2015 年，蔡斌又重新回到了这个国家，从水电正式进入火电，迎来了职业生涯一场最为重要的“高考”。电厂发电后，要通过输出线路把电输送出去。然而，本由巴基斯坦国家电力公司承担的卡西姆电站的两条 500kV 输变电线路的建设任务却严重滞后，按照进度要求，按期竣工几无可能。为确保输电线路按期完成，蔡斌用“上蹿下跳”来形容那段时间。拜访时任巴基斯坦总理谢里夫寻求帮助，解决输变电线路建设滞后问题，我国发改委有关领导也持续推动，卡西姆电站全力帮助巴基斯坦国家电力公司梳理工程流程和进度，提供技术支持和拉线设备，全力以赴支持巴基斯坦国家电力公司进行送出线路施工建设，终于在 2017 年 11 月 1 日，500kV 送出线路全部完成，并顺利完成厂用电倒送电。而就在 9 天后，这条线路开始为巴基斯坦的千家万户送去光明。

2017 年 11 月 10 日，第一台机组发电，提前了 50 天；2018 年 1 月 15 日第二台机组发电，提前了 74 天；2018 年 4 月 25 日，正式进入 COD，比政府规定的时间提前了 67 天。整个电站不论是质量、进度，还是安全，绝对是优秀的，投资成本不会突破既定的投资概算，环境指标符合世界银行要求。这里成为巴基斯坦电网的骨干电站，为 400 万个家庭送去清洁能源，提供了数千个就业岗位，创造了丰厚的税收来源……

蔡斌总是在关键时刻扛起千钧重担，犹如海燕般翱翔在时代的风口浪尖。跟他接触过的所有人都曾被他“折腾”得不轻，但所有人又都佩服他、心疼他。在二滩水电站的 3 年多时间里，蔡斌养成诸多终身受用的工作习惯、学习态度和先进理念，树立起兢兢业业、追求完美，要做就做最好的职业操守。他说：“每天至少提前一小时到达办公室，可以静下心来处理文件，获取信息，深入思考，明确重点；等到上班时间，各种汇报、请示、安排接踵而至，一天的工作有序开展，忙而不乱。”

有“匠心”方成“绝活”，有“绝活”才叫“工匠”。蔡斌曾被人冠以“黑脸蔡”的绰号，这源于他对工作的高标准、严要求，一丝不苟，精益求精，也正是他的这份“匠心独造”，成就了一个又一个精品工程，树立起了中国电建的品牌和形象，彰显出人生别样风采。

人间万事出艰辛，一勤天下无难事。20 多年来，蔡斌所负责的 10 余个国际大型水电、火电工程项目的建设及管理，无不是在不舍昼夜、忘我工作中持续拼搏进取，不断攻坚克难，最终才得以完成的。他的事迹集中反映了中国电建积极响应“一带一路”倡议，多年来深耕海外取得的优异成绩，体现了 3 万多名海外电建人艰苦创业、拼搏奉献的时代风貌。国务院国资委党委书记郝鹏在接见蔡斌时，提到对蔡斌负责建设的巴基斯坦卡西姆电站很关注，并询问了电站的进展情况，充分肯定了中国电建在“一带一路”建设中发挥的重大作用、取得的优异成绩。

我们应把努力奋斗当成一种习惯。每一个别人羡慕的收获，都是努力用心拼出来的。大力弘扬艰苦奋斗精神，是新时代进行伟大斗争、建设伟大工程、推进伟大事业、实现伟大梦想的必然要求，是我们党完成历史使命、始终成为坚强领导核心的必然要求。

励志延伸

增长学识、才干的根本途径，在于勤奋学习、广集博收、学以致用。若想既敬业又专业，就要有思想、有观点、有方法，就须勤学习、多实践、善观察。

张雪松，河北省唐山轨道客车有限责任公司铝合金厂数控机床装调维修工高级技师、机修钳工高级技师，荣获“全国技术能手”、“全国优秀共产党员”和“全国劳动模范”等称号，享受国务院政府特殊津贴，党的十八大、十九大代表。

张雪松先后完成车体总成焊接专机改进、五轴加工中心 Z 轴防尘罩改进、龙门焊接机器人激光传感器系统修正等设备技改近百项，创造经济价值数百万元。2009 年，张雪松取得第三届全国职工职业技能大赛数控机床装调维修工第四名的好成绩，突破了“隔行如隔山”的阻碍，成长为数控机床装调维修专家，实现了职业生涯的精彩转型跨越。

张雪松深知只有更多的职工共同掌握新技术，才能推动企业技术不断进步。因此，他将取得的技术突破都拿出来与工友们分享。2009 年，公司成立了以张雪松领衔的铝合金“金蓝领”工作室，搭建起高技能人才学习交流和成长提高的平台，被河北省确定为 20 个重点工作室之一。在张雪松带领下，铝合金“金蓝领”工作室建立了 13 个创新攻关小组，吸收了近百名技术工人加入，张雪松组织了数显伸缩尺和数控刀具维修等专项培训，开展经常性创新攻关、导师带徒和技术交流活动。两年完成公司级操作创新300余项。

站在中国高铁事业飞速发展的最前沿，张雪松爱岗敬业，勇于创新，将自身价值与企业发展紧密地融为一体，成为我国新时代产业工人的榜样。他说："身为中国高铁工人是我的荣耀，我要带着这份荣耀，跟工友们一起创造中国铁路的未来。"

中国化学工程股份有限公司所属中化二建集团有限公司电仪公司电气调试队副队长、高级技师孙文权，从业30多年来，一直坚守在施工生产第一线，行走于几十万伏高压电之间，将严谨务实、拼搏创新的精神诠释得淋漓尽致，彰显出一名大国工匠的风采。

孙文权1985年毕业于化工部淮南动力技工学校，同年被分配到中国化学工程股份有限公司所属中化二建集团有限公司电仪公司，从事高压电气调试工作，2006年被聘为电工高级技师。他凭着良好的职业道德和爱岗敬业的精神，参与了内蒙古化肥厂、内蒙古博源、内蒙古聚甲醛、东汽多晶硅、义马气化厂、安哥拉60kV、220kV、400kV变电站等工程，项目涉及的电气调试安全受送电均是一次成功。他参与了国内外多个条件艰苦、环境恶劣的工程项目建设，多次获得"公司劳动模范"等光荣称号，2014年荣获"中化二建集团有限公司科技标兵"称号，2018年获"晋阳工匠"荣誉称号。

针对电流"整组试验"系统所用仪器多，试验项目繁杂、费工费时等情况，孙文权利用业余时间开发了一种三相电流发生器，使试验做起来更加便捷，并一举荣获国家专利。2007年年初，公司购买的串联谐振交流耐压设备共配置了六台电抗器，为了综合利用六台电抗器最大限度地发挥调试设备的作用，他通过多次试验总结了一套完整的试验方法。在没有大容量试验设备的情况下，完成了电机的耐压试验，为公司节约大量成本。

在丰富的实践和大量的研究工作中，孙文权发现在避雷器工频放电时，避雷器放电会产生杂散的电磁波信号，他设想把电磁波信号收集，再转化成声音输出，通过声音来判断避雷器是否放电，这样可减少误差、提高测量精度和工作效率。最终，他的避雷器工频放电检测仪获国家实用新型专利，为避雷器工频放电试验提供了新方法。孙文权还获得了一种测量电力系统二次电流的装置、一种电动机转向测试装置两项实用新型专利，目前他的四项发明专利都被广泛应用于施工中。

2013 年，他承担了安哥拉 220kV 变电站的安装调试任务，变压器额定容量 120MVA。工程具有规模大、电压等级高、调试项目多等特点，其中变压器的局放试验仅试验设备价值近百万元。为完成该试验项目，他查阅大量资料，到厂家学习、咨询设备性能，做出了可行方案。外监工程师全程监控试验过程，称赞整个调试团队："你们是第一个做局放试验的单位。"

2015 年，孙文权再次承担了安哥拉约 400kV 变电站安装调试任务。此项任务达到安哥拉国家电网中的最高电压等级，其中自耦变压器的油试验难度大，油介损试验、油微水试验都是首次进行，受当地试验条件及气候影响，仪器测量的数据准确度差。为此，他们临时组建模拟试验室，保证了试验室的温度、湿度，使调试数据准确无误地完成。2016 年年底，在业主的要求下，整个团队 8 小时零失误零故障圆满完成送电任务，标志着公司的电气安装调试技术取得重大突破，实现了质的飞跃。

孙文权善于培养人才，把试验项目划分出几个重点，让每个年轻人各有侧重点；他与多名员工签订了师徒协议，将自己的知识经验倾囊相授，为公司培养出多名技师、高级技师，多名徒弟在公司的电气施工领域发挥着重要作用。

多年来，孙文权凭着刻苦钻研技术、在实践中摸索创新的韧劲，带领调试队多次完成了国内外的多项急难险重任务，用他的勤劳和智慧、朴实和无华、青春和汗水为我们谱写了一曲化建工人追梦之歌。

擦亮细节的“金字招牌”

旗帜领航

许多成大事者都注重小节。纵观古今中外，保持对细节的关注，是取得最终胜利的重要原因。从小事做起，抓好各个细节，从一点一滴积累，方能成就事业。“合抱之木，生于毫末；九层之台，起于累土；千里之行，始于足下。”积土成山，积水成渊，大事皆由小事积累而成。“图难乎其易也，为大乎其细也。天下之难作于易，天下之大作于细。”老子认为，做难事要从易处做起，做大事要从小处做起。党员干部一定要始终重视细节的积累，“慎终如始，则无败事”，坚持到底，不要半途而废。

1964 年，我国首次核试验前夕，周恩来在紫光阁的总理会议室主持召开重要会议。会议期间，张爱萍副总参谋长站了起来向总理告假，要提前告退。周恩来从沙发上站了起来，关切地说：“爱萍，你带核试验的文件了吗？”在得到张爱萍“没有带”的回答后，他仍指指张爱萍的口袋，说再搜一搜，看里面有没有纸条。在周恩来的督导下，张爱萍将自己几个衣兜都仔细掏了一遍。亲眼见到什么都没有，周恩来才如释重负地说：“保密无小事啊！你邓大姐（邓颖超）是老党员、中央委员，她就不知道我们要搞核试验，我从不对她讲。”

当今时代也是“细节时代”，细节管理重要性不可忽略。没有一个好的战略，团队可能发展缓慢；如果忽视细节管理，团队将永远都无法强大。细微之处见功力，细微之处见水平，应特别重视细节管理，不能因事小而淡化责任。

楷模风采

从 2004 年至今，中国高铁仅用 10 多年时间就实现了从跟跑到领跑的华丽跨越。这张名片饱含无数高铁人的付出，也与一位扎根一线 20 多年的工人息息相关，他就是高铁首席研磨师——宁允展。1991 年，19 岁的宁允展从铁路技校毕业，进入当时的四方机车车辆厂（中车四方股份公司前身），从事车辆钳工工作，一干就是 20 多年。

2004 年，中国“高铁时代”拉开大幕，中车四方股份公司开始由国外引进高速动车组技术。转向架是高速动车组九大关键技术之一，而转向架构架上的“定位臂”，则是转向架的核心部位。正是这个接触面不足 10 平方厘米的“定位臂”，一度成为高速动车组试制初期困扰转向架制造的巨大难题。高速动车组在运行时速达 200 多公里的情况下，定位臂的接触面要承受相当于二三十吨的冲击力，定位臂和轮对节点必须有 75% 以上的接触面间隙小于 0.05 毫米，否则会直接影响行车安全。

在高铁行业领域，这道工序唯一可行的操作方法就是手工研磨。然而，经过机器粗加工后的定位臂留给人工研磨的空间只有 0.05 毫米左右。在当时，国内并没有可供借鉴的成熟操作技术经验，宁允展主动请缨，向这项难度极高的研磨技术发起挑战。打磨机以每秒 300 多转的转速高速旋转，一旦磨小了，精度达不到要求，转向架落不下去，磨大了，动辄十几万元的构架就会报废。经过无数次反复研究试验，宁允展仅用一周的时间便掌握了外方熟练工人需花费数月才能掌握的技术，他研磨出的定位臂受到外方专家的高度肯定。他也由此成为中国高铁转向架“定位臂”研磨第一人。

在高速动车组进入大批量制造阶段后，转向架研磨跟不上生产进度的问题日渐突出，外方的研磨方法已经不适应企业生产需要。宁允展将目光瞄向研磨工艺。他试验了近半年时间，发明了“风动砂轮纯手工研磨操作法”，这一研磨法将研磨效率提高了 1 倍多，接触面的贴合率也从原来的 75% 提高到了 90% 以上，这项绝技被应用到现场生产，使制约转向架批量制造的难题得到破解，为高速动车组转向架的高质量、高产量做出了突出贡献。

如今，他研磨的定位臂已经创造了连续10年无次品的纪录。宁允展出身钳工，但他自学了焊工、电工，是生产厂房里的“多面手”。长期以来，转向架检修加工部位容易损伤，由于精度要求高，修复起来非常困难。宁允展将自己的研磨技术和焊接手法巧妙结合，发明了一套“精加工表面缺陷焊修方法”，修复精度最高可达到0.01毫米，相当于一根细头发丝的1/5，能够有效还原加工部位，这一操作法被中国中车认定为集团级别的“绝招绝技”。而他利用空闲时间研究出的“折断丝攻、螺栓的堆焊取出”操作法，适用于所有螺纹孔的检修或者新造过程，适用于全部带有螺纹孔的产品，这一方法成为公司的“绝招绝技”被广泛推广。

2012年，他自费购买了车床、打磨机和电焊机，将家里30多平方米的小院改造成了一个小“工厂”，这里成为他业余时间钻研新工装、发明新方法的第二厂房，多项工装发明从这里产生，并被应用到了实际工作中。凭借这种创新创造、探索不止的劲头，宁允展成为企业“万众创新”当之无愧的先锋代言人。

作为高铁研磨的一把手，宁允展当上了研磨班的班长。可没过几年，他主动辞去了班长职务。之后，他潜心研究工艺改进和工装发明，将多数时间和精力放在了怎样解决问题上，做起了生产线上的“疑难杂症”处理专家。多年来，宁允展一方面不断为自己充电，另一方面将自己的经验无私传授给身边的同事。如今，宁允展是北京、青岛多家职业院校的特聘教师，将传道授业、人才培育列为自己的重点工作内容之一，每年为社会和企业培育优质人才。在他传帮带的徒弟中，两人成为高级技师，4人成为技师，7人成为高级工，两人成为中级工，这些人均成为生产一线的骨干。通过这种传承，宁允展输送了许多优质的技术人才，为企业发展注入了来自基层的动力。

从2006年至今，从“和谐”号到“复兴”号，宁允展经手了不同速度等级、十多种动车组车型的转向架研磨，从他和团队手中研磨的转向架被装上了1200多列高速动车组，累计安全运营20多亿公里。多年来，宁允展扎根高铁制造一线，钻研技术、磨炼手艺、破解难题，并为行业企业培育了多名人才。2015年5月，宁允展的事迹被央视“五一专题”节目《大国工匠》报道后，引发社会各界热烈反响。“一心一意搞技术，不当班长不当官”“10多年时间只为把高铁转向架研磨做到极致”成为他的事迹缩影，人们在他的身上不约而同地看到了精益求精、精雕细琢的“工匠精神”。

2017年，宁允展在被评为“央企楷模”后，又光荣当选“全国道德模范”，在人民大会堂受到习近平总书记的接见。宁允展说：“获得这份荣誉，对我来说，既是激励，更多的是一种鞭策，激励着我不断前进。”

一心一意搞技术，不当班长不当官，扎根一线20多年，宁允展与很多人有着不同的追求。

无论是设计、制造，还是对产品质量的把控，宁允展始终秉承“如切如磋，如琢如磨”的精神，用自己掌握的技能生产出符合社会需求的新产品。坚持“把小事做细、把细事做精”的工作理念，把工作的触角延伸到最细微处，真正体现工作成效。他说：“我不是完人，但我的产品一定是完美的。做到这一点，需要一辈子踏踏实实做手艺。”

励志延伸

刘永清，名如其人。她的脸上始终洋溢着坚定和自信的笑容。一个“细”字贯穿着刘永清的人生轨迹。在2011年中国民航航空油料化验员职业技能大赛中，她相继取得理论知识、实操比赛、个人综合成绩三项第一名，她是2012年“全国五一劳动奖章”获得者，荣获2011年度、2016年度“中国航油集团有限公司劳动模范”称号。

“我是1993年7月由学校分配到航空油料公司的。”刘永清忆及当年的初来乍到，满脸的羞涩和自豪。“记得当年来到单位的第一天，师傅就语重心长地对我说：我们的责任就是把好油品质量关，必须严守一个‘细’

字。”正是这句话深深触动了她：细，是底线，也是红线，更是防线！一晃 20 多年过去了，严把油品质量关，无论何时何地，都是刘永清心中坚不可摧的牢固信念，由她出具的油品质量检验报告从未出现差错，无争议率达百分之百，检验差错率为零。

2012 年，刘永清走上了油研中心技师岗位，将更多的热情倾注到工作中。她广泛查阅、比较、研究油品质量规则，调查、收集、融合一线现场操作反馈，对公司油品质量程序文件进行动态修订，推动完善公司油品质量制度建设；持续完善、修编油研中心质量管理体系及适航体系文件，不断优化管理流程，节省过程管理成本，中心质量管理体系的系统性、完整性及协调性获得了 CNAS 评审组专家的高度认可。

为了节约成本，2007 年，刘永清与中心其他几名同事一起制作了《现场质量检查操作培训系列视频教程》，并下发至华南蓝天各分公司，“那次是我们第一次自主策划、设计、自编、自导、自行撰写解说词、自行拍摄、自行配音解说的视频教程，光解说词就修改了七八次，配音更是反复了几十次，最终得到了令人满意的效果”。作为主力成员，她对工作效果的完美程度有着异乎寻常的执着，同时也将“细”的工作作风融解到团队的每个成员的身心里。最终，此教程以规范的操作演示，全面覆盖了现场油品质量监控的全部项目，实现了现场油品质量检查操作知识最直接、最全面的传递，有效地避免了多层培训传递导致的过程偏差，在业内受到了广泛的好评。

2007 年至 2008 年，刘永清深入分公司生产一线，面对面培训 8 个分公司现场质量检查员 91 名，夯实了华南蓝天公司油品质量安全基础。2009 年至 2016 年，作为油研中心骨干，她连续 8 年筹备组织“华南蓝天公司油品质量管理研讨会”，研讨会全面梳理并详细解读新版质量管理类行业标准，并与与会人员共同对典型油品质量案例剖析分享，大大提高了华南蓝天公司质量管理核心团队的专业素养及处理油品质量异常突发事件的能力，实现了团队的共同进步。2009 年起，她负责化验员业务能力考核工作，“细”是新员工在她背后对她的议论。刘永清说：“多年的工作经验让我明白，‘油品质量检验报告要求达到无争议率百分之百，检验差错率为零’这句话的分量有多重，更懂得了这份工作要有多细，这是一份重若泰山的责任！”

连续 8 年，刘永清与公司油品质量管理团队一起，对公司储运系统进行全范围微生物专项监测活动，全面评估、有效防范了公司储运系统微生物污染风险，为后续监控标准的制定提供了数据支持，积累了有益的经验。

2009 年，一架从广州起飞的联邦快递 Fx80 货运航班因着陆失败于东京成田机场着火失事。事故发生后，相关部门立即封存了所有油样并发往美国进行复检，最后的检验结果证实跟他们的航油质量没任何关系。

“那一刻，我没有一丝慌张，因为我对我们的油品质量是绝对有信心的。”刘永清依然淡定地说。我们深知，这种信心来源于每日工作中的高标准、严要求，来源于每天所有检验项目数据的百分百精准无误，来源于自己始终执着的一个“细”字。

近几年，油研中心技术团队在刘永清的带领下，“细”中大作为，相继启动了“航煤常规检验操作视频教程”拍摄制作、“检测能力管理系统”研发等项目，为油研中心打造“管理创新、技术创新、学习创新、思想创新”的团队打下坚实基础。

2017 年 10 月 18 日，党的十九大在北京召开，中国航油广大干部员工收看了开幕式，从电视直播中看到了中国航油的党的十九大代表、华南蓝天公司油研中心的刘永清，她代表中国航油人参加了党的十九大，让全体航油人倍感光荣。党的十九大期间，《人民日报》在头版重要位置刊发《谱写社会主义现代化的壮丽篇章》政论文章，其中重点引用了刘永清的发言：“有了新目标，方向更准，步子更稳。”

“细”里谱写青春，“细”里践行梦想。“道虽迩，不行不至。”多年来，刘永清凭着对航油事业的执着追求，在平凡的岗位上做出了不平凡的业绩，展示了新时代职业女性良好的精神风貌。

一项具体工作的协调，就是要从改善各分项目责任人的主动沟通、主动担责、主动作为的细节入手，以小的改善促进大的提升。抓细节改善还应当做到常抓不懈，将每个细节上体现出的靠前指挥、规范管理、主动作为、严管细控、担当负责的作风改善持之以恒地贯彻和保持，件件叠加，次次积聚，久久为功，以良好的驱动力促进形成强大的影响力，带动整体工作持续向好。

做执着的追梦人

旗帜领航

盘古开天、女娲补天、愚公移山等古代神话，反映了中国人民勇于追求和实现梦想的执着精神。中国梦既是强国梦，也是每个国企人的梦想。习近平总书记在 2019 年新年贺词中说："我们都在努力奔跑，我们都是追梦人。""70 年披荆斩棘，70 年风雨兼程。人民是共和国的坚实根基，人民是我们执政的最大底气。一路走来，中国人民自力更生、艰苦奋斗，创造了举世瞩目的中国奇迹。新征程上，不管乱云飞渡、风吹浪打，我们都要紧紧依靠人民，坚持自力更生、艰苦奋斗，以坚如磐石的信心、只争朝夕的劲头、坚韧不拔的毅力，一步一个脚印把前无古人的伟大事业推向前进。"

我们都是追梦人，我们都有诗和远方。梦想，引领我们飞向远方，驱动着我们不畏艰难、敢于挑战、勇往直前。在努力奔跑的追梦途中，走得再远、走到再光辉的未来，也不能忘记走过的过去，不能忘记为什么出发。有了美好的梦想，国企人就要一步一个脚印把前无古人的伟大事业推向前进，朝着民族复兴的目标迈出新的步伐，就一定能够到达梦想的光辉彼岸。

楷模风采

2009 年 10 月 1 日，在国庆 60 周年阅兵式上，具有世界先进水平的地面雷达方阵以及空警 2000 和空警 200 预警机带领的空中梯队首次公开亮相，令世界同行为之惊叹。

王小谟，1938 年 11 月出生于上海，1995 年当选中国工程院院士，现任中国电子科技集团公司电子科学研究院名誉院长，是我国著名雷达专家、我国预警机事业的开拓者和奠基人，被誉为“中国预警机之父”。王小谟 1985 年以来两次荣获国家科学技术进步奖一等奖，1997 年荣获“光华科技基金一等奖”“何梁何利科学与技术进步奖”，2006 年荣获“国防科学技术奖一等奖”，2008 年荣获“国防科学技术奖特等奖”，2010 年荣获“国家科技进步奖特等奖”，2011 年荣获“全国五一劳动奖章”，2013 年荣获年度“国家最高科学技术奖”。他从事雷达研制工作 50 余年，把自己的一生都奉献给了他所挚爱的预警机和雷达事业，他主持研制出多部世界先进的地面雷达，并引领我国实现了从地面雷达向空中预警指挥机的飞跃。

早在 20 世纪 60 年代，王小谟就开始对三坐标雷达的关键技术进行突破。他创造性地提出雷达脉内扫描方法，大大简化了雷达高频系统，而国外在一年后才提出类似的设想。这初次显露出他对雷达研究的执着和热爱。

在随后被调入三线工作十几年的情况下，王小谟担任我国第一部三坐标雷达 383 总设计师，为了早日实现心中的蓝图，在条件简陋的外场试验现场，顶着 40 多摄氏度的高温和高分贝噪声，每天坚持工作十几个小时。20 世纪 70 年代，他担任 JY-8 雷达主持设计师，主持设计的 JY-8 雷达成为我国第一部自动化三坐标雷达。

雷达研究是电子行业的“皇冠”，而指挥并引导飞机执行作战任务的预警机更是这皇冠上的“明珠”。为了加快研制，从 20 世纪 80 年代起，我国开展预警机对外合作。作为项目中方技术总负责人的王小谟，坚持要求由中方主导研制方案，并在国内同步研制。在这个过程中，他创造性地提出采用大圆盘背负式三面有源相控阵新型预警机方案，将研究推向一个新高点。

然而，就在合作研究初现成效时，合作方却单方面撕毁合同终止研制。早有准备的王小谟不慌不忙，积极向中央领导和有关部门建议，力呼自主研制预警机，做出中国人自己的“争气机”。在国家的大力支持下，大型预警机研制得以立项。

王小谟率领团队每周工作 7 天，每天工作 11 个小时以上。他们最终用了不到 10 年时间走过了西方走了几十年的道路，让国产预警机创造了世界预警机发展史上的 9 个第一，成为世界上看得最远、功能最多、系统集成最复杂的机载信息化武器装备。“我想对年轻人说，不管干哪行，总会遇到问题和挫折。成功往往在于咬紧牙关，再坚持一下。”王小谟语重心长地说。

在三坐标雷达研制成功之后，王小谟开始关注地面雷达对低空的防御问题，并主持开展技术攻关。1986 年，在国内缺乏研制经费的困难条件下，王小谟针对出口，自筹资金，在前期技术攻关的基础上主持设计了我国第一部中低空兼顾的地面雷达 JY−9。该雷达凭借良好的性能，1989 年在埃及与美国、英国、法国、俄罗斯等国的同类产品的同台竞技演习中一鸣惊人，电子对抗性能排名第一，综合排名第二，是国际公认的优秀雷达。不久，即以国际价格出口多个国家，为我国雷达赢得了世界声誉。1995 年，王小谟再次作为项目排名第一人，荣获国家科学技术进步奖一等奖。

383 雷达和 JY−9 雷达先后荣获国家科学技术进步奖一等奖，是我国地面防空雷达于 20 世纪 90 年代全面步入世界先进行列的重要标志，也标志着我国基于地面雷达的防空网建设取得重大成果。王小谟开启了我国现代雷达技术研制新篇章，树起了自力更生和自主创新的一面旗帜。

20 世纪 90 年代，放眼世界，只有少数几个国家能够研制预警机，他感到使命在召唤，便以坚定的自信心发出誓言：“根据我们掌握的技术，一定能自行研制预警机。”20 世纪 90 年代中期，他受命担任中方总设计师，预警机研制工程总顾问，主持研制了我国第一代机载预警系统，为我国预警机形成初步规模、达到国际先进水平做出了重大贡献。

"'争口气'的信念一直伴随着我，我们曾把这几个字挂在实验室的墙上。"王小谟回忆道。2006年，在工程研制的关键时刻，王小谟在外场不幸遭遇车祸，腿骨严重骨折，不久又被诊断出身患淋巴癌。学生们赶去医院探望，在病房外徘徊半天，不知进去怎么安慰恩师。就在这时，病房内传来了悠扬的胡琴声。一推门，他们发现王老师正陶醉地拉着胡琴。在治疗的半年时间里，王小谟前后做了6次化疗。即便躺在床上输液，他仍要把设计师请来面对面探讨交流。病情一有好转，他就不顾亲人劝说，拖着虚弱的身体回到试验现场。

在中国电子科技集团公司内部，至今流传着20世纪80年代王小谟在38所人钱两缺的困难时期，不惜花40万元重金到中国科技大学招录7名定向生的故事。他不仅惜才如命，还大胆使用人才，让很多刚走出校门的优秀大学生很快走上了重要的技术岗位。王小谟言传身教、甘为人梯，在他的教育和指导下，一批年轻人迅速成长，相继走上重要岗位，有的已成为预警机研制总设计师。

曾是校园京剧团里唱梅派青衣的台柱子，多才多艺的王小谟原本可以有更多的人生选择，他却只选择了一件事。"我一辈子就做了一件事：研制雷达，然后负责将世界上最先进的技术应用到预警机上，把设计变为现实。"王小谟说。信念是最重要的，信念树立了，就不会畏惧挫折。"国家总是要往前走，我们要有信心。"

现在的王小谟虽已80多岁，但他还在谋划祖国预警机未来发展的蓝图。他倡导并主编了《雷达技术丛书》，编写了其中的《监视雷达技术》，首次对我国雷达技术和工程设计进行全面总结。"预警机并没有到头，后面的路还很长。"

励志延伸

大凡做大事、创大业者，都是忧患意识、使命意识和责任意识强烈的追梦人，敢为天下先者，都是敢于坚持真理、敢担风险、敢作敢为的奋进者。

董书宁，中国煤炭科工集团西安研究院董事长、党委书记。在他的带领下，西安研究院先后获得“全国守合同重信用企业”“中央企业先进集体”“中央企业思想政治工作先进单位”等称号，连续6年进入陕西省百强企业。董书宁获得“陕西省优秀企业家”等荣誉称号。

十几年来，董书宁以“内强素质，外树形象”为重点，对企业文化体系进行了创新、丰富和发展，组织编制了《企业文化建设总体规划》。近年来，西安研究院在企业氛围的营造、体制机制和平台搭建上下功夫，搭建了各类人才展示才能的广阔平台，使各类人才都有广阔的发展空间。他还推动终身学习、全员学习和团队学习，培养“勇于担当、主动作为、锲而不舍”的“亮剑团队”。

在董书宁的带领下，西安研究院始终牢记“引领地质保障技术进步，支撑煤炭安全、高效、绿色开发”的使命，充分发挥党组织在企业中的核心领导作用，实现了产业报国的夙愿。

董书宁坚持把创建国际一流的高科技企业作为长期不懈的追求，带领西安研究院坚持“人无我有、人有我精、人精我快”的发展理念。2008年率先研制成功了第一台国产矿用千米履带定向钻机，填补了国内多项空白。2013年推出了新一代钻机，2014年、2017年两次刷新煤矿井下近水平定向钻孔深度世界纪录，巩固了市场引领者的地位。建院60余年来，西安研究院共承担国家科技重大专项、国家科技支撑计划、国家“863”“973”计划等各类科研项目1660项，产品远销美国、德国、俄罗斯、印度、澳大利亚等多国。2015年，由董书宁牵头完成的“煤矿重大水患探测与快速抢险关键技术及装备”项目获国家科技进步奖二等奖，项目成果在国内20多个大水矿区和煤炭基地 150 多个矿井得到应用，有效减少了煤矿重大水害事故，解放了受水害威胁的煤炭资源。

为了实现梦想，必须敢于担当，勇于负责。在其位不谋其政，留下的是无人履责；不求有功但求无过，贻误的是企业发展良机；当作为而不作为，丧失的是员工和下属的信任。“大石拦路，弱者视为前进的障碍，勇者视为前进的阶梯。”为了完成光荣使命，国有企业党员干部要始终保持“等不起、坐不住、慢不得”的紧迫感，要不忘初心，不负重托，不辱使命，忠诚履职，防止和破除“平平安安占位子、舒舒服服领票子、庸庸碌碌混日子”的懒散作风，莫做不作为、慢作为、得过且过的“庸官”。

2019 年 1 月 3 日，嫦娥四号月球探测器成功在月球背面南极－艾特肯盆地冯·卡门撞击坑着陆和巡视勘察，引起世界注目。由于月球表面的环境极端恶劣，月壤温差高达 300 多摄氏度。而零下 20 摄氏度到 50 摄氏度之间是嫦娥四号探测器能承受的工作温度范围，若是“嫦娥”的“体温”出现异常，探测器随时可能“休克”。所以，登陆月背，要必须要克服探测器的温度控制这一困难。而陈建新，就是让“嫦娥”在月背保持正常工作“体温”的人。

陈建新，现任中国航天科技集团有限公司第五研究院总体部研究室副主任、嫦娥四号热控分系统主任设计师。他牢记习近平总书记“探索浩瀚宇宙，发展航天事业，建设航天强国”重要指示，坚守航天报国之志，扎根中国探月工程十几载，开拓创新，勇攀科技高峰。他带领团队实现了 3 项国际首创，填补了 3 项国内空白，编制航天器核心技术文件 200 余项，为我国探月工程的顺利开展做出了突出贡献。2019 年 4 月，荣获第 23 届“中国青年五四奖章”。

2007 年，陈建新博士毕业，来到中国航天科技集团，投入到我国探月工程中。2008 年，我国探月二期工程着陆巡视任务进入实质研制阶段。嫦娥三号面临月球正面虹湾地区苛刻的热环境考验，热控分系统是其中难度最大的分系统之一。在艰难的方案设计阶段，参加工作还不到两年的陈建新被委以重任，担任热控分系统副主任设计师。

那几年，陈建新喜欢做三件事：“问、看、记”。多问多看，理顺了思路，有了效率保证。陈建新认为，最重要的是记，只有理解后固化下来的知识才是自己的。他从文献、手册、标准和前辈的设计报告等肥沃的土壤中吸收专业知识养分。从问、看、记，到融会贯通，花了两年时间，留下了好几本、近千页热分析学习笔记。

嫦娥三号热控团队在国际上首次采用月球重力驱动两相流体回路技术，攻克了某热源综合利用技术，解决了嫦娥三号的月夜生存难题，攻克了远红外加热装置准确建模分析和极端瞬态热流计标定等技术。与此同时，陈建新对如何保证“嫦娥”的冷暖有了更深入和全面的考虑。2013 年 12 月 14 日，嫦娥三号成功软着陆于月球。

2015 年，人类首个月背软着陆和巡视勘察的航天器——嫦娥四号任务立项，热控技术再一次成为决定任务成败的关键。陈建新带领团队再次出发，从核心技术、热分析仿真方法、地面验证试验手段等几个关键环节开展调研，逐个研究。在嫦娥四号任务飞控期间，为了对在轨遥测数据进行监视、判读和及时反馈，他带领团队在飞控中心一干就是 4 个月，把试验现场、飞控大厅当成了“家”……

国际首次建立某温差电池与月球重力驱动两相流体回路耦合的热电高效利用技术体系，解决 330 摄氏度温差环境下稳定热电联供系统难题，实现月夜无光照条件下月壤温度测量系统的电能供给；创新建立了月壤三维全瞬态热模型，突破探测器休眠和唤醒自主热适应技术，解决嫦娥四号在极热极寒条件及崎岖地形下的“月背生存难题”；突破月壤传感器测温网络技术，国际首次获取了月背月壤的昼夜温度，为后续月壤采集、人类月球探测提供重要的科学数据和中国智慧。为深空探测器的冷暖保驾护航，为早日实现航天人心中的航天强国梦，陈建新心甘情愿地贡献着自己的智慧与力量。

三间普通的砖瓦房，一个 50 平方米的小院，坐落在中国石化胜利油田东辛采油厂驻地西北 15 公里的荒野中。入驻井站 20 多年来，薛梅和丈夫孙宾一起用爱心管油井，用真心护油井，累计巡井 35000 多次，走了 30 多万公里，安全生产原油 10 万吨。

她用爱心管油井，1995 年 12 月，新婚不久的薛梅和丈夫来到营 8 更 9 井站，按照“ 4 个小时巡井一次，2 个小时记一次压力”的工作制度工作，开始了驻岗生活。20 多年来，夫妻俩像对待自己的孩子一样细心呵护油井，不敢有丝毫大意。薛梅怀孕期间也没放松，刚坐完月子，就开始了巡井工作。多年来，薛梅和丈夫对每口井的井况都了如指掌，总结出“望、闻、问、切”油井故障诊断法，排除了螺丝退扣隐患、避免抽油机侧翻等事故。在他们的精心管理下，油水井运行良好，其中有一口井已经连续 5 年没有作业维修，节约费用上百万元。

她用真心护井站，多年的荒原历练，让薛梅坚定了为公家管好井、护好井的信念。20 多年里，薛梅从未到 7 公里外的父母家吃过年夜饭，丈夫没有回过 500 公里外的菏泽老家过春节，他们都是把老人们接到井站上“团圆”。

她面对荒凉从不抱怨，遇到困难没有逃避，碰到威胁毫不畏惧。2008 年 8 月的一天，一伙不法分子来到站上偷油，被薛梅夫妇发现。歹徒威胁他们：是让“放油”还是“放血”？面对歹徒，夫妻俩一边悄悄报了警，一边和那伙人周旋：家里的东西可以随便拿，但井上的原油确实不能放。不多会儿，远处传来警笛声，那伙人仓皇逃遁。

各级组织经常关心薛梅一家的工作和生活，领导多次来看望慰问，为他们接上了自来水，整修了房屋和道路。20 多个暑往寒来，薛梅无怨无悔，用责任坚守着岗位，用担当延续着梦想。薛梅先后荣获“胜利油田劳动模范”“山东省劳动模范”“中国石化精神文明建设标兵”“全国五一巾帼标兵”等荣誉称号。

第四章

永葆初心，艰苦创业，用奋斗赢得幸福

“一个时代有一个时代的主题，一代人有一代人的使命。”变化的是主题与使命，不变的是奋斗的精神、实干的气质。伟大事业需要几代人、十几代人、几十代人持续奋斗。中华民族从站起来、富起来到强起来是中国人民奋斗出来的，奋斗精神已融入中华民族的文化基因中，激励着全体中华儿女不断奋进。70 年来，国有企业涌现出许多英雄模范人物，成为一面面火红的旗帜，引导和激励着人们披荆斩棘向前进。

“宝剑锋从磨砺出，梅花香自苦寒来。”幸福都是奋斗出来的，不懈奋斗的精神，是马克思主义政党保持旺盛活力和先进性的宝贵品格。奋斗是新时代的鲜亮底色，正是这些奋斗在基层的国企人，触到了时代前行的脉搏。为理想而奋斗是快乐的，同时也是一个艰辛的长期过程。艰苦奋斗、驰而不息，是我们共度时艰的传家宝，是保持蓬勃朝气、昂扬锐气和一身正气的法宝。

艰苦奋斗是新时代奋斗精神的核心，永葆艰苦奋斗的精神，是我们取得辉煌成就的强大动力。在“四个奋斗”中，习近平总书记强调艰苦奋斗最多，他把能不能坚守艰苦奋斗精神作为关系党和人民事业兴衰成败的大事。

沧海横流方显英雄本色，应对挑战更需奋斗精神。中国以艰苦奋斗而强，中华民族以勤勉创业而兴。今天，我们比历史上任何时期都更接近、更有信心和能力实现中华民族伟大复兴的目标。曾经遥不可及的梦想，正在我们的团结奋斗中不断向我们靠近。有志向、有抱负的国企人，一定能够不忘初心、牢记使命，苦干实干、开拓创新，把自身价值和人生光彩展现在为人民谋幸福、为民族谋复兴的伟大事业之中。

艰难困苦，玉汝于成

旗帜领航

党的十九大报告指出："以永不懈怠的精神状态和一往无前的奋斗姿态，继续朝着实现中华民族伟大复兴的宏伟目标奋勇前进。""全党一定要保持艰苦奋斗、戒骄戒躁的作风，以时不我待、只争朝夕的精神，奋力走好新时代的长征路。"2018 年 2 月 14 日，习近平总书记在春节团拜会上发表了重要讲话，其中关于"奋斗"的论述引起各界点赞："只有奋斗的人生才称得上幸福的人生。"幸福是奋斗出来的，奋斗本身也是一种幸福。

新时代，是全国人民经过奋斗、不断创造美好生活、逐步实现全体人民共同富裕的时代。新时代奋斗精神是对新时代中国共产党精神风貌的科学概括，是新时代中国共产党人自觉履行初心和使命的强大动力，为我们在新时代以昂扬奋进的精神状态建设中国特色社会主义提供了思想引领和行为遵循。新时代将会面临许多新的挑战，进行伟大斗争、建设伟大工程、推进伟大事业、实现伟大梦想，必须依靠奋斗。

面对艰难险阻，只有迎难而上、锲而不舍，才能锻造出坚强如钢的品格，才能创造更多更好的物质财富和精神财富，才能增强成就感、尊严感、自豪感。荣获"中央企业劳动模范"称号的巩鹏同志曾深有体会地说："一个人在成长阶段，尤其在年轻的时候，一定不要怕吃苦，只有经历磨炼，才能练就真本事。"许多有抱负、有志气的国企人逢山开路、遇水架桥，以昂扬的姿态踏平坎坷、冲破阻拦，在急难险重面前豁得出、顶得上、扛得住，在为人民谋幸福、为民族谋复兴奋斗的过程中激发出磅礴力量，将人生价值最大化。

楷模风采

中国交通建设集团有限公司总工程师兼港珠澳大桥岛隧工程项目总经理部总经理、总工程师林鸣，被誉为“勇克世界级难题的超级工程师”。在承建世界上最长、综合难度最大的港珠澳大桥5.6公里海底沉管隧道时，面对西方国家技术封锁，林鸣带领他的“梦之队”，通过数不清的方案论证、数百次的试验，使33节沉管一节节完成了“海底之吻”，树立起中国由基建大国向基建强国迈进的技术自信，创造了中国桥梁史上的惊世传奇。

林鸣长期在一线从事桥梁、隧道、海洋工程等技术工作，主持完成了润扬大桥、南京长江三桥等多项国家重点工程建设。建设的港珠澳大桥岛隧工程是我国首次建设的外海沉管隧道，是世界上规模最大的公路沉管隧道，是世界上唯一的深埋沉管隧道，设计施工均无成熟经验可以借鉴。他以一种“强国筑梦”的责任感，义无反顾地率领团队承担起攀登世界建桥技术高峰的重任，践行着一位共产党员的崇高使命。

开工5年多来，面对无法承受的国外天价技术咨询费和“你们没有能力做这件事情”的断言，林鸣带领团队研发并实施了众多新结构、新工艺、新技术、新装备，开展了百余项试验研究，申报专利400余项。他提出的人工岛快速成岛、深埋沉管结构设计、隧道复合基础、大型沉管工厂化预制、外海沉管浮运安装等众多关键性创新技术，解决了许多世界级难题。保障了岛隧工程顺利开展，同时带动了我国外海沉管装备、工艺技术、工程管理技术的发展，促进我国岛隧工程建设水平跻身国际先进行列。

早在2000年，林鸣负责建设时为中国第一大跨径悬索桥的润扬大桥，其中南汊悬索桥北锚碇因其体量大被誉为“神州第一锚”。北锚碇需要在长江边上深50米的基坑内施工，长江和基坑之间的土堤若有闪失，江水将瞬间灌满基坑。工人们望而却步时，林鸣毅然拿起小板凳坐在基坑底陪工人们一起施工。润扬大桥通车时，林鸣与小板凳的故事上了央视《新闻联播》，他被誉为“定海神针”。

如今在港珠澳大桥建设中，林鸣的拼搏担当精神更是有口皆碑。2013年，首节沉管安装充满挑战、困难重重，他率领团队连夜现场攻关、连日紧张施工，历经96个小时海上鏖战才成功安装，开了中国外海沉管隧道建设的先河；2013年年底，正值第八节沉管安装的关键时期，林鸣因过度劳累鼻腔大量喷血，4天内进行了2次全麻手术，术后第7天，他毅然回到安装船上指挥作战，直到安装成功才下船复查；2014年11月至2015年3月，E15沉管安装遭遇基槽异常回淤，历经三次浮运、两次回拖，他带领团队持续奋战了150多个日夜，三战伶仃洋，共同应对了一场来自大自然的挑战。

林鸣心中始终想着5年多来一直持续奋战在桂山、东西人工岛和海上施工船舶的3000多名建设者。针对岛隧工程长周期、高风险、重复性，“孤岛”“孤船”水上作业特点，他提出要与工程建设同步推进“人心工程”，聚合力量、激发干劲。他关爱员工，所有节假日都在工地和“工友”们一起度过，倾听群众心声、了解其内心需求，在“孤岛”建“文化广场”“情侣路”，关键船舶搭“联排别墅”，作业区域装“巨型风扇”，工地宿舍统一配备空调、网络、生活用品，送医送药到现场，电影、理发、健身器材送上工地；他培养员工，在各工地设立“职工夜校”，组织千名“农民工”开展“6s”技能集训，举办“工程硕士班”“实用英语班”等，竭力把员工培养成各方争抢的“行家里手”。5年多来，伶仃洋的风浪依旧，建设者的风采不减，始终保持了高昂的激情和良好的状态，保证了工程建设顺利进行。

2017年4月，林鸣获“央企楷模”荣誉称号。国务院国资委给予他的颁奖词：每一次试验，都是迎难而上；每一次安装，都是磨砺攻坚。你的人生路，融入中国工程的创新路；你的事业梦，汇入科技引领的中国梦。桥的价值在于承载，而你的价值在于担当。掸罢灰尘再出征，你是大国工程师！

励志延伸

新中国成立以来，在中华这片神奇的沃土上，在各级组织的培养教育下，涌现出许许多多的先进人物。习近平同志指出：“劳动模范是劳动群众的杰出代表，是最美的劳动者。劳动模范身上体现的‘爱岗敬业、争创一流，艰苦奋斗、勇于创新，淡泊名利、甘于奉献’的劳模精神，是伟大时代精神的生动体现。”他们为新中国的发展、伟大祖国的强盛，立下了汗马功劳。他们响亮的名字和感人的事迹，一直激励着我们艰苦奋斗、拼争一流。

在中国节能系统里，有这样一位女性，清秀白净的脸上常挂着笑容，与人交谈时不疾不徐、娓娓道来，文雅聪慧的气质与科研人员的严谨完美契合。她，就是中国节能环保集团有限公司控股子公司中节能太阳能股份有限公司科技研发中心主任勾宪芳。她在光伏产业科研领域奋斗了 15 年，曾获“全国三八红旗手”“中央企业优秀共产党员”“镇江市劳动模范”等荣誉称号。

2010 年，中国节能环保集团有限公司将新能源板块从太阳能电站项目投资运营进入光伏制造业。“打造具有国际先进技术水平的产业基地”的宏伟目标吸引了勾宪芳。2010 年 7 月 29 日，勾宪芳离开了相对安逸的国企科研单位，加入了中节能太阳能科技有限公司。这个集团公司自主建设的高科技制造业企业，选址江苏镇江。勾宪芳初到厂址，只见 500 亩土地，荒草一人高，感受到了何谓一无所有和筚路蓝缕，何谓白手起家。身为 3 岁孩子的母亲，她怀揣着对太阳能事业的热爱与追求，“定居”镇江。从到镇江的那天起，她便以全部精力投入基地项目筹备工作之中。

镇江公司建设初期，勾宪芳亲自主持所有设备标书的编写及招标工作，从厂房工艺布局，到设备技术、外围设施方案的确定。一期项目涉及上百个设备招标，许多生产商需要考察，如此海量的工作，最初的核心团队只有 4 人。3 年的初创期，勾宪芳基本晚上 12 点前没睡过觉，从来没有周六、周日。镇江东部下临长江，三面环水的北固山，她竟然一次也没有去过。生产线开始进入工艺调试期，她带领技术团队每天工作十几个小时，不断调试、改进工艺环节，尽早让生产线达到稳产。2012 年 1 月 2 日，公司总规模一期 100 兆瓦太阳能电池车间正式投产。

企业初创，若想进入江苏省及镇江市高新企业行列，享受高新企业减免税待遇，就必须拿出研发成果。作为技术带头人，勾宪芳确立技术开发方向，带领全公司员工进入了一个技术改进和创新的高潮，提升了技术竞争力及品牌影响力。她组织申报国家各大部委、省、市项目共计百余项，共获得 3100 余万元资金支持。以第一撰写人发表论文 27 篇，拥有授权发明专利 17 项，实用新型 105 项。2011 年至 2017 年，完成技术改进 979 项，累计实现降本增效达 11675 万元。勾宪芳 2015 年被聘为镇江市创业导师，担任全国专业标准化技术委员会委员。

勾宪芳以“创新、效能”为主线，引领技术人员在常规产线工艺升级、高效技术研发与推广、精益生产三个方面开展技术攻关等工作，每年征集并实施科技创新、工艺改进累计超过 900 项，为公司降本增效超过 1 亿元。她秉持工匠精神，持续开展晶硅太阳能电池及组件技术革新，创造了行业多个领先。

勾宪芳入职中国节能时，她的儿子 3 岁，她两个月才能回北京一次。这些年，当她离不开镇江时，是丈夫给了她强心剂：“总得有一个在家，牺牲我吧！”2014 年，丈夫决定从华为公司辞职，每天照料儿子上学读书。谈及此事，勾宪芳深感内疚：“他是为了支持我才这样做。我真不算一个合格的妻子、称职的妈妈。”

勾宪芳坦言，在镇江一个月的工作量如同北太所一年那么多。在她为了提升镇江公司的科技实力而编写专利与项目书的时候，在她为了实现电池 18% 的转换率而殚精竭虑的时候，在她走出手术室就返回镇江、竟然两次晕倒在谈判席上的时候，在儿子牛牛在幼儿园的毕业典礼上向全园师生家长说出自己的梦想——“我要去镇江找妈妈”的时候，她曾几次流泪。

勾宪芳舍自己的小家，给千家万户送去了节能、环保、绿色、健康的能源。科技缔造行业技术，产品引领美好生活，正是勾宪芳加入中国节能的初衷。她说过：“我的梦想就是把我们的清洁能源带到千家万户，使我们的老百姓，都能用得上、用得起、用得好。”她一直在践行着自己的初心与信念，竭尽全力把绿色节能光伏发电带入千家万户，使老百姓都能够用得上清洁能源，造福社会。

勾宪芳时时处处用党员标准严格要求自己，高度重视党风廉政工作。设备选型、技术水准和质量是建新厂的关键，“选择质量好的材料才能保证好的产品”是勾宪芳时常挂在嘴边的话。在与各地厂商谈判中，曾有厂家代表向勾宪芳塞钱，这让她惊了、怒了、发火了，警告对方：“别侮辱我！你们如果再这么做，请退出！”

“筚路蓝缕启山林，栉风沐雨砥砺行。”勾宪芳凭借着对职业的满腔热忱，求真务实，追求着每一份任务的精益求精，享受着每一项课题的创新喜悦。一串串荣誉奖章见证了她的斐然业绩，一项项科研成果谱写了她的人生华章，她在光伏领域收获了片片金色阳光。

奋斗是艰辛的、长期的，具有传承性和时代性。奋斗不会“水土不服”，更不会与我们“擦肩而过”。我们有奋斗的优良传统、先天优势和良好基础。

提倡艰苦奋斗，要求人们必须甘于付出、无私奉献。奉献与奋斗是一对孪生兄弟，奉献靠奋斗书写，奋斗体现着奉献，要想奉献越多就必须奋斗越多，奋斗越多就必然奉献越多。奉献是中华民族的传统美德，也是全人类共同的价值追求。泰戈尔有一句名言：“我们必须奉献于生命，才能获得生命。”在全世界，许多人用奉献来衡量生命的价值。法拉第希望自己“像蜡烛为人照明那样，有一分热，发一分光”。诺贝尔为科学奉献一生，逝世前决定设立诺贝尔奖，“发给确实对人类有不可磨灭的贡献的人”。居里夫人受世人崇敬，不仅因为她的科学发现，而且因为她的奉献精神，她长期工作在强辐射的环境中，最终患白血病逝世。正是这些伟大奉献，推动了人类社会的不断进步。

奉献是一种责任、使命和崇高的义务。习近平总书记指出：“追梦需要激情和理想，圆梦需要奋斗和奉献。”新时代强烈呼唤奉献精神。我们要继续发扬埋头苦干和无私奉献的献身精神，弘扬艰苦奋斗的优良传统，书写新时代奋斗者的华丽篇章。

奋斗的人生最幸福

旗帜领航

我们的时代是奋斗者的时代，是奋力实现中国梦的时代，是创造美好生活的时代。在 2017 年新年贺词中，习近平总书记向全党和全国人民发出了“撸起袖子加油干”的号召；在 2018 年新年贺词中，他强调“幸福都是奋斗出来的”；在 2018 年春节团拜会上，他再次强调“奋斗本身就是一种幸福”。

幸福生活要靠自己去奋斗。“奋斗”二字，标注着美好梦想的实现路径。伟大梦想凝聚伟大力量，伟大奋斗创造美好生活。

进入新时代，我们更要把奋斗融入国家的进步、企业的发展之中，把忠诚撒向中华的沃土，把追求写进崭新的时代，展现更多的人生亮点，在国有企业发展的交响乐中奏出人生最美好的乐章，实现人生价值的最大化。

马克思说：“为了实现思想，就需要有实践力量的人。”实现中华民族伟大复兴，需要我们每一个人都成为“有实践力量的人”，需要时时以实干求实效，事事以实效论英雄。

楷模风采

1989 年，李凯军从中国一汽集团技工学校毕业后，就到一汽铸造公司模具厂当上了钳工，并在这个工作岗位坚守了 30 年。提起深受用户喜爱的奥迪、红旗等名牌高档轿车，有许多加工难度大、工艺复杂、加工精度要求高的关键性零部件，都与李凯军制造的模具有关，而其中很多模具都出自李凯军这个“大国工匠”的灵巧之手。李凯军靠着双手缔造出制造业神话。

职工们午休的时候，李凯军继续学习模具结构知识；职工下班后，他又加班加点练技术、练手法，慢慢练就技能“绝活儿”。入厂仅仅 7 个月，李凯军靠着耐心、专注和一丝不苟、精益求精的钻劲，就能独立完成 CA141 发动机盖板模具的制造。这套模具技术要求高、尺寸误差小，得到质检员的由衷称赞，被定为一等品。从那时起，人们在李凯军身上看到了工匠之美、勤劳之美。

在“李凯军劳模创新工作室”展示的李凯军手工制件中，有一个由圆球锉削而成的正十二面体。该制件尺寸精度达到 0.01 毫米，所有相邻面的夹角误差不超过 1 分，粗糙度达到 0.2 以上，用机械设备加工都很困难。对此，李凯军说：“只操作上练精肯定不行，动刀前一定要先看、先琢磨。”李凯军的“模具复杂循环水孔的加工操作法”等多个项目，连续 5 年荣获中国一汽集团创新项目一等奖。李凯军凭着匠心和坚毅展示了创造之美。

一汽铸模厂打开国际市场，也得益于李凯军自创的方法满足了用户的模具加工要求。有一次，为国外用户生产油底壳模具的任务中，模具即将完成时，外方突然通知，因为产品的更改，他们要对模具进行局部焊补和重新加工。为解决数控无法装夹、找正的难题，李凯军自创了基准转移法、三点定位平移法等多种加工办法，如期完成了整套模具。“当时为了赶进度，每天都工作到深夜，甚至吃住在厂里。能想出一些新的加工方法也是被环境和用户需求逼出来的。”李凯军感慨道。而由于模具的高质量完成，国外用户后续又订购了 6 套价值 100 多万美元的模具，一汽铸模厂自此全面打开了国际市场。

李凯军制作的复杂精尖模具数不胜数。2017 年，李凯军带领团队先后完成国内外各种复杂模具 100 多套，总产值达 1.25 亿元，其中改进创新创造 100 多项，做到了件件产品有改进、套套模具有创新，填补了多项国内制造技术的空白，创新成果在生产实践中发挥了巨大的作用，节约经济价值达 400 多万元。近年来，技艺高超的李凯军还先后培养出 120 多名高徒，他们在长春市、吉林省和全国职工职业技能大赛上获得多项奖项。

30 年来，李凯军荣获了“长春市劳动模范”“杰出长春工匠”“十大吉林工匠”“全国劳动模范”等荣誉称号，多次受到党和国家领导人的亲切接见。2018 年 4 月 29 日，由国家发改委有关部门、中央电视台和中工网联合开展的“2017 第二届工匠中国年度人物评选活动”在北京举行颁奖盛典，中国一汽集团模具钳工李凯军与中国航天科技集团焊工高风林、上海飞机制造公司钳工胡双钱等 10 人脱颖而出，高票入选“2017 工匠中国年度十大国匠”。

励志延伸

1999 年，毕业于哈尔滨理工大学的李彬走进了中国大唐三门峡发电有限责任公司。20 年来，他已从一名电气检修工逐步成长为电气专业点检长。这期间，凭着对创新孜孜不倦的追求，他收获了 2 项国家实用新型技术专利，在国家核心期刊上发表了 11 篇论文，获得了 23 项公司级、集团公司级科技成果，成了系统内外主攻电气设备顽疾的行家里手。他先后获得了中国大唐集团有限公司“112”人才、“全国电力行业技术能手”“中央企业劳动模范”等荣誉称号，在平凡的舞台上展现出大唐技术尖兵的翩翩风采。

在同事们的眼中，李彬是一个技术达人，对电气专业技术表现出了近乎疯狂的热爱。担任电气点检员时，李彬常为 1 号启备变电源的功率因数极低、每年造成高额力调电费的难题夜不能寐。同事们都劝他不要跟这个机组投运以来的“历史遗留问题”较劲。但是，深知“带病”设备危害的李彬看在眼里、急在心上。他积极与供电局和设计院联系，了解各种运行工况下的力调参数和运行参数，统筹考虑解决办法。最终，在无先例可循的情况下引入了动态无功补偿装置，通过长达数月的反复调试，使功率因数上调至 0.9 以上，每年在为公司节省近 140 万元力调电费的同时，还获得了近 20 万元的电费补贴。

潜心钻研为李彬行走在创新攻关的道路上积累了资本和勇气，也让他成了三门峡公司技术创新领域杀出的一匹黑马。2012 年 12 月，检修人员发现 4 号发电机内冷水系统疑似轻微泄漏，常规的水压检测试验在环境、设备及人员等外界因素的影响下，其准确性很难得到保证。“有没有什么更好的解决办法？”李彬想跳出传统思维的束缚。联想到空调的充压检测，一个创新、大胆的方案开始在李彬的脑海里酝酿。“能不能在发电机上使用氟利昂？”当听到李彬把大型发电设备当成空调来检验时，哈尔滨电机厂的技术专家当即给予否定。

专家的“权威”预言没有叫停李彬探索的脚步。他在发电机内冷水外部创新性地增加了气体回路，在进行压力检测时，仪器在一个手包绝缘处报警了，打开后发现了一根轻微松动的螺丝，紧固后报警随即消失。这一精准灵敏的实验结果让厂家的技术人员连连称奇，随即在系统内外的同类型机组上广泛应用，并成功发现了 4 处重大隐患。至此，一直认为李彬异想天开的哈电技术人员也不由得竖起了大拇指，感谢李彬为他们上了一堂意义非凡的实战课。

李彬常说，做好生产工作，要拥有不断创新的资本，这一资本就是他日积月累的学习。李彬每天中午雷打不动的“充电一小时”，当身边的同事在尽情“淘宝”或是扎堆海聊的时候，李彬总是如饥似渴地徜徉在技术的海洋，探求着专业技术方面的新理念和新知识。

2013 年 8 月，李彬被任命为安全监察部部长助理，这对于扎根电气技术生产十几年的他来说，工作岗位变了，工作性质变了，工作环境变了，但是一颗务实、创新的心没有变。

十几年的摸爬滚打，让李彬绝对配得上“老师傅”的称谓；而作为一名电力生产安全卫士，经过最初一段时间的实践与思索，让李彬认识到自己还是个一年级的“新生”。但是，站在新的人生坐标上，回首来时的充实与丰厚，李彬依然满怀创新的品格、奋发的情怀，尽情释放自己无限的可能，在新的岗位和新的征程中不断收获精彩的人生。

“大鹏之动，非一羽之轻也；骐骥之速，非一足之力也。”新时代的万千气象离不开每一个人的苦干实干。今天，我们比历史上任何时期都更接近、更有信心和能力实现中华民族伟大复兴的目标。形势喜人又逼人，时间催人不等人，我们必须追赶时间，努力成为时代的弄潮儿。

事业锤炼人生，智慧创造奇迹，奋斗成就梦想。我们要用奋斗、创造谱写走向复兴的光辉历史，我们要用坚韧、顽强铸就国企人的刚强品格。

我们坚信为共和国崇高事业而不懈奋斗、默默奉献的国企人，在实现中国梦的广阔舞台上，一定能够持续奏出美妙的旋律。

坚韧托起美丽愿景

旗帜领航

意志品质是蕴藏于心、执着于信仰的力量，坚强的意志能够让人义无反顾地向着既定目标前行。马克思的一生富有传奇色彩，为了给无产阶级锻造理论武器，马克思以渊博的学识、非凡的睿智、坚如磐石的信念和坚韧不拔的毅力，长年累月孜孜不倦、夜以继日地工作。面对贫穷和疾病的困扰，以及反动势力无休无止的迫害，马克思没有沮丧气馁，没有畏葸不前，而是迎难而上、一往无前。

“在苍茫的大海上，狂风卷集着乌云。在乌云和大海之间，海燕像黑色的闪电，在高傲地飞翔……让暴风雨来得更猛烈些吧！”高尔基笔下的海燕，不畏狂风巨浪，奋力搏击，成为奋斗者的象征。

楷模风采

核武器事业的开拓者之一程开甲，原国防科工委科技委常任委员，原总装备部科技委顾问，中国科学院院士。他隐姓埋名40年，一生为国铸核盾，先后参与和主持首次原子弹、氢弹试验，以及“两弹”结合飞行试验等在内的多次核试验，为建立中国特色核试验科学技术体系做出杰出贡献。他是“两弹一星”元勋，为锻造改革开放安全屏障、推进科技强国事业做出重大贡献。他是以身许党报国的“时代楷模”。获得“八一勋章”、“两弹一星”功勋奖章和国家最高科学技术奖、“改革先锋”等殊荣。

程开甲将汗水和智慧洒在了中国西部那片神秘的土地上。在当年的试验中，程开甲解决了一系列理论和技术难题，对核爆炸现象、核爆炸规律、核武器效应与防护规律等进行了深入的理论研究，建立了中国特色的核试验科学技术体系。他还带出一支高水平人才队伍，培养出10位院士和40多位将军，取得丰硕科技成果。在人民军队迎来90岁生日之际，习近平主席将“八一勋章”颁授予程开甲院士。

在中华民族积贫积弱的苦难岁月，程开甲在浙江大学就读。为了躲避日本侵略者的炮火，学校搬了7个地方，被称为“流亡中的大学”。中华之大，竟然没有一个求知青年安放课桌的地方……那份悲愤和苦楚，程开甲刻骨铭心。

1946年，程开甲来到英国求学，尝尽了被人瞧不起的滋味。有一次去海滩游泳，几个中国留学生刚下水，英国人就立即上岸，还指着他们说：“有一群人把这里的水弄脏了。”“看不到中华民族的出头之日，海外的华人心中都很闷、很苦。”他说。

1950年，程开甲婉拒导师波恩的挽留，放弃英国皇家化工研究所研究员的优厚待遇和研究条件，回到了一穷二白的中国，开启了报效祖国的人生之旅。回国的行囊中，除了给夫人买的一件皮大衣外，全是固体物理、金属物理方面的图书和资料。

回国后，程开甲被安排在南京大学工作。当时，南京大学的教授很少，学校把他当作归国高级知识分子，给他定为二级教授。但他在填表时，执意不要二级，只肯领三级的薪金，他说："国家还在进行抗美援朝战争，我这份薪金够用了。"1952年，程开甲向组织递交了入党申请书，1956年正式加入中国共产党。程开甲用自己的一生兑现了在入党申请书上写下的誓言："一辈子跟着党，个人一切交给党。"

1960年，一纸命令把程开甲调入中国核武器研究所。1961年，正当程开甲在原子弹理论攻关上取得重大成绩之时，组织上又一次安排程开甲转入一个全新的研究领域——核试验技术。从此，程开甲进入人生旅途中的20年"罗布泊时间"。他参与组织指挥了包括我国首次原子弹、首次氢弹、首次两弹结合试验和首次地下核试验在内的各种类型核试验30多次；他带领团队解决了包括核试验场地选址、方案制订、场区内外安全以及工程施工等方面的一系列理论和技术难题。他带领团队利用历次核试验积累的数据，对核爆炸现象、核爆炸规律、核武器效应与防护等进行了深入的理论研究，为建立中国特色的核试验科学技术体系做出了杰出贡献。

离开戈壁滩后的程开甲，一直保持着那个年代的生活方式，过着与书香为伴，简单、俭朴的生活……1999年，党中央、国务院、中央军委授予程开甲"两弹一星"功勋奖章。2013年，党中央、国务院为他颁发了国家最高科学技术奖。程开甲是第三届、第四届、第五届全国人大代表，中国人民政治协商会议第六届、第七届委员，中国科学院院士。他的研究成果荣获国家科学技术进步奖特等奖、一等奖，国家发明奖二等奖和全国科学大会奖等多项奖励。

习近平同志在中央党校2011年秋季学期开学典礼上指出："韩非子说的'宰相必起于州部，猛将必发于卒伍'，其意是说优秀的治国理政人才，必须经过艰苦条件的磨炼，必须具有起于社会基层的实际经验，这些认识都说明了人才成长的一般规律。”

吴荣南，厦门航空有限公司党委原副书记、总经理。吴荣南带领厦航一步步砥砺前行，一次次改革创新，引领厦航如白鹭般展翅高飞，写下了中国民航的诸多“第一”，成为福建与民航改革先行先试的成功典范。

1984 年 7 月 25 日，厦门航空有限公司在改革开放的号角声中诞生，成为国内首家按市场化运作的航空公司。创业初期，一切从零开始，地无一寸房无一间，家底只有 5000 元还是借来的。1986 年年初，时任中国民用航空广州管理局航行处处长的吴荣南到厦航走马上任，带领厦航走上了艰苦奋斗之路。吴荣南把闽南人“爱拼才会赢”的精神发挥到极致。他到厦航后的第一个目标，就是要让厦航靠自己的力量飞起来，于是，他带领厦航员工边组建、边培训、边经营、边发展。没有办公场所，就在竹林下办公；没有飞机，就依靠民航协调租赁飞机；没有维修厂房，就在屋檐下设维修站；没有基地，就先向广州借；没有飞行员，就从空军引进。

1986 年年底，首架 737-200 型飞机自广州转到厦门，厦航终于实现自有机组首飞。1987 年，厦航扭转前 3 年经营亏损局面，实现首次盈利 317 万元。就是从这一年起，厦航成为中国民航唯一连续保持 31 年盈利的航空公司。

飞机飞起来了，如何飞得更高、飞得更稳呢？吴荣南认为，人才的培养至关重要。从 1992 年开始，厦航大胆探索飞行员培养模式，从国内大学本科毕业生中招收飞行员，花重金送到国外去接受全面的飞行训练。这种被称为“大改驾”的培养模式，后来被全民航广泛采用。

1994 年 1 月，率先在中国民航改革重组中实施有偿兼并，实行全员劳动合同制，建立一套完整而科学的现代企业制度，使厦航成为中国民航规范化管理的典范。在吴荣南看来，搞航空人命关天，没有规章制度不行。在他的带领下，1997 年，厦航编写的《厦门航空有限公司营运总册》正式运行，成为中国民航规范化管理的典范。

20 世纪 90 年代，民航业还是卖方市场，机票一票难求，吴荣南却在此时率先提出了“以诚为本，以客为尊”的厦航新理念，直到今天，“厦航式服务”仍是金字招牌，也使厦航连续多年被评为航空服务“最佳航空公司”。

1999 年 10 月 9 日，40 年一遇的强台风正面登陆厦门，台风肆虐达 5 个多小时，厦航波音飞机在狂风暴雨中摇摇欲“飞”，十几亿元的财产受到严重威胁。吴荣南立刻向消防特勤中队官兵求助，和厦航员工齐力用粗绳将飞机固定住，拉着数十吨的飞机对抗台风，没让飞机被大风吹跑。

厦航地处东南沿海，能亲眼见证海峡两岸“三通”直航是吴荣南多年的心愿，他也一直在为此做着准备，在采购飞机时就做了长远考虑。1989 年，厦航签下 3 架波音 757-200 购买协议，而后，吴荣南开始与台湾同行对两岸空中交流制订出各种详细的预案，并多次率领厦航考察团赴台湾交流。2005 年，吴荣南终于见证了海峡两岸春节包机的这一历史性时刻。

从最初的 7 人团队到如今的万人公司，厦航跻身中国第五大航空集团；从 2 架飞机到 210 架飞机，厦航组成了中国规模最大的纯波音机队。截至目前，厦航拥有总资产 447 亿元，开通国内外航线超 500 条。

在任职的 20 年里，吴荣南敢闯敢试、敢为人先，探索出一条具有厦航特色的发展之路，使厦航历经了从无到有、从弱到强的重要跨越，开辟了厦门至国内、东南亚近百条航线，构建了海峡两岸空中桥梁，实现了国有资产保值增值，创造了良好的经济、社会效益，经营业绩稳居行业前列。1998 年，厦航被评为全国民航系统唯一的“金雁杯”三连冠单位，被授予全国民航“经营管理优秀企业”“全国质量效益型先进企业”“全国用户满意企业”等荣誉称号。吴荣南荣获福建省“突出贡献企业家”称号。2018 年 12 月 18 日，在庆祝改革开放 40 周年大会上，党中央、国务院授予吴荣南同志“改革先锋”称号并进行大会表彰，评价他是“厦门航空事业的开拓者”。

励志延伸

党的十九大报告指出："历史只会眷顾坚定者、奋进者、搏击者，而不会等待犹豫者、懈怠者、畏难者。"

从 1997 年的一名普通农化服务人员，到 2017 年获得全国五一劳动奖章并站在人民大会堂最高领奖台接受颁奖，中盐安徽红四方股份有限公司现代农资服务的领头人、高级农艺师李守芳，用自己的执着坚守、热情服务"三农"，实现了人生美好追求。

李守芳出生于安徽省长丰县，艰苦生活环境的磨砺使她从小就养成了吃苦耐劳的品格。经过刻苦学习，她于 1993 年考上安徽农业大学，1997 年毕业后，她选择了一家国有化肥企业，注定要与"三农"结缘一生。

李守芳发挥所学专长，开始摸索复合肥配方，以及不同原料之间如何调节才能好造粒等生产及农化服务。她一直从事着红四方系列肥料的推广工作，长期奔波服务于田间地头，推广控失肥料、缓释肥料等新型肥料。给家庭农场、专业合作社等特殊的种植渠道，提供经济合理的施肥方案。通过贴心的技术服务，她将红四方优质的肥料产品推广到千家万户，架起了公司与种植户之间的桥梁。

在李守芳和她的团队共同努力下，红四方农化服务中心成为全国第一家挂牌的农化服务中心，以及省级青年文明号。在这个服务农村的营销前沿部门，李守芳创建了"带着农民干，干给农民看"的农化服务新模式，使科学种田、配方施肥技术走进千家万户，化无形的"技术"为有形的"增产"，逐步将优质红四方肥料推向全国，为企业增效、农民增收，受到农民朋友的一致好评。

多年来，李守芳深深植根于农村，足迹遍及全国 200 多个县市。在田间地头，她积极与红四方肥料销售区域的种田大户、农场负责人等联系，现场讲解科学施肥技术，指导农民科学用肥，组织农业技术讲座 960 场次，科普宣传活动 1180 场次，开展控失肥、缓释肥等新型肥料田间试验示范 1680 块。多年来，她已累计推广控失肥、缓释肥等新型肥料 90 多万吨，推广面积 1800 多万亩，提高肥料利用率达 10%~15%。

长期以来，安徽省农垦农场习惯于单质肥料的施用，造成肥料利用率低、浪费严重等问题。她了解信息后，积极拓展省农垦农场用肥渠道，推行“量身定做”的配方肥料，通过充分沟通和过硬的技术服务，使配方肥料使用量逐年增加。目前，省农垦农场已有 30 多万亩土地使用配方肥料，此举一下提高了肥料利用率，减少了环境污染，节约了成本。在与省农垦农场和安徽省农服的合作过程中，她给服务过的农场留下了很好的口碑，由她推行使用的配方肥料已覆盖省农垦农场 80% 的市场占有率。针对不同农场土壤养分状况和种植作物不同，她均“量身定做”配方肥料，改变了农场多年来用单质肥料的用肥习惯，提高了肥料利用率，节约了国家资源。

面对日益激烈的农资行业间的竞争，李守芳另辟蹊径，跨界携手种业、药业等行业，开创营销新模式。截至目前，红四方已与合肥丰乐、安徽荃银、安徽隆平等国内强势种业企业合作，推广“好种配好肥”的营销新模式。同时，还与江苏艾津农服、兴农药业（台湾）等农药流通企业建立紧密的合作关系。通过与种子、农药营销渠道的深度融合，达到满足集约化、规模化的生产需要，更利于种、肥、药一体化模式的推广。红四方过硬的农化技术服务，将种业、肥料和农药资源有效合作，取得了三方受益的良好成效。

机遇是留给有准备的人的，李守芳借助各地农业主管部门实行政府采购的契机，及时推介环保高效的控缓释肥料。她积极加强与农业主管部门的深入交流，引导政府采购代表国内肥料行业发展方向的控缓释肥料，获得成功。仅 2016 年，她就带领团队参加 19 场次缓释肥料的招标，并全部中标，践行了国家化肥“零增长”的战略目标。她对接的安徽省内万亩以上种田大户就有 9 户，千亩以上的种田大户达 86 户。

在红四方工作的 20 年，也是李守芳脚踏实地、大步行走在每个农村角落、每个农资市场的 20 年。她始终坚持推广国家大力倡导的省工省时、节能环保、节约资源、提高肥料利用率的新型肥料，践行化肥“零增长”的战略目标，使红四方一直领跑中国肥料行业。

坚强的意志是在同艰苦环境的斗争中锻炼出来的。真正的强者，不是没有眼泪的人，而是含着眼泪依然奔跑的人。我们应当感谢艰难困苦和逆境挫折，使我们磨炼出坚强的意志，让我们走出人生低谷，将我们的生命演绎得波澜起伏、日臻完美。山再高，往上攀，总能登顶；路再长，走下去，定能到达。

“行百里者半九十。中华民族伟大复兴，绝不是轻轻松松、敲锣打鼓就能实现的。全党必须准备付出更为艰巨、更为艰苦的努力。”向中华民族伟大复兴和社会主义现代化目标进军，“黄金发展期”与“矛盾凸显期”交织，既有着前所未有的机遇，又面临着严峻的挑战，一系列的难题需要去破解，一系列的困难需要去排除。“一万年太久，只争朝夕。”只有脚踏实地、埋头苦干、艰苦奋斗、顽强奋斗，才能实现伟大的中国梦。

关山初度路犹长

旗帜领航

习近平总书记在党的十九大报告中指出：“中华民族是历经磨难、不屈不挠的伟大民族，中国人民是勤劳勇敢、自强不息的伟大人民，中国共产党是敢于斗争、敢于胜利的伟大政党。历史车轮滚滚向前，时代潮流浩浩荡荡。历史只会眷顾坚定者、奋进者、搏击者，而不会等待犹豫者、懈怠者、畏难者。全党一定要保持艰苦奋斗、戒骄戒躁的作风，以时不我待、只争朝夕的精神，奋力走好新时代的长征路。全党一定要自觉维护党的团结统一，保持党同人民群众的血肉联系，巩固全国各族人民大团结，加强海内外中华儿女大团结，团结一切可以团结的力量，齐心协力走向中华民族伟大复兴的光明前景。”

兰州石化炼油厂工程师刘彬参加工作 13 年，荣获大大小小 20 余个奖状、奖杯。他深有体会地说：“没有比勤奋更滚烫的‘油’，没有比实干更宽的路。努力去做，梦想就会越来越真实。”我们要用奋斗、创造谱写走向复兴的光辉历史，我们要用坚韧、顽强铸就国企人的刚强品格。

楷模风采

2017 年 4 月 27 日，国务院国资委在北京举行首届“央企楷模”发布仪式，讲述了 8 名“央企楷模”的感人故事和崇高精神。中国船舶工业集团公司上海外高桥造船有限公司加工部部长助理洪刚当选，成为船舶工业唯一一名“央企楷模”。

整整 18 年，洪刚的焊枪焊接了 3400 多艘巨轮、钻井平台，其中有世界最大的 40 万吨矿砂船，有当时世界最大的 1800 箱集装箱船。洪刚无私地把青春献给这个火红的年代，奉献给朝气蓬勃的造船事业。他从农民到工人，从电焊工到班组长，从班组长到企业中层管理人员，这一次次华丽转身，展现的是一个农家子弟的创业之美。

2001 年，洪刚怀揣着梦想来到上海外高桥造船有限公司当一名电焊工。当时的外高桥造船公司还是一片工地，与他想象中遍地高楼大厦的上海相去甚远，但他希望自己在这个全新的现代化造船企业里能够有所作为。电焊是造船行业的主要工种，技术含量高，劳动强度大。洪刚一头扎进闪闪的电弧光中练习焊接技术，一练就是几个小时，熬红了眼睛、蹲麻了双腿，他都不在乎。工作中，仅有高中文凭的他也认识到自己学历的不足，凭着顽强毅力在电大学习相关管理知识，参加等级考试。从电焊中级工，到高级工，洪刚终于成长为农民工队伍中为数不多的焊接技师。他说：“这些年的摸爬滚打告诉我，学好技术是安身立命之本，更是个人发展之基。”

这一年，上海开埠以来最大一艘船——17.5 万吨散货船在外高桥开工。成为这项重要工程的参与者，洪刚十分激动，自告奋勇当上了电焊班长。船舶舷侧接管的焊接质量一度达不到 X 光探伤的合格率，洪刚潜心钻研，以快速跳过马板连续烧焊的“热接法”，有效控制了裂缝产生，使焊件X光探伤一次合格率达到98%以上。洪刚发现焊角偏大容易消耗焊材，经过反复试验，通过控制焊接电流、改进焊接方式，使产品质量达标，每年节约焊材费用11.7万元。

洪刚常说，一人进百步，不如百人进一步。当上班组长的他，在班组内率先试行“物量考核”办法，坚持以能力为本，按工计酬。他积极履行“实现班组效率提升10%，达到14米/小时”的承诺，推进实施派工单管理，探索工作量与员工能力的日对照分析制度，建立日评估、日反馈、日改进机制，在部门班组中率先试行“实物量考核”及“员工记分卡”管理，通过“绩效挂钩、奖惩分明”进一步激发员工的生产积极性。外高桥有个“建厂、造船、育人”三同步方针，洪刚主动参与了“高级工带徒活动”，把自己学到的知识、技能积极与大家交流分享，培养出了6名高级工、123名中级工，其中12人获得了公司级以上荣誉。他领导的班组，人均焊接生产效率由原来的每小时7米，提高到每小时12米；班组焊接产量从2007年的每月33248米，提升到现在的每月53446米，在行业中居于领先水平。焊件拍片检验一次合格率达到98%以上，被授予全国“质量信得过班组”称号。

工作再忙，洪刚都不忘关心员工，他时常找刚从学校毕业或者远离家乡的员工谈心，了解他们的工作和生活，并通过作业区、部门、工会等渠道力所能及地帮助他们解决困难，让他们切身感受到团队的温暖和自身的价值。他引导员工把个人的发展与企业的发展密切联系起来，以主人翁的姿态要求自己，不断提高自身职业技能和综合素质，实现人生的价值和理想。

洪刚放下锄头，拿起焊枪，投身祖国的造船工业，凭着那股倔劲、韧劲和钻劲，通过不懈的拼搏奋斗，成就了新时代产业工人的光荣与梦想。2014年，洪刚凭借出色的业绩、扎实的作风、良好的群众基础，被公司提拔为加工部部长助理，实现了从一名班组长到公司中层管理者的转变。作为一名生产部门的管理者，他全面抓好各项管理工作，在生产管理方面，加强计划的柔性管理，分别推进了切割、部件的“三日滚动计划”等小日程计划管理；同时通过每日的生产平衡会及时解决生产过程中的问题，使每个环节的生产能够在计划的指导下运行，确保了生产的准时性。通过积极的劳动力平衡，千方百计确保生产物量的完成，同时也保证了海工产品与常规产品双双完成公司下达的生产任务。

洪刚说："我将以此为动力，用行动彰显共产党员的先锋模范作用，为外来务工人员更快、更好地融入城市而贡献力量。"2008 年以来，洪刚先后获得"上海市劳动模范""全国劳动模范"等荣誉称号和"全国五一劳动奖章"，并当选上海市第十三届人大代表和党的十八大代表。为切实反映农民工诉求，他参与培训、调研 220 多次，积极建言献策，撰写了 15 份书面意见，其中有 8 份得到上海市政府的采纳。

2017 年 4 月 27 日，国务院国资委党委举办首届"央企楷模"发布仪式，集中发布了 8 位"央企楷模"的先进事迹，其中，对洪刚的颁奖词是：精益求精，你用工匠精神唱响"咱们工人有力量"的劳动赞歌；匠心筑梦，你用弧光打造昂首前行的中华巨轮。技艺高超和德行高洁的完美结合，让你从田间地头步入议事殿堂，而始终不变的，是你那怀揣人民的心。

励志延伸

2014 年 10 月，按照中国兵器装备集团有限公司的部署，建设工业与长风公司两家军工企业整合。建设工业党委书记、董事长车连夫团结带领公司新班子，以兵器装备集团"领先发展"战略为指引，以奋斗者姿态不断奔跑、追梦，制定实施了"1233"发展战略，做到"五统一"，过好"六道关"，使两厂实现了平稳整合、深度融合，从"求生存"向"求发展"转变，公司步入了高质量发展的良性轨道。

推进整合工作，两厂融合取得成效。几年来，两厂整合做到了瓶颈突破，助推了企业做强做优做大，真正将两个厂变成了一个厂，做到了优势互补，产业产品结构优化，企业核心竞争力增强，实现了"1+1 > 2"。

开拓国内外市场，壮大三大产业。2018 年特品营业收入比 2014 年增长了 61%，2018 年汽车零部件实现营业收入比 2014 年增长了 163%，2018 年军民融合实现营业收入比 2014 年增长了 107%，2018 年公司营业收入比 2014 年增长了 65%，经营质量大幅提升。

实施“四化”改造，核心制造能力增强。以机械化、自动化、信息化、智能化为牵引，加大技术改造力度，4 年累计投入技改资金数亿元，新购各类设备数百台 / 套，特品补充了科研、瓶颈生产能力，生产设备数控化率由两厂整合时的 21% 提高到现在的 35%，主要零部件生产线加工设备的数控化率达 95% 以上，2018 年特品产量比 2014 年增长了 118%，实现了均衡生产；民用枪补充了机加能力，建成了数条装配生产线。

加强研发创新工作，产品优化、核心竞争力增强。4 年累计科技投入数亿元，开展产品、工艺、基础技术研究等科研项目共计数百项，形成了产品创新、工艺创新、管理创新齐头并进的局面，公司产品更加丰富、谱系更加完善，结构明显优化，核心能力明显增强。

实施“精品工程”，产品质量稳步提高。4 年来，持续推进“精品工程”，公司特品未发生重大质量问题，产品实物质量良好，主导产品交验合格率达 100%，顾客满意度达 100%。产品顺利通过了 TS16949 质量管理体系等审核，成功融入了国内外知名品牌客户体系。

深化三项制度改革，机构扁平、员工精减。大力优化组织结构，二级机构减少了 1/3，压减了活力不足的辅业子公司 7 个。大力优化人员结构，中层管理人员减少了 1/4。2018 年全员劳动生产率达 18 万元 / 人，比 2014 年增长 115%。

调整资产结构，资产负债率大幅降低。两厂合并时，公司资产负债率为 90.9%。经过 4 年的努力，到 2018 年资产负债率降至 81.61%，下降了 9.29 个百分点，公司成功搬掉了“债务包袱”这座大山。

开展增收降本，企业赢利能力增强。4 年来，通过不断提升内部管理，公司成本费用占营业收入比重降低了 6.25 个百分点，经营效益大幅提高。

公司成功搬掉了“严重亏损”这座大山。在岗职工年人均收入每年以 8% 以上的增长率持续增长，2018 年职工年人均收入比 2014 年增长了 58%。同时新建了科技大楼，改善了办公条件；加大了新设备投入，降低了职工的劳动强度。4 年来，坚持走访慰问困难职工，困难补助共计 1586 万元。职工精神振奋。

推进从严治党，使党建质量提升。扎实推进党建工作，发挥了党委领导核心作用；认真学习贯彻习近平新时代中国特色社会主义思想和党的十九大精神，提高了政治站位，做到“两个维护”；落实党建工作责任制，认真履行“一岗双责”，公司党委获得了集团公司先进基层党组织，“2014—2016 年度集团公司优秀‘四好’领导班子”，集团公司 2016 年度、2017 年度宣传思想工作先进单位，西南兵工“先进党委”等荣誉。

建设工业公司荣获集团公司 2015 年度“稳增长提效益”突出贡献企业、2018 年度特别贡献奖等诸多荣誉，并得到国务院国资委党委的好评，中央电视台曾多次采访报道。车连夫获得了 2016 年度、2017 年度集团公司特别贡献奖，并获得“2017 年重庆市劳动模范”等荣誉称号。

一事当前，对工作、事业、任务、困难敢于负责、勇于担当，是职责所系、使命所然，是有强烈的事业感的表现。周恩来同志曾说：“干部要有革命热情和担当精神，敢于正视困难、努力解决问题。”习近平总书记强调：“看一个领导干部，很重要的是看有没有责任感，有没有担当精神。”能够担当责任的人，才能担当更多的使命，承接更多的事业。

直挂云帆破浪行

旗帜领航

李白在《行路难》中写道：“多歧路，今安在？长风破浪会有时，直挂云帆济沧海。”诗中最后两句称得上经典中的经典，突出表现了诗人的自信和他对理想的执着追求。

许多有志气、有抱负的党员干部正是通过艰苦卓绝的奋斗，在勇攀高峰的征途中渡过了一道又一道难关，战胜了一次又一次挑战，把不可能变成可能，创造了一项又一项的奇迹。

正如习近平总书记所言：“九层之台，起于累土。要把这个蓝图变为现实，必须不驰于空想、不骛于虚声，一步一个脚印，踏踏实实干好工作。”奋斗者的常态，远不只是泛着涟漪的池水，会有涌动的暗流、潜在的礁石。正是这些，才构成了完整而丰富的人生。

楷模风采

十年砺剑出，赤诚胸中激荡。在枯燥的数字海洋里寻找蛛丝马迹，只为让舰载雷达扬威海疆。说执着，就步步执着。论担当，就事事担当。情洒国防，为深蓝护航，让世界为“神盾”聚焦。中国电子科技集团有限公司首席科学家、第十四研究所首席专家邢文革和他的团队研制的“海之星”雷达，助力我国海军挺进深海。

来自江南水乡的邢文革幼年丧父，几乎是吃着百家饭长大的，这使他比一般孩子更早懂事。高考那年，邢文革出于身体的原因与军校失之交臂。“或许是梦想使然，毕业后，我还是在为军队服务。”邢文革不无感慨地说。

大学毕业参加工作以后，邢文革一直牢记母亲的教诲：“国家安排的事，一定要做好！”拉电缆、拧螺丝、调设备……他总是认真、务实。荒漠的风沙、山巅的冰雪、大海的波澜，考验着他的耐性与毅力。

刚进第十四研究所，他还不知雷达为何物时，老前辈却已经给他“导航”了。时间证明，这些话“导航”了他几十年，30 年后回到母校，他又拿这番话给学生“导航”。

老一代雷达专家张光义院士语重心长地说：“学生时代的学习更多的是

被动地学，而从事科研工作必须主动地学，不论事情大小、工作难易，对于你们都是难得的学习机会，希望大家能充分把握机会，不断从学习中提高自己。”

而他刚入行的1986年正是雷达研制开始“复苏”的年份，所里有很多研究项目。学习氛围很好，在超级大的面包板上，一点点拼积木般做电路图，经常吵来吵去，最后甭管职务高低，拿证据、拿实验说话。那时候还没计算机，论证某一项性能，大家一演算就是一沓纸，那种感觉就像有种力量推着你去做。

主动学，抢着学，从学习到学习，这块“海绵”终于从零起步，没有变成“抹布”，邢文革在一次基础性考试中，在140人里拿了第一名。

我国有300多万平方公里的海洋国土，有1.8万公里长的海岸线，需要一个防空罩，得有雷达看护着。1987年，邢文革进入某国土防空项目的雷达研究小组，科研冷板凳一坐就是10年。邢文革从技术员到项目负责人，用10年的时间完成了第一次跨越：他参与研发的某型三坐标雷达填补了国内空白，获得国家科学技术进步奖特等奖。

要不要做世界尖端的舰载有源相控阵雷达，当时有争议。我国在该领域基本上是空白，这一尖端技术也只有当时的美国、苏联掌握。第十四研究所最初的方案出来时，很多人认为方案不太现实，最后是10位电子专家联合上书中央领导，希望实现一步跨越。这一次国家给的时间窗口期仅有10年。最后第十四研究所立下军令状。由于研制难度大，立项两三年过去了，可一直没有突破性进展。

2000年，邢文革临危受命，担任“中华神盾”雷达副总设计师。面对没有可借鉴的技术、没有可参考的经验的难题，攻关成了家常便饭，难关接踵而至，挫折俯拾皆是。“别人能做到的事，我们也一定能做到。”邢文革在数年的研制中，没有时间享受解决问题的快乐，有的只是面对挫折的决心，无数个通宵达旦，为的就是攻克难关。“当时，我们吃住都在试验场，夜以继日地进行整机调试和试验。”回忆当时的艰辛，邢文革的眼里闪烁着光芒。“拦路虎”必须得拿下。在随后漫长而艰难的日子里，军地双方科研人员顶着难以忍受的晕船反应，搜集了大量气象数据，探索出了有效的应对措施。在接下来的某型导弹武器系统实弹靶试中，新型雷达准确捕获、跟踪目标，取得了发发命中的优异成绩。

又一个十年砺剑。新型舰载雷达研制成功，被命名为“海之星”。该雷达是世界上第一部被列入实装的舰用远程有源多功能相控阵雷达，使我国成为世界上继美国、俄罗斯之后第三个具有自主研制高性能相控阵雷达的国家，为中国海军走向“蓝海”创造了重要条件。

邢文革的知识面很广，遇到问题总有自己的办法。有下属评价他，不喜欢操控人，把力气都用在解决问题上。他不急不躁，很少批评人，像个老师，讲技术，谈人生。他身上有种“温和式的严厉”，对技术要求严格，指出同事的技术错误后，他不会转身当甩手掌柜，而是和同事一起解决问题。他话不多，可说起技术来很幽默，用词精准。他鼓励大家创新，他说，创新两个字好写不好做。创新不是凭空而来的，要有扎实的积累，创新就是解决别人不能解决的问题。

30 年后回大学母校，他感慨自己当年倔强地选择跨行业、跨专业、跨领域的第十四研究所，似乎是内心的指引，像青春的一次押注，也是成长的一次机会，更是人生的一场考验。“什么是收获，什么是幸福？”30 多年的工作经历让他感悟到，付出就是收获，忘我就是幸福。

如今，一艘艘装备新型舰载雷达的中国战舰出现在世界各个大洋，中国海军走向深蓝的梦想正变得越来越真实。“蔚蓝色的大洋深处，中国‘海之星’闪耀着钻石般的光芒，璀璨夺目。”说话间，邢文革的目光深邃而自信。在他的脑海中，一种体系更先进的雷达已经有了蓝图。

励志延伸

胡石林，现任中国原子能科学研究院首席专家，特种材料工程部总工程师、总设计师，曾荣获“中央企业劳动模范”“感动原子科学城十大人物”“最美中核人”等荣誉称号，以及3项省部级奖等殊荣。

2000年年初，35岁的胡石林接下了一项重要任务。随后，他带领课题组在艰苦的科研条件下，仅用了6年时间就完成了国外需要近20年才能完成的科研计划，项目的5项关键技术均取得了突破性进展。胡石林始终坚守在第一线。几年的时间里，他几乎没有休过节假日和双休日，有时候甚至连春节都是在实验室中度过的。

2009年隆冬，在实验楼初具规模、还未通电供暖的情况下，经过慎重的分析，胡石林毅然组织项目组成员进行先期的实验设施安装。他带领着一群硕士、博士，用一双双计算数据、操作实验的手在暴土扬尘的环境下干起了重体力活，把十几根几百斤重的不锈钢柱一根一根地抬到固定位置。有一次要搭建一个安置风机的水泥台，施工方腾不出时间做这种“小东西”，胡石林就和组员们一起拉沙子、和水泥、磨石灰，当起了建筑小工，愣是把水泥台建好了。

经过一年紧张的安装准备工作，到2010年的大年三十，课题组成员终于完成了演示验证全流程实验启动最后的准备工作。而胡石林仅仅在大年初一休息了一天，正月初二，他就带领课题组正式启动了演示验证实验。如今，长达一年半的全流程实验已经通过专家组验收，各项验证实验数据均达到或超过预期指标要求。

工作中的胡石林很严谨，一丝不苟，学生们交上来的工作报告，他总是从严修改。近年来，胡石林指导培养研究生10多名，他领导的项目课题组发展成为由8名博士、20余名硕士组成的40余人的研究团队。他在课题组内制定了“传帮带”制度，使新同志很快适应新岗位；大胆起用年轻人担当子课题负责人，帮助并鼓励年轻科技骨干积极申报课题。

在儿子上小学时，胡石林的妻子正远在美国留学，胡石林忙于工作没有更多的时间照顾孩子。独自在家的儿子几乎每天去小区食堂解决一日三餐。后来升入初中，胡石林毅然将儿子送到寄宿制学校，自己一心扑在科研工作中。妻子回国休假，夫妻团聚竟多在会议室，用妻子的话说："我们俩啊，是相望多于相守。"胡石林也感慨道："妻子和孩子都是我最亲的人，他们理解我，如今儿子已经长大，他非常独立，这一点我很欣慰。"

大鹏之动，非一羽之轻；骐骥之速，非一足之力。幸福都是奋斗出来的，成绩是拼搏出来的。

新时代国有企业党员干部是"关键少数"、中坚力量，理应毫不畏惧面对前进中的各种艰难险阻，用智慧和汗水创造出仰无愧于前人、俯不负后人的新业绩，做好新时代的答卷人。

2018 年 10 月 20 日，我国自主研制的大型灭火 / 水上救援水陆两栖飞机"鲲龙"AG600 在湖北荆门成功实现水上首飞，距离 2017 年 12 月 24 日陆上首飞仅相隔 300 天！AG600 作为世界上在研的最大水陆两栖飞机，是"会飞的船"：能在天空翱翔，能在海面航行。它的造型奇特：上半身是飞机，下半身是船体。

将"不可能"变成"可能"的，就是航空工业通飞大型水陆两栖飞机 AG600 研制团队。这支队伍 35 岁以下青年 566 人，超过总人数的 65%。AG600 飞机的研制需要满足水陆两栖的特性，年轻的团队没有经验可循，只能集智攻坚。2009 年项目启动，他们攻坚克难，突破多项关键技术，完成了百余项大型试验、3000 余项设备安全性试验、确认了数千个零组件制造符合性项目，完成 42 个结构大部件的适航预检查和局方制造符合性检查，一步步突破，突破"V"型船身设计、气水动布局和船体水密性等难题，成功实现 AG600 的陆上首飞和水上首飞。

20 多支青年突击队是研制路上攻坚克难的先锋队，个个都是实打实的能手，生动地展示了航空人"航空报国、航空强国"的初心和风采。

跑遍全国大风洞定气动参数飞机型号研制初期，确定飞机气动布局以及设计方案是一项不轻松的工作，它是飞机设计能否获得成功的关键之一。杨康智带领年轻的团队开展了大量气动力特性计算、试验、分析工作。面对方案技术难点多、难度大的压力与困难，他们几乎跑遍了全国各大风洞实验室。

2013 年 9 月份，在结构详细设计工作阶段，机头段负责人谭大维的小孩刚满月，他顾不上家里，带领机头团队远赴成都进行联合设计，他只能每天通过电话向妻子了解家里状况。结构设计师们与中航飞机汉中分公司、西安分公司、一飞院、成飞等单位专家组成的联合团队没有了双休日，经常加班至深夜。

AG600 飞机结构设计团队的杨伟，进入生产试制后，又抽调作为中机身段负责人，并担任跟产队长。在设计发图结束后，杨伟也跟其他的设计师一样面临与家人的分离。2019 年 4 月份，杨伟的妻子带着孩子跨越 1000 多公里，从珠海到西安探亲，因为孩子想爸爸了。“孩子就在过年时见了爸爸一面，好几个月没见面了，她哭着找爸爸。”杨伟妻子说。妻女到了西安，杨伟也仅抽了一天陪伴了许久不见的家人。在此之前，他在西安已经待了 2 年。

国企人的哲学，就是奋斗的哲学。提倡艰苦奋斗，目的是要使国企人弘扬光荣传统，激扬革命精神，努力创造属于新时代的光辉业绩，努力实现中国特色社会主义的伟大目标。

奋进在“赶考”路上

旗帜领航

1949 年 3 月 23 日，毛泽东等中央领导同志由西柏坡前往北京，他对大家说：“今天是进京‘赶考’嘛，进京‘赶考’去，精神不好怎么行啊？”周恩来笑着说：“我们应当都能考试及格，不要退回来。”毛泽东说：“退回来就失败了。我们决不当李自成。我们都希望考个好成绩。”毛泽东把经过 28 年的艰苦奋斗、即将建立人民政权的时刻比作“进京赶考”，而且要

“考个好成绩”“决不当李自成”，真是意味深长！此时，毛泽东已经高瞻远瞩地预见到“赶考”之路不会一帆风顺，必须坚定理想和信念，使广大党员干部不迷失、不懈怠、不掉队。

2013 年 7 月 11 日，习近平总书记来到革命圣地西柏坡，在同县乡村干部和群众座谈时说：“当年党中央离开西柏坡时，毛泽东同志说是‘进京赶考’。60 多年过去了，我们取得了巨大进步，中国人民站起来了，富起来了，但我们面临的挑战和问题依然严峻复杂，应该说，党面临的‘赶考’远未结束。”

从毛泽东同志的“进京赶考”到习近平总书记的“赶考远未结束”，表明共产党人一直在进行着“赶考精神”的接力。在庆祝中国共产党成立 95 周年大会上的讲话中，习近平总书记指出：“60 多年的实践证明，我们党在这场历史性考试中取得了优异成绩。同时，这场考试还没有结束，还在继续。今天，我们党团结带领人民所做的一切工作，就是这场考试的继续。”在学习贯彻党的十九大精神研讨班开班式上，习近平总书记再一次强调：“时代是出卷人，我们是答卷人，人民是阅卷人。”建设中国特色社会主义的新时代，我们面临的难题一个接一个，考试没有停止，考题难度较大，我们肩负的使命光荣而艰巨，任重而道远，还有许多“雪山”“草地”需要跨越，还有许多“娄山关”“腊子口”需要征服。无论环境多么复杂，国有企业全体党员领导干部要一如既往地秉持具有危机感、时代感、使命感的“赶考精神”，决不能因为一时的胜利而骄傲，决不能因为一时的成就而懈怠，决不能因为一时的困难而退缩，要积极应对各种风险和考验，以期为人民呈上满意的答卷。

楷模风采

张晞，毕业于武汉大学电气工程学院，1984 年 7 月参加工作，现任中国国电集团公司龙源西藏新能源有限公司总经理、党支部书记。2007 年年底，中国国电集团公司决定在西藏全面开发新能源，张晞坚决服从安排进藏工作，“只要组织需要，我愿意到艰苦的地方去！”——他带着这种勇于担当、信念坚定的品质，从零海拔的江苏南通来到海拔 4300 米的西藏当雄县羊八井镇。

在西藏的“生命禁区”，即使非冰冻期内当地气候条件也相当恶劣。为了科学管理和高效作业，张晞把施工方案精确到日，并根据天气情况适时调整，最大限度减少天气对进度的影响。一天，连续作战的张晞突然出现了头昏脑涨、恶心呕吐的情况。从医院清醒之后他带着十来个氧气袋又回到了工地现场，与施工单位一起研讨方案、协调设备、抢抓工期。正是凭着这种敢于担当的精神、坚韧的毅力，他克服了种种艰难险阻。2008 年 9 月 28 日，羊八井地热示范项目一期地热发电机组正式投产发电，比自治区领导提出的时间快了 3/4，成为国内外率先成功开发应用的地热发电新技术，这使他迅速在西藏打开局面、站稳脚跟并带领公司快速发展。

西藏无电人口所占比例较高，是无电地区电力建设的重点地区。为了把无电地区的光伏项目建设好，张晞多次到那曲、昌都、日喀则、林芝等最艰苦、最偏远的无电地区考察。大部分无电地区的光伏电站距离拉萨都在 600 公里以上，路上没有吃饭的地方，他和随行人员就着矿泉水咽干粮，白天一路颠簸，晚上住在海拔 4000 多米的村镇。2012 年整整一年，张晞带着施工队从终年积雪的喜马拉雅山下，一直干到有“西藏江南”之称的林芝地区，共解决了 17 万户、70 万农牧民、196 个教学点、666 座寺庙、142 个寺管会和边防哨所的用电问题，牧民们都把张晞当作自己的亲人，亲切地称呼他为“扎西”。

张晞每年在工作岗位上的时间都在 330 天以上。父亲多年患病在床，没有时间回家照顾，心存内疚；儿子面临高考，无法相随相伴，终感遗憾。但张晞没有停止追求的脚步，组织上多次征询个人意见，要把他调到条件好一点的地方工作，他说：“要调就调别的同志吧，我要继续留在青藏高原，还要再干几年……”他用“把事情做成事业”的精神，为雪域高原创造出新的绿色能源，输送更多的光亮和温暖。

张晞进藏工作 11 年来，以甘于吃苦的奉献精神、高度负责的敬业精神，推动了中国国电在西藏新能源事业的发展，被誉为“高原新能源的开拓者”，荣获“全国劳动模范”、“中央企业优秀共产党员”、中央企业首届“最美央企人”、“央企楷模”等荣誉称号，2015 年央视大型纪录片《劳动铸就中国梦》报道了张晞的先进事迹。

新时代，我们不忘初心、牢记使命，就要撸起袖子加油干，对党忠诚、为党分忧、为党尽职、为民造福，在新担当中展现新作为，交出优异的答卷。

薛灵虎，现任中钢股份公司总经理助理、中钢集团邢台机械轧辊公司总经理、党委书记，兼任中国铸造协会名誉会长等职务，荣获“全国劳动模范”“全国优秀企业家”等称号，被授予“全国五一劳动奖章”。

2000 年以来，薛灵虎率领中钢邢机明确发展战略，专注轧辊主业，坚持质量强企，潜心创新发展，推进转型升级，把一个濒临破产的企业建设成了世界轧辊行业的领军企业，轧辊产品在国内市场综合占有率达 50% 以上，优质产品市场占有率超过 80%，产品远销 60 多个国家和地区。

30 多年来，薛灵虎从技术员、技术科长到分厂厂长、公司总经理，始终坚持学习不辍、创新不止，从未放松对轧辊技术的科研创新和研究攻关，其本人直接参与的国家“863”科研项目填补了多项国家空白，如今薛灵虎已成为全国轧辊领域学术学科带头人。在企业经营管理方面，他坚持科技先导、创新引领的发展理念，以全员创新为基础、科技创新为突破、模式创新促发展，激活企业持续发展的内生活力。自 2006 年开始，公司每年都会产生十几万项员工创新提案和创新成果，为企业创造了可观的经济效益。2017 年他们完成公司级重要创新成果 149 项，直接创造经济效益上千万元。

在全员创新的基础上，薛灵虎带领一班人创立企业科技创新机制，坚持以“产学研用”带动自主创新能力的持续增强。公司相继创建了国家轧辊研究所、国家轧辊技术中心、国家轧辊复合材料重点实验室三个国家级科研平台，广泛聘请行业顶级专家，与清华大学、宝武集团建立合作关系，不断研发新技术、新工艺、新方法、新材料、新产品。近年来，公司多次主办大型国际轧辊制造及应用前沿技术研讨会，交流和共享科技成果，带动和引领行业发展进步。企业新产品研发周期已缩短为 1—2 年；研发国家重点新产品 20 余个，荣获省部级以上科技进步奖励 60 余项，拥有国家授权专利近 500 项，高附加值产品比重已达到 80% 以上。中钢邢机的科技创新已从过去的“瞄准、跟踪”转向“引导、领跑”，推进了轧辊由中国制造向中国创造的转变。

明者见危于无形，智者见祸于未萌。随着国家经济发展动能的转换，薛灵虎紧跟钢铁工业去产能、调结构、促升级的发展趋势，适时确立了调结构、转模式、强力推进企业转型升级的发展战略。

调整优化产品结构。中钢邢机集中各种优势资源加大高新产品、高附加值产品的市场推广力度。产品结构的不断优化，增强了企业的个性化产品、差异化市场的竞争优势，提高了企业的盈利能力和市场控制水平，满足了钢铁行业高质量发展的需求。

调整优化市场结构。坚持“走出去”战略，放眼全球，持续扩大和巩固境外市场份额，优选韩国浦项、安赛乐－米塔尔等境外大客户，建立战略合作关系，扩大合作范围。近年来，境外市场订单比重逐年增加，中钢邢机的品牌价值得到持续提升。

调整优化服务模式。现在功能计价商业模式已涵盖 16 家重点钢企、17 条轧线，覆盖了国内排名前 10 位钢企中的 7 家，同时正在进行技术洽谈的还有多家多条轧线。

坚持以人民为中心，推动企业绿色发展。几年来，中钢邢机投入巨资开展环保治理项目建设，成为当地最早实施煤改电、煤改气，使用清洁能源的企业，最早建立中水站的企业，最早安装除尘系统的企业，“三废”全面达到或高于国家和行业标准，在行业内率先通过 ISO14001 环境管理体系认证。公司被评为“全国绿化模范单位”，是“河北省传统产业十二家绿色制造企业”

之一。

作为党委书记，薛灵虎带领一班人探索建立了“以推进企业生产经营工作和科学发展为中心，以全员创新和全员业绩改善、全体党员登高为抓手，以党员队伍、干部队伍、职工队伍建设为支撑力量”的党组织工作体系，把国有企业政治优势转化成市场竞争优势，转化为实现企业高质量发展的优势，为企业改革创新保驾护航。中钢邢机党委聚焦生产经营中心工作，紧紧围绕“急、难、险、重、阻”工作，充分发挥党支部的战斗堡垒作用和党员的先锋模范作用，深入开展“一人一事”的思想政治工作，不断凝聚正能量，为企业管理思想和工作要求的落地提供了政治保证。

30 多年来，薛灵虎在“中国轧辊”这片热土上，不忘初心，牢记使命，以“赶考”精神从事工作，用自己的热情、深情、智慧和才华不辍耕耘，为做强做优做大国有企业做出了卓越贡献。

励志延伸

提起王涛，东风人无不竖起大拇指。作为在一线车间工作了 40 多年的老员工，王涛已经成为东风公司大国工匠的典型，他的职业生涯堪称辉煌：累计装调东风车 20 多万辆，未发生一起质量事故，创造卡车装调业绩最高纪录，创造国内卡车制造行业第一个以个人名字命名的操作法，完成了 30 多项技术革新成果，被业界誉为全国“汽车调整大王”，同时被评为“汽车产业全国劳动模范”，连续两届当选全国人大代表，三次受到党和国家领导人接见。

王涛这位“汽车调整大王”的名号可不是轻轻松松得来的，背后所付出的艰辛难以估量。1975 年，王涛子承父业，进入东风公司的前身——第二汽车制造厂，成为一名汽车装配工。参加工作后，父亲的一句“要认认真真做事，老老实实做人”成为王涛成长道路上的座右铭。

王涛从没忘记父亲的嘱咐，1984 年，在干了 8 年汽车装配工后，王涛转到调整工岗位，负责当时载货车高新技术产品的代表——东风八吨平头柴油车（简称“八平柴”）的调整工作。“八平柴”这一车型集成了美、日、德等国的先进技术，技术含量高。由于新车型上马快，刚开始，不少汽车调整工对新车型技术和结构、性能不熟悉，每天下线的新车难以及时入库，经常造成大量压车。

1992 年冬天，王涛和他的班组接到紧急任务，3 天时间里要对 300 辆“八平柴”进行调整、排除故障。所有人都认为这任务不可能完成：几万个零件，分别由不同单位生产，只要有一个质量不过关，新车出厂就功亏一篑。王涛却毅然领命，3 天时间连续奋战，不分白天黑夜，只睡了不到 4 个小时，就是靠这种铁人精神，最终圆满完成任务。经此一役，汽车行业里无人不晓王涛。

日积月累，王涛练就了一手“望、闻、问、切”快速排查故障的绝活。“望”，就是通过观察，查找外观质量缺陷。“闻”，就是通过静听，判断气路的漏气点。“问”，就是通过询问故障形态，诊断故障症结。“切”，就是通过手感，判断系统的内在故障。

1993 年，为了有效地指导生产工人操作，他决心把钻研的所思所得写出来。于是，他花了两个月左右的时间完成了自己第一本共十多万字的书——《东风八平柴基本结构及调整》。有这本书指导，厂里的调整工大大提高了工作效率，使当时八平柴的日产量由最初每天几十辆迅速提高到每天 300 辆以上，极大地满足了市场需求。自此，王涛著书便一发不可收，第二本、第三本……直至在退休欢送会上，王涛与徒弟王建清联袂编写的两本书新鲜出炉，成了王涛完成的第 30 本、第 31 本技术图书。300 余万字，31 本书，王涛在退休前又创造了一个“第一”——国内卡车行业编撰图书最多的工人。

2017 年 3 月 11 日，王涛以全国人大代表身份做客 2017 全国“两会”新华网特别访谈，在谈及如何更好地培育更多的中国工匠时，王涛说：“做好一个工匠，首先，需要执着的心态。把工作当作负担肯定不是一个好工匠。其次，需要积累，要练就一门手艺或者说技能，需要几十年如一日的持之以恒，浮躁或者‘三天打鱼，两天晒网’不会有什么成就。最后，需要传承。任何一门技艺，要不断获得提高和突破，必须站在前人的肩膀上，才会看得更好更远。”

目前，“王涛班”获得高级技师资格的有 5 人，技师以上资格 25 人；全班有 10 多人获得厂级到国家级的各类荣誉，30 多人获得各种技能大赛的奖励。

如今，王涛退休了，王涛精神留在了工厂。从师傅手中接棒过来的现任“王涛班”班长王建清参与调试的 25 万余辆车，没有出现一个质量问题。“笔和本不离身，遇到问题就记下来，见人就叫师傅，不懂就跟师傅讨教。”好记性不如烂笔头，王建清坚持不懂就问，多练、多记、多学、多干成为他快速提升技术水平和业务能力的“独门秘技”。

王建清是“王涛班”第七任班长。他反复摸索，总结出“五步学习法”，“党员和员工、老同志和年轻人、师傅和徒弟结对子，在‘教、学、练、记、问’实践中促进彼此共同进步提高”。

20 多年来，王建清参与装调东风车 20 多万辆，无一质量责任事故，是当之无愧的汽车故障诊断的“全科大夫”，而他带领的“王涛班”也先后获得“中央企业学习型红旗班组”“全国工人先锋号”等一系列荣誉称号。

习近平总书记指出：“全党要牢记毛泽东同志提出的‘我们决不当李自成’的深刻警示，牢记‘两个务必’，牢记‘生于忧患，死于安乐’的古训，着力解决好‘其兴也勃焉，其亡也忽焉’的历史性课题。”新时代，国有企业党员领导干部肩负的担子很重，面临的挑战和问题依然严峻复杂，“赶考”仍在路上，必须长存忧患意识，永葆艰苦奋斗、真抓实干的优良作风，继续学习，不断努力，不断拼搏，一刻也不要松懈，以“赶考”的姿态不畏前进道路上的各种挑战，履行好时代赋予的崇高使命。

奋斗的青春别样红

旗帜领航

马克思说：“一个时代的精神是青年代表的精神，一个时代的性格是青春代表的性格。”新时代的国有企业更要注重培养青年国企人，不断加强国有企业年轻领导干部的培养和锻炼，为国有企业储备充足的人才。党的十九大报告为新时代年轻干部成长明确了方向、指明了路径：“大力发现储备年轻干部，注重在基层一线和困难艰苦的地方培养锻炼年轻干部，源源不断选拔使用经过实践考验的优秀年轻干部。”

奋斗是青春最亮丽的底色。今天，我们的经济条件、生活水平比改革开放之前好多了，但矢志奋斗、接续奋斗精神不能变，中国青年永久奋斗的好传统不能丢。习近平总书记在纪念五四运动100周年大会上指出：“青年要保持初生牛犊不怕虎、越是艰险越向前的刚健勇毅，勇立时代潮头，争做时代先锋。一切视探索尝试为畏途、一切把负重前行当吃亏、一切‘躲进小楼成一统’逃避责任的思想和行为，都是要不得的，都是成不了事的，也是难以真正获得人生快乐的。”

奋斗的征途中不都是一马平川，不会总是“春风得意马蹄疾”，往往会“欲渡黄河冰塞川，将登太行雪满山”。强者，总是能从艰难困苦中不断奋起。人生理想的风帆要靠奋斗来扬起，中华民族伟大复兴的使命要靠奋斗来实现。国有企业党员干部只有接续奋斗，我们国有企业才能生机盎然、充满后劲、充满希望。

年轻人的成长不可能一帆风顺，不可能一蹴而就。“艰难困苦，玉汝于成”，新时代年轻的国企人要以永不懈怠的精神状态和一往无前的奋斗姿态，砥砺“千磨万击还坚劲，任尔东西南北风”的意志，以奋斗让人生出彩，以奋斗让青春闪光。

楷模风采

宁显海，这个来自大凉山的青年，名字却寓意着海天高远的蹈厉之志。在第 44 届世界技能大赛的赛场，他代表中国赢得了本届世技赛焊接项目比赛金牌，成为广大青年技能人才心中最红的工匠“idol”。

1995 年出生于四川省凉山州会东县的宁显海，以大山之子不屈的脊梁，在焊接之路上奋勇无畏、砥砺前行。在中国十九冶集团天津项目部，宁显海所在的班组负责轧机压力管道的焊接任务。在焊接作业中，管道全部为钨极氩弧焊，在打磨时，焊接角度不能过大，否则金属件就会断裂，且焊枪需要划擦点火，这是宁显海在以前训练时没有遇到过的。实战就是提升技艺的最好契机，为了保证焊接质量，宁显海在学习技术要点的同时，不断加强练习，以此确保焊接的工艺达到高标准、高要求。轧机压力管道焊接质量检测，全部为射线探伤，并在管道内注入 200 公斤的液压油进行压力测试。在如此严苛的质量检验下，宁显海负责焊接的 200 多个点位全部通过探伤和压力测试，达到 100% 合格。

心中有梦想，脚下有力量。从 2016 年 7 月的全国选拔赛开始，宁显海过五关斩六将，一路拼搏成为中国国家队正选选手。宁显海的微信相册封面写着这样一句话：“青春看起来如此完美，没空闲去浪费时间。”

熟练的技术，在平时上百上千次的训练中已转化为肌肉记忆，让宁显海在冷硬的构件之间如行云走笔；严师的苛求，在弟子的手中转换为一条条近乎完美的焊缝，让模块外观呈现出艺术品的美感。历时 4 天、总时长 18 个小时的第 44 届世界技能大赛焊接项目比赛于 2017 年 10 月 18 日结束，宁显海完成的组合件、压力容器、铝合金结构和不锈钢结构 4 个模块，让在场的各国焊接专家都赞许不已，大赛焊接供应商美国林肯电气公司的代表还对其模块拍照，想以此为焊机做宣传。

来自 34 个国家和地区的 35 名裁判通过射线探伤、压力测试以及外观评判等多个方面的综合评分后，宁显海以 94.63 的高分夺得冠军，这也是目前为止焊接项目有记录的最高分。这是一个完美的传承和跨越，彰显了中国十九冶技能人才水平的新高度，标志着中国工匠登上了世界技能竞技的顶峰，成了世界技能发展的引领者。

少年英气，光华灿然。宁显海的冠军之名成了他辉煌的起点，闪耀着他的焊接之路。领奖后，他在微信朋友圈留下文字：“有些苦，不叫苦，因为你知道它们代表着希望，会让你梦想成真！”

人在事上练，刀在石上磨。年轻党员干部就得敢于在难事中去寻求新的突破，让知识转换为破解难题的“动力”，开阔视野、磨砺品质。真正俯下身、沉下心，拜群众为师，汇集群众的智慧，在解决实际问题中不断淬炼，在攻坚克难中锤炼本领，在风雨中不断服务基层，用“巧劲”攻坚克难，用“韧劲”磨杵成针，成为业务过硬的“行家里手”。

中国船舶重工集团有限公司第七一五研究所“海眼”系统项目组，是以“水声远程探测技术创新团队”为基础组建，历时 5 年，成功打造出能将水下动态“尽收眼底”、被业界誉为“中国海眼”的国之重器。让人出乎意料的是，项目组 200 余人平均年龄只有 30 岁。

声波是唯一可以在水下远距离传播的介质，好的声源对“海眼”系统研制成功与否至关重要。时任研究室主任的夏铁坚带领 20 余名年轻科研人员在湖上试验场两个月，尝试各种设计方案。恰逢酷暑，甲板上的温度高达 50 摄氏度，中暑成为家常便饭。其间，夏铁坚的爱人得了重病，他只回去一天，安排妥当后便赶回试验现场。经过 8 个月没日没夜的攻关，一个规模庞大、性能优越的声源终于研制成功。

经过 1800 多个日日夜夜的拼搏，“海眼”系统项目组交出一张含金量很高的成绩单：突破关键技术 60 项，攻克世界级难题 6 项，推广应用至其他领域技术 10 项，有效推动了多个专业的有机融合。2019 年 4 月，七一五研究所“海眼”系统项目组获“中国青年五四奖章集体”殊荣。

此外，第七一五研究所党委在项目组成立临时党支部。临时党支部开展主题党日、现场党课等活动 40 余次，50 余名党员成长为科研骨干，5 名同志加入中国共产党。

励志延伸

电焊是一门苦差事，无论是盛夏酷暑，还是三九严寒，都要扑在工地上，焊接时火花四溅，容易留下疤痕。有这样一位 80 后女工，一干就是十几年，出色完成了一项又一项工作，成为铁路焊接战线上的“大国工匠”，由她创新出的多项焊接工艺填补了我国多项技术空白。她就是中铁科工集团九桥公司“首席焊工”王中美，是中国中铁“青年岗位标兵”、中国中铁“劳动模范”、党的十九大代表、全国三八红旗手，2019 年 4 月荣获第 23 届“中国青年五四奖章”。

王中美从技校毕业后，分配到了中铁科工集团九桥公司，为了提高技术，她一有时间就观摩师傅和前辈作业，学习借鉴他们的工作技巧。还经常利用午休的时间，拿着废弃的材料，找一个没有人的地方偷偷练习，提高动手能力。

经过 3 年艰苦历练，王中美在 2004 年终于迎来了“崭露头角”的机会：公司有个重要项目需要一名年轻的焊工，经过业务 PK，王中美获得了“独挑大梁”的机会。王中美凭借着过硬的技术，出色地完成了整个项目的电焊工作。

王中美从此找到了自信，开始被公司委以重任，多次带领团队承担了一系列重大工程的焊接任务。武汉天兴洲、南京大胜关、安庆、黄冈、铜陵公铁两用长江大桥等 30 多座知名桥梁，都倾注着王中美的汗水。

有一年盛夏，宁波庆丰大桥工期将至，但任务未完，王中美主动请缨，带队驰援。因为正值盛夏，密闭的钢箱梁里温度高达 60 多摄氏度。为避开高温，只能在下午 4 点到第二天凌晨工作，即便如此，里面也是又热又闷，干上几分钟，全身就已湿透。王中美和好几名队员都中暑生病了，为了按时完成工作，只能上午到医院挂吊瓶，下午上工地接着干。最终她和队员们都坚持了下来，经过两天一夜的艰苦奋战，出色完成了任务。

“当面对艰苦复杂的工作时，我想到的是老师傅、工友的告诫，想到的是我父亲。正是我父亲他们老一辈创造了现在的辉煌，现在重担落在我们身上。正是这份热爱、责任，让我从未想过放弃”。王中美说。

为了提高产品质量和作业工效，王中美在实践中敢于突破固有经验和传统，对焊接功法和焊接工艺进行有效的创新，“王中美焊接工法”就是最突出的代表。在传统的钢梁焊接工法中，厚度 16mm 以上钢板熔透焊接必须开双面坡口，工序繁杂，工效不高。王中美通过不断试验，不断优化，采用开单面坡口焊接工法，实现了厚度 16mm 至 28mm 的钢板熔透焊接无须开双面坡口。这一焊接工法，工序简单易学，工作效率高，被公司命名为“王中美焊接工法”，并在公司内被广泛推广使用。

作为一名女焊工，她成天与钢板和焊花打交道，十几年来一直默默坚守在施工生产一线。当年和王中美同一批进公司的女焊工有 8 名，现在只有王中美一人还坚守在电焊岗位上。以她名字命名的“王中美劳模创新工作室”于 2016 年 10 月成立，承担公司焊评和人才培养重任。从此，王中美的肩上又多了一副重担。“时代的发展，让我这样一名普通工人也有了成为大国工匠的梦想，未来我还可以做得更好。”王中美如是说。

今天，新时代国有企业青年职工处在中华民族发展的最好时期，面临着建功立业的难得机遇，担负着伟大时代赋予的崇高使命。国有企业青年职工的职业不同，人生目标也有差异，但只要秉持初心、志存高远，就能激发砥砺前行的巨大潜能，青春岁月就不会像无舵之舟漂泊不定。只有把自己融入国有企业的蓬勃发展之中，才能使自己的人生价值最大化，使美好初心在奋斗中不断升华，让青春在创造中熠熠闪光。

郭旭光，1982 年 2 月出生，中共党员，现任中国石油新疆油田分公司勘探开发研究院勘探研究所常务副所长，荣获克拉玛依市、新疆油田公司青年岗位能手、优秀共产党员、优秀勘探工作者等殊荣，2019年4月荣获第23届“中国青年五四奖章”。

2019年4月30日，郭旭光在北京人民大会堂聆听了习近平总书记在纪念五四运动100周年大会上的讲话，倍感振奋，深受鼓舞。作为一名“80后”，郭旭光带领团队屡次突破国内外勘探开发技术禁区，先后发现了玛湖和吉木萨尔两个10亿吨级大油田，为保障国家能源安全做出了突出贡献。

2008年，26岁的郭旭光作为中国石油大学优秀硕士毕业生，来到一心向往的新疆油田，成为勘探开发研究院勘探研究所的一名科研人员。他在工作中不断磨砺自己，如饥似渴地钻研着专业知识，短短几年间，足迹踏遍了准噶尔盆地。从物探技术方法研究到地震地质综合研究，从常规油气到非常规油气，他通过不懈努力，成为勘探所乃至研究院的青年技术骨干、勘探研究所的副总工程师。

21世纪以来，国内陆上油田勘探成功率普遍不足30%，而玛湖砾岩油藏的3500米以下从未发现过优质储层，成了玛湖勘探的“死亡线”和“勘探禁区”。如何实现勘探大突破，成了郭旭光梦中都在思考的问题。2018年6月，玛湖10亿吨级砾岩大油区的发现获得了国家科技进步奖一等奖。郭旭光是这个项目的主要参与者，这也是他参加工作10余年来最大的骄傲和光荣。

2016年，玛湖百口泉组勘探获全面突破后，郭旭光和其他科研人员就开始思考，如何在“跳出断裂带、走向斜坡区”的指导下找到新的规模油区。他和同事仔细完成了对近4000平方公里探区的整体研究和200多口老井的分析，分析了上千项的实验项目，出了上千份图件，最后作出推断，最终认为玛湖南部“上乌尔禾组”可“担此大任”。2017年5月，新部署的金龙31井喷出高产油流，证实了郭旭光的判断。2017年9月，至关重要的“上乌尔禾组”储量会战正式打响。

回忆往昔，郭旭光表示，接到任务时压力是巨大的，“会战室经常整夜灯火通明，各种思路、各种方案被一次次讨论，又一次次被推翻重来。当各种图表、数据、报告准备齐全时，距离汇报还剩 3 天。大家连续几天都没怎么合眼，连在飞北京的飞机上，都在完善汇报材料。结果汇报很成功，玛湖‘上乌尔禾组’2 亿吨石油地质储量顺利通过审查！”

就这样，郭旭光带领科研人员撕开被外国教科书视为勘探“死亡线”的玛湖凹陷斜坡区的面纱，玛湖 10 亿吨级砾岩大油区横空出世，这个目前世界上最大的砾岩油田震惊了国内外。

郭旭光带着团队接手吉木萨尔凹陷页岩油项目时，正逢页岩油勘探低谷。面对国内页岩油勘探研究的空白，郭旭光和他的科研团队攻坚克难，创立了中国陆相咸化湖盆页岩油富集理论，填补了国内页岩油地质评价技术的空白，最终发现了 10 亿吨级吉木萨尔油田。

新时代有梦想、有抱负的国有企业青年党员干部，一定要悉心听取习近平总书记的教导，担负起时代使命，履行好每一项职责，做好每一件小事，完成好每一项任务，在担当中历练，在尽责中成长，让青春在新时代改革开放的广阔天地中绽放，让人生在实现中国梦的征途中展现出奔跑追梦的英姿和风采。

曹锟，武钢股份有限公司炼钢总厂二分厂综合管理室丁班调度长。研究生毕业后，他扎根炉台，情寄钢铁，从炉前工成长为优秀专业人才，荣获“全国钢铁行业技术能手”“武钢集团公司十大杰出青年”荣誉称号，获得“中央企业青年五四奖章”。

曹锟说，初中时，他第一次去叔叔的单位，看见炼钢炉往外倒钢水，钢花四溅，他不仅不害怕，反而觉得这个场景特别熟悉和温暖，有一种与生俱来的亲切感！这个场景一直在他脑海中挥之不去。随后，他如愿以偿考上武汉科技大学钢铁冶金专业，开始了他的炼钢事业。

作为一名冶金专业的研究生，他对每一炉钢水都“谨小慎微”，对每一次操作都“如履薄冰”。他用他的执着诠释了当代大学生的气质，用他的坚守展现了武钢人最美的一面。曹锟初上炼钢平台，虚心好学，拜老炉长为师，仅用两年时间就掌握了转炉合金、摇炉、加料、操枪和炉长五大工种的操作技能，完成了普通职工七八年才能完成的进步过程。“谁说大学生沉不住基层，我就是要当上炉长，并要做一名最好的炉长！”2009年，曹锟竞聘为车间甲班2号炉炉长，成为该厂有史以来最年轻、学历最高的炉长。

一位充满激情的追梦青年，多年如一日扎根在只能感受到钢水温度的炉前炼钢平台。在全国炼钢工大赛上，曹锟以满分的操作成绩荣获“全国钢铁行业技术能手”荣誉称号。

儿子出生时，他不在现场，是父母把妻子送到医院生产。妻子坐月子，他只请了3天假，也是他进厂以来到目前为止唯一的一次请假。7年来，每年的年休假、探亲假，曹锟一次都没有申请过。

炉长的岗位使曹锟的各方面能力得到了锻炼，基层管理综合素质得到了提高。在公司举办的2010年全国第五届炼钢工技能大赛参赛选手选拔考试中，他获得了理论、操作总分第二名的好成绩。在担任炉长期间，他实现了无责任性改钢、回炉、铸机中断，并通过合金替代、高氧化性钢水脱氧减少合金消耗等措施，实现班组年降本增效150万元的业绩。硅钢及重点品种炼成率100%，钢水成分平均内控合格率每月名列前茅，钢水内控合格率达96%以上。

“根扎一线，硕士多情掀红浪；花开四季，男儿有志炼纯钢。”为实现降成本既定目标，曹锟凭借过硬的专业知识，优化工艺给熔剂成本“瘦身”。他带领团队在2号炉进行了18个炉次的试验，用部分石灰石替代活性石灰。该试验推广后，全年可降成本上千万元。

近年来，曹锟先后参与推广应用WESP工艺降低熔剂消耗、应用WESP工艺冶炼高碳钢的高碳出钢工艺、一键脱硫技术的应用与推广、取向硅钢底吹氮技术的开发与应用等37个科技攻关项目与降成本项目的攻关，积极探索，为钢厂降低成本、提高质量、开发新品种冶炼工艺做出了积极贡献。

当前，身处“两个一百年”奋斗目标的历史交汇期，新时代国企人要把人生梦想汇入时代洪流，到群众最需要的地方去，到工作开展不动的地方去，到条件最艰苦的地方去，敢于在基层啃硬骨头，涉险滩、闯难关。要以“弄潮儿向涛头立，手把红旗旗不湿”的豪迈，让蓬勃青春与家国情怀共振，在复兴征程中努力建功立业。

典型就是旗帜。典型能启迪人们的心扉、激发人们的责任感和使命感。新中国成立 70 年来，国有企业涌现出许许多多先进典型人物，包括一大批青年典型。他们宛如璀璨的群星，闪烁在国有企业几代人的心中，镶嵌在国有企业蓬勃发展的座座丰碑上。

习近平总书记在纪念五四运动 100 周年大会上指出：“我们要用欣赏和赞许的眼光看待青年的创新创造，积极支持他们在人生中出彩，为青年取得的成就和成绩点赞、喝彩，让青春成为中华民族生气勃发、高歌猛进的持久风景，让青年英雄成为驱动中华民族加速迈向伟大复兴的蓬勃力量！”我们要大张旗鼓地宣传国有企业中青年楷模和先进人物的感人事迹，并同培养、总结、树立、宣传本单位的青年典型结合起来，充分发挥青年先进典型的辐射、带动、引导作用，引导广大青年党员、青年干部、青年职工从时代楷模和先进典型身上感受道德风范，从自身内省中提升道德修为，见贤思齐、珍惜韶华、不负青春、升华境界、练就本领，以饱满的热情和崭新的姿态，投身于国企改革发展的宏伟事业之中，为把国有企业做强做优做大提供源源不断的精神动力，为实现“两个一百年”奋斗目标、实现中华民族伟大复兴的中国梦而奋斗。

一张蓝图绘到底

旗帜领航

习近平总书记说：“只有敢于走别人没有走过的路，才能收获别样的风景。”泰山有近7000级台阶，山路又窄又陡，没有近路，挑山工肩负重担，走折尺形的路线，走的路程大约比游人多一倍，却先于游人到达山顶，靠的正是坚韧不拔、迎难而上的精神。

“中国核潜艇之父”黄旭华回忆我国第一代核潜艇研制时说，当时没有计算机，只能用算盘进行海量复杂的运算，“常常为了一个数据……日夜不停地计算，争分夺秒”。如果没有严谨的治学态度与求实的科学精神，小小算珠怎能撬动铸造大国重器的梦想呢？

“莫言下岭便无难，赚得行人错喜欢。正入万山圈子里，一山放出一山拦。”这是宋代诗人杨万里的诗句。一个人的意志力越强，就越能义无反顾地向着既定目标前行。遇到难啃的“硬骨头”、难攻的“老大难”，要知难而进，善于“涉险滩”，要屡败屡战，愈挫愈勇，要敏于谋划又善于应招，做到“蹄疾而步稳”，勇于负重前行。

习近平总书记在庆祝改革开放40周年大会上的讲话中强调：“建成社会主义现代化强国，实现中华民族伟大复兴，是一场接力跑，我们要一棒接着一棒跑下去，每一代人都要为下一代人跑出一个好成绩。”只有抱定必胜必成、不死不休的精神，以不懈努力投身伟大事业，在砥砺前行中寻找“诗和远方”，才能在奋斗中实现价值、在奋斗中收获荣光。

楷模风采

中国航天科工集团有限公司张奕群研究室是为导弹设计“大脑”的英雄团队，承担着我国空天防御导弹控制系统的设计与试验任务。为了让导弹更加“聪明敏捷”，张奕群研究室战斗在大漠海疆。几十年来，他们在崎岖的漫漫长路上默默地拼搏前行，集智攻关、创新创业，掌握了多项国际尖端的制导控制核心关键技术，参与设计研发了多型空天防御导弹武器装备，成功铸就了祖国的空天神盾。

这支成员平均年龄不到32岁的创新团队向比“针尖对麦芒”“飞镖打

蚊子”更难的制导控制技术的难关发起了挑战。突破经典方法，吃透前沿理论，大胆颠覆性创新……只要能够取得一丁点进步，他们就反复地推导、计算、仿真、优化……他们总能找到最优方案，始终站在国内外制导控制技术领域的前列。

“有一次，我们在草原上进行飞行试验，导弹在几千米的高空爆炸，碎片散落在 20 多平方公里的近一人高的草丛中。为了找到碎片，研究出失败的原因，我们的试验队员和基地官兵组成‘人墙’，整整查找了 6 天，有的人膝盖疼得几乎动不了了。到最后我们几乎绝望的时候，终于找到了最后一个残片，为后续问题的解决和飞行试验的最终成功奠定了重要的基础。”该研究室主任设计师小赵这样说道。

大言稀声，大象无形。张奕群研究室的每位员工都有着“以天下为己任，热血青春献祖国”的精神，有着“笑揽风云动，睥睨大国轻”的豪气；身上都融合了坚毅的信仰、拼搏的品格，以及能征善战、勇攀高峰的本领。

“严慎细实”的航天工作作风在他们身上得到了淋漓尽致的体现，甚至达到了“锱铢必较”的程度。“拿数据说话”是他们的口头禅，“细节决定成败”体现了他们的工作态度，严把质量关，遇到问题深究机理、举一反三，确保“一次成功，控制系统不出问题”是他们的责任和神圣使命。

坚韧、执着，不断接近完美。一声巨响打破戈壁的宁静，绚烂的火光照亮微明的天空，新一代空天防御导弹飞行试验，终于获得成功。它的横空出世，实现了我国武器装备的跨代发展。

2017 年 4 月 27 日，张奕群研究室荣获首届“央企楷模”荣誉称号。国务院国资委的颁奖词为：一群航天科工人，一腔报国强军情，一部创新创业史。不图名利，惟精惟诚，铸就国之利器，傲视长空海疆。你们“吐丝织网”，让人民立于身后，只为胜利捷报回响万里长空。你们是长缨锐旅，你们是胜利之师！

一张蓝图绘到底，贵在真抓实干。新时代国企人要能善做慢工、甘干苦活，要能弥补知识空白、经验盲区、能力弱项，要能提升专业思维、专业素养、专业方法，以钉钉子的精神，接续奋斗，一步步展开、一项项分解、一件件落实，履职尽责，只争朝夕，驰而不息，久久为功。

巩鹏，中国航天科工集团有限公司首席技师，是中国航天精密加工领域钳工专业的领军人物，掌握行业顶尖的“超精加工”技艺，独创的“巩氏研磨法”能将工件平面研磨至12级精度。由于航天产品对加工精度要求极高，巩鹏对研磨加工投入了极大的耐心和热情。研磨加工是一种典型的依靠人的手脑配合、将工件加工精度提升至机器无法达到的精度的工作。他承担了包括“神舟”系列、“嫦娥”系列在内的多型航天产品的精密加工、装配工作，先后设计制造了80余类工装和加工设备，先后荣获“全国技术能手”、2017年全国质量奖个人奖首批“中国质量工匠”、“中央企业劳动模范”等荣誉称号，被人封为“导弹精确制导研磨师”。

1988年，18岁的巩鹏从技校毕业，进入航天三院33所精密机械厂做钳工，在秦师傅的指导下，几乎天天练习使用大钣锉。在巩鹏的记忆里，30多年前那个灯光昏暗的车间里，授业恩师秦师傅一边吃着止痛片一边传授加工技艺的场景永远难忘，老一辈航天人言语不多，却在自己心中留下了永不熄灭的火种。上班期间，相应的工作任务一完成，他就拿起锉刀开始练习；业余时间，同事都出去玩了，他依然在车间里坚持练习。一根直径为50厘米的45号钢棒，在巩鹏手里反复地锉，到最后锉成一小条。

在三院一次技师技能竞赛中，有一道要将一支直径为30厘米的铁棒锉成一个厚27厘米的六方体的考试题，其他单位选拔的好手们都放弃了，整个赛场只留下巩鹏一人。他用锉刀在产品上成千上万次地锉着，手掌磨出水疱，水疱磨破，甚至手皮磨掉，他还在锉，整整8个小时，最终产品质量完全符合要求。巩鹏用一双猩红、皮肉模糊的手掌捧回了钳工组第一名的奖杯。

正是这种偏于执着的坚持，使他不断攻克钳工加工的诸多难题，解决了多个生产中的关键技术。巩鹏发明的“巩氏攻丝机”、改进的“巩氏研磨法”等享誉行业内外，保证了国防装备、“嫦娥”任务等航天关键任务产品的精度和产能，为单位创造的效益以千万元计。

经过多年生产实践历练，巩鹏掌握了现代航天军工产业技术工人所必备的娴熟生产加工技能、扎实的理论基础和丰富的现场工艺知识，更在不断努力和不断超越中练就了精益求精、追求卓越的工匠气质。

2012 年，作为全国首批国家级技能大师工作室之一的“巩鹏技能大师工作室”由国家人力资源和社会保障部揭牌成立。以巩鹏为主要负责人的工作室本着以服务科研生产为原则，在关键技术攻关领域不断提高水平，成立短短几年，已先后完成工艺攻关优化及技术革新项目 38 项，编制技术规范及标准 41 项，开展交流培训 40 余次，培训学员 1000 余人次。

质量工匠男儿汉，志在鹰击九重天。每当人们说起巩鹏，单位的同事都会说同样一句话：“他的手可真巧！”“多钻一点，多想一些，让手头产品的质量更好一些，是我们应尽的职责。”巩鹏一直坚定这样的信念。在 30 多年的职业生涯中，他用默默的坚守和不凡的成绩书写了一段从学徒到钳工拔尖人才、再到工匠精神传承者的传奇人生。

励志延伸

有一种旋律拨动心弦，听似朴实无华，却影响着一生；有一种付出来自心灵，看似平凡渺小，却提升着品行。位于黑龙江省嫩江县卧都河北麓的深山里，有几间铁板房，在这里工作生活着一位普通的共产党员，他在艰苦的环境中谱写了一位共产党员不平凡的人生，他就是中储粮北方公司林场副场长杨本东。

1992 年 12 月，年仅 20 岁的杨本东从山东沂蒙革命老区自愿参军，来到北国边陲——总后勤部嫩江基地。1995 年 5 月，他加入中国共产党，于 1996 年自愿来到距嫩江县城 190 多公里、最低气温达零下 40 摄氏度的偏远高寒地区工作，一干就是 17 年。

2001 年，总后勤部嫩江基地整体移交给中国储备粮管理总公司，当时很多同志都利用这个机会找门路，到工作、生活条件比较优越的大城市去。可平时默默无闻、埋头苦干的班长杨本东却主动找领导，要求留下来。

他写信给家里，想征求一下父母的意见。年迈的父母接到信一看就急了，百般不同意他留守在那儿，让他随部队交流或者转业回家，并且说："在深山老林里能有什么出息，不如回到家里来种点地、干点啥，好孬能和家人团聚。"1999 年 1 月，杨本东结婚，同年 7 月妻子来到场里探亲，当时铁板房住不下，战友们只好靠着山边用帐篷为他们搭建一个临时的"新房"。两个月的北疆生活，使她体验到了这儿的艰辛，她对丈夫说："这里条件艰苦，再过两年，你满 10 年咱们就转业回家吧！结束这种'牛郎织女'的生活。"可现在等到了这一天，她犹豫了。她深知杨本东的脾气，他做出的决定是很难更改的。在大城市的老乡劝他说："离开那个鬼地方，那里有啥值得你留恋的，住的是铁板房，吃的是咸菜、土豆、白菜汤，不如到一个好单位去，凭你那干劲，肯定有发展。"杨本东听了，摇摇头，对老乡说："是嫩江基地培养了我，我是在这块黑土地上成长的，这儿就是我的家。如果你在那片黑土地上拼过，也会跟我一样爱上她的！这里虽然条件艰苦，但组织上需要我，我的根在这里。"开荒建点时，他是踊跃来这里的，而今不能这样默默地走了，他要把这里建设好，还给大山一片绿，让这儿的黑土地重新焕发生机。

2001 年嫩江基地转制后，他所在的农场只留下十几个人，杨本东算是个老兵了，可以选择离开，但他还是留了下来。他不仅勤奋，有拼劲，吃苦耐劳，而且很有钻劲，很会动脑筋，很会巧干，样样能拿得起，放得下。经场党委研究，安排他当队长，当时，正值公司调整改革时期，人员思想复杂，技术力量薄弱。而且，这个单位自开荒建点以来，由于地理条件和气候因素，从来就没有赢利。怎样才能走出当前的困境、早日摆脱亏损的局面？他常常在夜里失眠。

他给自己立下一条规矩，当好领导带好兵，样样工作要先行。为了抢农时，他早出晚归，一日三餐吃在田间地头，饿了啃几口凉馒头，困了就在拖拉机里眯一会儿。2002 年春播时，他连续奋战 9 个昼夜，春播结束了，他也累倒了。领导让他回嫩江看看病，休息一下，他却坐车来到了卧都河乡卫生所。“你是累着了，也凉着了，可能是胰腺炎，要注意休息，回嫩江全面检查一下。”杨本东抓了点药，一出卫生所大门就全忘了，又返回场里。从此，他身上总是带着治疗胰腺炎和肠胃炎的药，痛了就吃点药顶一顶。

多年来，大家都称他“拼命三郎”，他总是嘿嘿一笑，说：“我不做，别人也一样会做的。”在他的努力和带领下，中队连续几年实现扭亏为盈。因工作成绩突出，他所在的中队被场领导称赞为“尖刀中队”，他本人荣立三等功一次，多次被公司评为优秀共产党员。

2001 年秋天，杨本东突然接到年迈父母的电话，他爱人就要临产了，叫他请假回家照顾将要分娩的爱人。由于家中经济条件和卫生条件较差，加之父母年事已高，他真想请假回去照顾爱人。“但我又怎能走开呢？我走了 10000 多亩成熟的庄稼怎么办？十几辆机车的运转怎么办？队里才十几个人，队长怎能在关键时刻离开呢！可爱人怎么办？”他拿起了电话，想和爱人说个明白，请她理解。可电话里好长时间没有听到爱人的回答，只听到爱人的哭泣声。杨本东忍住眼泪，放下电话，又全身心地投入秋收工作中。秋收结束后，他匆匆忙忙赶回家。一进家门，尽管听到的是父母的抱怨声，看到的是爱人生气的脸，可是所有的目光都投到躺在绿军装里那胖乎乎孩子的小脸蛋上时，所有的怨和恨都化成了欢乐！

新时代的国企人要树立正确的政绩观，坚守共产党人的价值追求。做事不能东一榔头西一棒槌，必须做到“一张蓝图绘到底”。“一张蓝图”确定的是方向，“方向”不能变，目标不能变。我们既要有担当的宽肩膀，也要有成事的真本领，努力为民造福，甘干苦活，多做打基础、利长远、惠民生的事，为后人做好铺垫。“功成不必在我”，不贪一时之功，不图一时之名，决不搞劳民伤财的形象工程、政绩工程，这样才能真正实现“一张蓝图绘到底”。

人生因奋斗而精彩

旗帜领航

坚强的意志品质是人生中最宝贵的东西，比天资聪明更为重要。唐代黄檗禅师在《上堂开示颂》中说："不经一番寒彻骨，怎得梅花扑鼻香。"

拥有坚强的意志，才有可能成就非凡的人生。古希腊哲学家苏格拉底说："逆境是磨炼人的最高学府。"爱迪生说："伟大人物最明显的标志，就是他有坚强的意志，不管环境变换到何种地步，他的初心与希望绝不会有丝毫的改变……"达·芬奇说："不经受巨大的痛苦，就得不到完美的才能。"……

新时代的国企人，要有一份执着之意、一颗坚守之心。坚守初心，坚韧不拔，坚守匠心，日积月累，久久为功，必能建功立业，为人生添彩。

楷模风采

巨晓林，知识型企业职工的优秀代表，中铁电气化局集团一公司技术员，中华全国总工会副主席（兼职）。1987年参加工作以来，他刻苦学习、认真钻研、勇于创新，掌握了大量铁路接触网施工所需要的新知识和新技能。他先后参加了大秦线、京郑线、哈大线、京沪高铁等10多项国家铁路重点工程建设；主编的《接触网施工经验和方法》，配发给数千名接触网工作人员作为工具书。他从一名普通农民工成长为知识型工人，唱响了"劳动光荣、知识崇高、人才宝贵、创造伟大"的改革开放时代主旋律。他荣获"中华技能大奖"和"全国劳动模范"等荣誉称号，2018年12月18日，党中央、国务院授予他"改革先锋"称号。

“咱农民工也要有知识、有技能、敢为人先！”“知识就是力量，技能就是本领，岗位就是舞台，努力就有希望！”巨晓林无论走到哪儿，身上总带着三件宝：图纸、工具书、笔记本。有一年中秋节，工地放假半天，他和工友们出去逛街采购生活用品，同伴走着走着却不见了巨晓林的踪影。大家一边喊他，一边找他，只见巨晓林正蹲在一个摩托车修理摊位前看人修车，向修车师傅请教汽油机的工作原理。跟他同住一个寝室的工友回忆起这个情景，说：“巨晓林学技术每天比别人早一个钟头起床，晚一个钟头睡觉。他的枕头下面藏着一个小闹钟，恨不得一天当成两天用。”

巨晓林坚持走自学成才、岗位成才之路，用忠诚和勤奋谱写出一名普通农民工成长为享誉全国的知识型新型工人、农民工楷模、优秀共产党员的精彩华章。工作 31 年来，他自学 30 多本电气化专业图书，记读书笔记 70 本 23 万字。他创新施工方法 114 项，创造经济效益 600 多万元。

巨晓林革新的一个个工艺、工法，一个个小发明，都出自那些不起眼儿的小本子，甚至废纸烟盒。他在工余时间推敲、完成这些创造的同时，为企业创造了 600 多万元的经济效益；在充实自己生活的同时，也改写了历史，他编写的 10 万字的《接触网施工经验和方法》一书，被专家称为“改写了铁路电气化施工的教科书”。他烂熟于心的工程测量、机械制图、电力接触网软横跨计算，他处理电力接触网施工中复杂问题的游刃有余，他具备的指导高级工技能操作的能力，都来自他对业务的一琢一磨、千锤百炼。

在迁曹铁路挖基坑时，施工班两人一组。徒弟杨策挖到一半，就被一块巨石挡了路，他试探性地对巨晓林说：“师傅，跟您商量点小事，咱们别挖了，就差半米，石头留在坑里多省事儿啊。”谁知，话音未落，巨晓林脸就黑下脸：“不行！小事不小，必须干好！里面肯定是塌方土。地基都不牢，火车怎么跑？”果然，挖不到半米，坑里面就塌方了。徒弟杨策从此对巨晓林口服心服，把他奉为“技术导师”。

电杆基坑是金字塔形，口小，底盘大，底部的尺寸很难测量，有些协建队伍为了抢进度，经常偷偷将最底层的面积“缩水”。巨晓林发明了一种垂直折尺，技术员不需要下到基坑里面，就可以知道尺寸是否达标，效率提高了好几倍。

巨晓林爱己及人，真情实意。一次有个工友突发急病，脸色煞白，冷汗涔涔。晓林把衣兜里仅有的300元钱都掏出来，一个监理也掏了500元，他们赶紧把工友送到了医院治疗。他的工长王战利说，前几年有个工友盖房，晓林见人家困难，就掏了700元帮人家。恰在那段时间，晓林的父亲生了病，家中也需要用钱，那位工友听说后想还他钱，晓林却坚决不要。汶川地震时，巨晓林是公司的农民工中捐款最多的一个。

巨晓林是我国2.3亿农民工的优秀代表，是新时代涌现出来的知识型工人、高技能型人才。他认真学习、刻苦钻研的进取精神，敢为人先、勇攀高峰的创新精神，对国家、对企业、对工程质量高度负责的主人翁精神，团结互助、乐于奉献的团队精神，唱响了“劳动光荣、知识崇高、人才宝贵、创造伟大”的时代旋律。巨晓林的事迹表明，只要自强不息，爱岗敬业，农民工也有大舞台，农民工也能建功立业。

从普通技校毕业生成长为本科生，到建筑施工精密测量专家，再到“技术状元”“全国知识型职工”，乃至享受国务院政府特殊津贴，让这一切成功的秘诀，是对工作爱到痴迷。巨晓林不以为苦，常年穿行在沙漠戈壁、莽林深处，先后参与30多条铁路、公路的测量工作；拒绝高薪诱惑、上门的工程承包机会，始终坚守在测量一线；在做了一天高强度测量工作并回到住地录入全部数据后，还在一盏孤灯下学习至深夜……巨晓林的事迹印证了一个道理：只要努力，人人都可以成才。

多年来，巨晓林毫无保留地将自己的技术诀窍和技能经验传授给工友和徒弟，被一批批后来走上技术、管理岗位的大学生敬为“技术导师”。他带出的近百名徒弟遍布在20多个工程项目部，有21人成了工长，7人成了工程队长，6人成了“能工巧匠”，5人走上了项目总工或项目经理领导岗位，他们成为他心中的骄傲。

励志延伸

齐嵩宇，中国一汽轿车公司的员工，毕业于无线电技校，当过 8 年维修电工、3 年点焊工、5 年改善员，有着待岗的挫折经历。他百折不挠，学而后研，从车间的平台起飞，一跃登上国家科技的最高领奖台。

他研制的点焊监控仪代替了人眼，成为自动监控焊接质量的“神器”，工友们亲切地称之为“天眼”。齐嵩宇的发明获得 8 项专利，填补了国际和国内汽车行业电焊监控领域的空白。齐嵩宇的发明在法国巴黎发明博览会上获得金奖。国外专家考察实物后，都对齐嵩宇的创新竖起了大拇指。

齐嵩宇刚上班时踏实肯干，学艺如醉似痴。在两年时间里，他不计较脏累，不追求待遇，别人笑话他傻干，不懂偷懒和迂回，可是他的技术突飞猛进，成了“大拿”。

可惜的是，企业改制，维修部门的整体调整，让齐嵩宇离开了已经小有成就的维修舞台，每当发工资时，待岗的可怜工资总让他难以交代。后来，齐嵩宇咬牙下了决心，到焊接车间当一名电焊工，一切从头开始。

白天累得直哆嗦，晚上腰酸腿疼睡不着。齐嵩宇半夜揉着自己的腿，为自己打气：别人能干，我也行；不能挑剔岗位，工种没有高下，没有干不了的活儿，没有攻不破的堡垒，没有蹚不过去的河流。有毅力的齐嵩宇，身体适应了，手脚灵活了，从焊接仪表盘的螺钉，到汽车底盘钢板，都得心应手了。

然而，一个小“意外”的发生，改变了齐嵩宇的人生。在一次操作中，他漏焊了仪表盘上的 2 个螺钉，这次失误直接导致齐嵩宇被扣掉 100 块钱。他一直在想：我怎么也犯这种低级错误呢？我可是用心再用心啊！能不能改变这种用人来检查的方法呢？能不能实现焊点的零漏焊呢？一个大胆的想法在齐嵩宇脑海中闪现。

说来也巧，跟齐嵩宇一样，同样被这个问题困扰的还有工友马凌学。他也是点焊工，也被罚过款，而且他是一名无线电“发烧友”。“我们想研制一个小设备，自动监控漏焊事故，保证零缺陷，也能让操作者彻底解放出来，不用再去检查画圈。”两人向车间领导汇报了想法，领导给他们预拨了2000元的“研制经费”。

为了抢时间，齐嵩宇搬到了马凌学家中，两个大男人过起了“同居”生活，吃住在一起，话题只有一个，到底用什么样的方案来监控。两次失败后，两人感到举步维艰，但也激发了斗志。第三轮漏焊监控仪器的制作和调试开始，两人操起了电烙铁，把密密麻麻的电阻、电容进行连线搭接。电子元件都是两人骑着自行车跑到红旗街选购的。因为有接近成功的喜悦，两个人忘却了时间，夜以继日地焊接电路板都不觉困倦。

又经过了无数轮调试，漏焊监控仪有了雏形，成本只有800元钱，就像现在的电视机机顶盒大小，可以安装在夹具上，监控14个焊点。工人一旦漏焊，打开夹具时，监控仪就不停地发出蜂鸣声，提醒操作者。监控仪的成功体现在工友们对它的喜欢，大家纷纷找到齐嵩宇，好说歹说要求给安装一个。公司的领导也亲临现场，还有日本专家专门参观了仪器，给予高度赞扬。

2004年，中华全国总工会首次对工人技术创新项目申报开放，齐嵩宇和马凌学的电焊监控仪项目荣获二等奖。

后来，车间里从员工到班组长都强烈要求在自己的工位安装漏焊监控仪，于是齐嵩宇专门调离岗位到车间担当了改善员，利用改善费用，他和马凌学制作了30多台漏焊监控仪，此后又陆续制作了很多，不光让工友得到便利，配套厂也慕名来到焊装车间求助。

2005年以后，齐嵩宇又有新的思维，漏焊解决了，可是车间还有假焊、虚焊或者焊接质量不合格等问题，能不能也尝试解决呢？他开始研究漏焊监控仪的升级版本——点焊机监控器，帮助操作者无漏焊，并保证焊接质量。

历经无数次的试验，在攻克了10多个技术难关后，齐嵩宇找到了通过精细捕捉电流强度来判断焊接质量的方法，他的思路变得开阔，在电路硬件和软件设计方面也有了积淀。历经两年的摸索，他在自己家中用数万元购买的计算机上进行分析研究，使新型专利“点焊机监控器”获得成功，一举改变了国际、国内知名品牌轿车制造厂商长期应用焊后抽检质量的方法，避免了点焊焊接质量缺陷，杜绝了质量事故和返修浪费。

齐嵩宇在日常工作中，面对难题总是说“让我来”。他与同事共同完成了钻头三尖两刃磨制法和电极修锉刀片，这两个回收再利用项目，每年为轿车公司节约刀片的购置费用 110 余万元，成为一汽轿车持续降成本的典范。

国有企业内部哪有“小事”？小事与大事紧密相连、相辅相成。小事并不代表事小，有时小事关联大事、关系全局，因此，新时代的国企人要严谨地、一丝不苟地用处理大事的态度来办好每一件小事。

许多事实证明，有时候 1% 的细节错误会导致 100% 的失败。将大的工程分解，细化、细分到微小的环节，每一个环节都处理得准确无误，就能积小胜为大胜，赢得成功。

习近平总书记说：“我们正在从事的事业是伟大的，坚忍不拔才能胜利，半途而废必将一事无成。”做一名优秀的国企人，一定要勇往直前，持之以恒，“对那些盘根错节的复杂问题、年代久远的遗留问题、长期形成的惯性问题，要以燕子垒窝的恒劲、蚂蚁啃骨的韧劲、老牛爬坡的拼劲，坚持不懈，攻坚克难，善作善成”。

用一生写好“恒”字

旗帜领航

“恒”就是“长久”的意思，甲骨文的“恒”字，是月亮在天地之间盈虚轮转的象形，象征着天长地久。到了西周中期，青铜器铭文的“恒”字，增加了一个“心”字旁，来强调人的恒心。

人生欲有所成，一定要有一颗恒心。只有“千磨万击还坚劲”“咬定青山不放松”，才能守得云开见月明，成就不凡事业。

习近平总书记在庆祝改革开放40周年大会上的讲话中强调：“古人说：‘事者，生于虑，成于务，失于傲。’伟大梦想不是等得来、喊得来的，而是拼出来、干出来的。我们现在所处的，是一个船到中流浪更急、人到半山路更陡的时候，是一个愈进愈难、愈进愈险而又不进则退、非进不可的时候。改革开放已走过千山万水，但仍需跋山涉水，摆在全党全国各族人民面前的使命更光荣、任务更艰巨、挑战更严峻、工作更伟大。”越是靠近奋斗目标，越需要凝心聚力；越是胜利在望，越需要不骄不躁，持之以恒，矢志奋斗。

楷模风采

“在民族的荣光里，闪耀着‘央企楷模’的字样；在时代的大潮中，熔铸出‘央企楷模’的精钢；在人民的目光里，饱含着对‘央企楷模’的信任和褒奖。‘央企楷模’是时代的领航者，是国家的筑梦人！”

陆建新，中建钢构有限公司华南大区总工程师，扎根超高层钢结构建筑工地30多年，从一名测量技术员成长为建造超高层、大跨度建筑工程的带领者。

30多年前，我国第一幢超高层大厦——深圳国贸大厦高160米，创下“三天一层楼”的“深圳速度”，从深圳国贸大厦到深圳地王大厦“两天半一层楼”的“新深圳速度”，再到广州西塔“两天一层楼”的“世界施工最快纪录”，陆建新积累了极为丰富的摩天大楼现场施工调度技术经验。30多年过去了，陆建新走过8个城市，参与建设了36项工程，施工总高度达到了3600余米，在国内建筑界首屈一指。国内7座100层以上的摩天大楼，他主持承建了其中4座的主体结构。这一幢幢超高层建筑留下了他的足迹和汗水，珍藏着他破解成百上千大大小小技术难题的身影。

陆建新参建工程曾获国家科学技术进步奖二等奖，鲁班奖5项，国家和省部级科技奖262项，国家专利16项。在建设深圳平安国际金融中心时，陆建新担任钢结构项目经理，他使用四台国内最大型号的重型塔吊，创新研发出了核心筒附墙外爬形式布置，其设计安装难度之大，在国内罕见。

陆建新带领整个团队模拟安装工况，利用模型仿真计算方法，历时两个月，经过多次模拟验算和反复论证，一套自主研发设计的优良支承系统面世。陆建新凭借多年的经验想出了一个不把支撑架卸到地面，而是用钢丝绳把支撑架悬挂在上一道支撑架上再进行拆除的办法。每次支撑架的周转拆卸都节省3至4天时间，整个工程下来能累计减少1100多个塔吊使用台班，缩短工期96天，节约堆场600平方米，这项技术革新创造经济效益1000多万元。这项技术因为实用性强，很快被推广到了其他项目上。

历经许多工程之后，陆建新不仅精神气儿更加沉潜、心智更为成熟，同时也更善于思考、更能灵活应对各种不同难题。他就像一个日渐圆融的万能锁匠，但凡有解不开的锁头，从上到下、不约而同地首先想到的是——我们的陆工。

陆建新参与、见证与躬身实践了三个速度："三天一层楼"（深圳国贸），"两天半一层楼"（深圳地王），"两天一层楼"（广州西塔）。如果说中国改革开放40周年最宏伟的景观是遍布大江南北的至高建筑，那么我们的陆工便是中国地标建筑的模范"催生婆"之一。

2017年初春，由广东省总工会等单位联合举办的"南粤工匠"致敬典礼在广州举行，陆建新荣获"南粤工匠"称号。该典礼活动的致敬词写道："你用经年不变的豪情，一再刷新特区的速度；你以锱铢必较的精心，不断建树中国的高度。"

陆建新创下了"国内第一立焊""国内第一仰焊""国内第一厚焊"等施工纪录，这些技术创新带来了巨大的经济效益和社会效益。不断创新也为他赢得了包括国家科学技术进步奖个人二等奖在内的诸多荣誉。

国务院国资委党委于2017年9月28日在北京举办第二届“央企楷模”发布会，对陆建新的颁奖词是：扎根建筑一线，拔高的是“城市高度”；大半辈子行进不止，累积的是“人生厚度”。你用敬业的“钢筋”、奉献的“水泥”，矗立起一座座大国建筑的脊梁。你像钢结构那样承重，用毫米的刻度为中华民族争光。

励志延伸

《吕氏春秋》有言，“不能教者：志气不和，取舍数变，固无恒心，若晏阴喜怒无处”。无论何种行业或领域，不管是做学问还是做事情，倘若没有水滴石穿的韧性，缺乏坐得住、沉得下的脾性，都难以取得经得起时间检验的成绩。

30多年里，他加工数十万个飞机零件，从没出现过一个次品，他就是被人称为“航空手艺人”的全国劳动模范——中国商用飞机有限公司上海飞机制造有限公司高级技师胡双钱。他所在的岗位连续12年被上飞公司评为“质量信得过岗位”。2002年，他荣获上海最高的质量奖项——“上海市质量金奖”。他把宝贵的技艺全部传授给年轻人，在上飞公司技能大赛中，他班组里的3位参赛选手，曾经囊括了钳工技能比赛前三名。胡双钱感慨地说：“勤奋刻苦为我赢得尊严，技艺精湛让我收获荣誉，我为自己是一名航空技术工人而感到自豪。”

1960年7月，胡双钱出生在上海一个普通的工人家庭。在父母的教诲下，成为一名技术工人的梦想，早早地在胡双钱心里扎下了根。1977年，胡双钱中学毕业，如愿进入了上海飞机制造厂技校。在技校学习期间，胡双钱跟着老师参与了运-10飞机零部件的加工生产，虚心向老师请教，不轻易放过每一个问题，从此，他与飞机结下了深深的缘分。实习期满后，胡双钱来到上海飞机制造厂数控机加车间钳工组。他不挑活，什么活都干，通过完成各种各样的急件、难件，积累和提高技术能力。

在此期间，他见证了中国人在民用航空领域自主研发的大飞机——运 -10 首飞。然而，喜悦还没散去，运 -10 却因多种因素下马，上海飞机制造厂突然变得冷清，不少人离开了工厂到外企和私企就职。胡双钱也收到邀请，一家私营企业的老板为他开出了高于 3 倍工资的高薪聘他，但他不想离开飞机而拒绝了，选择了坚守。运 -10 下马后，工厂只能承接一些民用小电器，他觉得不能丢了自己的手艺，加工制造电风扇、绞肉机等设备的零部件，深受百姓欢迎。

2003 年，胡双钱参与 ARJ21 新支线民用飞机项目后，“质量弦”绷得更紧了。不管多么简单的加工，他都事前认真核校图纸，操作时小心谨慎，加工完多次检查，“慢一点、稳一点，精一点、准一点”。有一次，胡双钱按流程给一架在修的大型飞机拧螺丝、上保险。“我每天睡前都喜欢‘放电影’，想想今天有没有做好。”那天回想工作，胡双钱对“上保险”感到不怎么踏实，思前想后，次日凌晨 3 点，胡双钱骑车赶到单位。当他拆去层层外部零部件，看到保险出现时，一颗悬着的心终于落了下来。

一天，厂里急需一个特殊零件，只能现场临时加工。这种零件是钛合金锻造组件，外形复杂，孔数量多达 36 个，孔径小、精度高。胡双钱反复比对零件和工装样板，再采用不同尺寸的刀具逐级扩孔、配合间歇性冷却等工序。他回忆说：“零件是精锻锻出来的，成本很高，一个就要 100 多万元。36 个孔，大小不一样，孔的精度要求是 0.024 毫米。”0.024 毫米，不到一根头发丝直径的一半，这个用数控机床都无法完成制造的零部件，硬是靠着胡双钱一双手和一台传统的铣钻床完成了。当这一场“金属雕花”结束后，一旁的工友们都情不自禁地鼓起掌。

经过多年的实操积累和沉淀，胡双钱形成并总结出自己攻克难题的一套方法。在工作前，先看懂图纸，了解工艺要求和技术规范；而在接收零件时，他也会先按照图纸检查上道工序是否存在不当之处，再动手加工零件。他还摸索出实用的“诀窍”，能够保证产品以优质的质量交付。譬如，用在画线步骤中的“对比复查法”就是他的“法宝”之一。常规做法中，人们会先涂有防锈作用的淡金水，然后使用画线液勾出零件形状。而在胡双钱的操作中，涂淡金水就是零件的初次画线。“这就好比在一张纸上先用毛笔写一个字，然后用钢笔再在这张纸上同一个地方写同样一个字，多一道步骤，多一次复查机会，也就多了一道保障。”

画线工序中的“反向验证法”也是胡双钱自创的：复查时则会采用三角函数算出画线长度进行验证。结果一致，就继续实施接下去的操作；结果不相符，那么就说明存在问题。多加一道验算增加了工作量，却保证了加工的准确和质量。

胡双钱说：“37 年加工零件无一存在质量差错，靠的不仅仅是技术，而是工匠精神，更是工匠的良心。飞机质量关乎乘客生命，绝对不能出错，99.99% 和 100% 是天壤之别，是生与死的差别，容不得半点疏忽。”

胡双钱怀揣着造飞机的梦想，从青年到中年，从意气风发到沉稳内敛，在坚守中没有退缩放弃，没有失去信心，数十年如一日，不慕奢华，低调地为大飞机的零件进行细致调整，成就了非同寻常的业绩。

在广袤美丽的内蒙古草原，有一位女中豪杰，敢为人先，不懈跋涉，她就是中国电力投资集团公司内蒙古新能源公司总经理张玮，曾被授予“中电投集团劳动模范”称号，当选内蒙古自治区第十届、第十一届人大代表。

2011 年 4 月，张玮就任中国电力投资集团公司内蒙古新能源公司总经理之初，内蒙古新能源开发已过黄金期，新能源发展面临“瓶颈”。“一个女人家，能担起这个重任吗？”“现在衣食无忧，正是孩子需要你的时候，还折腾什么呀？”亲友说。但张玮毅然选择了迎难而上，用柔弱的肩膀挑起了企业发展的重任。

内蒙古西部地区地广人稀，旗县之间距离遥远，张玮奔波于各苏木（乡镇）、嘎查（村）之间寻找资源。跋涉途中，司机累了换司机，车子坏了修车子，而她累了只能在车上打个盹儿。3 年来，累计行驶里程近 30 万公里，一个个支持性文件陆续获得批准。按照“新华北”战略规划，先后在乌拉特中旗、达茂旗、四子王旗等区域获取了五个风电项目的核准，累计核准风电容量 84 万千瓦，储备风资源 800 余万千瓦，奠定了华北分公司在内蒙古西部区域的发展基础。

张玮不满足于发展风电，她灵活调整思路，拓展光伏领域，先后在磴口、乌拉特中旗、达茂旗、杭锦旗、乌海市完成了 7 个光伏项目共计 20 万千瓦的核准，储备光资源 200 余万千瓦，打开了华北分公司在内蒙古西部区域光伏项目从无到有、从小到大的良好局面。

在巩固了内蒙古西部这个“根据地”后，张玮开辟了新疆区域的新能源市场，迈出了内蒙古新能源公司“走出内蒙古”发展战略的第一步。

2013 年，内蒙古新能源公司有 8 个项目 45 万千瓦容量，要在当年核准并投产，而人员匮乏、资金短缺、工期紧张……张玮常常是清晨五点钟就开始梳理当天的工作，大家开始上班时，她已逐条落实每一项工作了；当夜晚来临，她依然伏案工作，或在现场办公。有时，上午在杭锦旗，下午到达茂旗，晚上又赶赴四子王旗现场解决问题，一天奔波数百公里是家常便饭。一次次奔赴厂家催交设备，一遍遍与施工单位沟通协调，付出了艰辛与不易，赢得设备厂家和施工单位的全力支持。她和农牧民席地而坐，拉家常、聊亲情，用真情消除农牧民心中的疑虑，顺利化解了阻工难题。

2013 年的冬天，异常寒冷，四子王旗风电供热项目并网正进入攻坚阶段。一天，张玮和大家一起守在现场，正在现场巡视的张玮终因体力不支和睡眠不足昏厥过去。身边的工作人员忙把她送进附近的医院，但她醒过来后说的第一句话就是：“问题解决了吗？”

四子王旗项目在短短 5 个月内完成了 100 台风机基础施工、风机吊装和静态调试。靠着这样的实干，内蒙古四子王旗和新疆小草湖项目成为国内首个最大容量风电供热和大型风光互补示范项目，《中国电力报》等媒体相继对张玮和她的团队进行了报道。

张玮一年到头奔波在外，很少与家人团聚，因无暇照顾女儿，女儿只能“全托”在千里之外的乌海市姐姐家。每当听到女儿“妈妈眼里只有工作，没有我”的埋怨声时，坚强的张玮泪水盈盈。为了新能源事业的发展，为了员工的幸福，张玮从一个年轻漂亮、皮肤白净的女性，变成了一个皮肤黝黑、脸颊红彤的“铁娘子”。

世间唯有志向坚，历尽沧桑能济事。鲁迅曾予运动会选手以妙评：“优胜者固然可敬，但那虽然落后而仍非跑至终点不止的竞技者，和见了这样竞技者而肃然不笑的看客，乃正是中国将来的脊梁。”新时代，我们要继续保持坚强的意志品质，在恶劣的环境中坚如磐石，在乱云飞渡时不忘初心，面对恐惧不退缩、遭受打击不怯懦，义无反顾地坚持下去，追求善始善终、善作善成，用一生写好一个“恒”字。

第五章

不负初心，夙夜在公，甘为人民谋幸福

我们党自诞生之日起，就担当起带领人民创造幸福生活、实现中华民族伟大复兴的历史使命。

在践行全心全意为人民服务的根本宗旨上，习近平总书记为全党树立了典范。习近平总书记曾深有感触地说，在他的一生中，对他帮助最大的，"一是革命老前辈，二是我那陕北的老乡们"。无论是在基层、在地方，还是在中央工作，他最牵挂的永远是人民群众。他每次到地方视察工作，总是走家串户、深入群众，关心老百姓吃得怎么样、住得怎么样，关心老百姓生活得幸福不幸福。

人民是历史的创造者，是决定党和国家前途命运的根本力量。要"把人民对美好生活的向往作为奋斗目标，依靠人民创造历史伟业"。习近平总书记指出："以人民为中心的发展思想，不是一个抽象的、玄奥的概念，不能只停留在口头上、止步于思想环节，而要体现在经济社会发展各个环节。"党员干部要自觉打掉心里的小算盘，对个人的名誉、地位、利益，看得淡一些，多为人民着想，把自己的幸福同人民的幸福紧紧联结在一起，为实现中华民族伟大复兴的中国梦而奋斗。"我们不舒服一点、不自在一点，老百姓的舒适度就好一点、满意度就高一点，对我们的感觉就好一点。"

国有企业党员领导干部无论在哪个地方，无论担任什么职位，都要时时刻刻牢记自己是一名共产党员，要心里装着群众，尊重人民主体地位，把人民放在心中最高位置，顺应人民群众对美好生活的向往，秉公用权，为民用权，按规则、制度、法律行使权力，任何时候都不搞特权，不徇私情；求真务实，追求卓越，不断实现好、维护好、发展好最广大人民的根本利益，做到发展为了人民、发展依靠人民、发展成果由人民共享。

以人民幸福为初心

旗帜领航

中国共产党将人民对美好生活的向往作为奋斗目标，人民群众是我们的生存之本，是我们的力量之源，离开了人民群众，我们将一无所有。领导干部在与人民群众交往的过程中，要在情感交流上下功夫，以情感为纽带，与人民群众紧密相连，与人民群众休戚与共。

只有设身处地与人民群众打成一片，情同手足，才能与人民群众同甘共苦。领导干部对群众的感情是靠日复一日积累起来的，是在不断与群众的接触中培养出来的。只有真正放下“架子”，才能走进群众，才能获得群众的由衷认可。只有把群众装在心里，群众才会把你放在心上；只有把群众当作亲人，群众才会把你视为亲人；只有拜群众为师，群众才会向你传授真经。

对于国有企业党员干部而言，不忘初心，就是坚定为人民服务的信念，它是实现中华民族伟大复兴中国梦的精神源泉，是推动党员干部保持目光远大、追求共产主义理想的精神动力。党员干部无论处在什么岗位，只要心系群众，都可以做出一番事业来。群众在党员干部心里的分量有多重，党员干部在群众心里的分量就有多重。看一名领导干部素质高不高，更多地体现在他对人民群众的感情深不深、为人民群众办事多不多。党员干部不论职位高低、权力大小，都必须忠于人民，不能忘记群众利益、群众路线、群众力量和群众智慧，要以民为本，永葆赤子之心，不移公仆之志，不忘责任之重，把群众的小事当成自己的大事，做出有益于人民、无愧于使命的业绩来。

楷模风采

毛泽东曾说，一个人做点好事并不难，难的是一辈子做好事，不做坏事。瑞士政治家赫尔曼·格雷利希有句名言："我活在人间只有一次，所以只要能为任何人做好事或能表示仁爱之心，我会立刻去做。我绝不会拖延，更不会忽略，因为我知道生命对我只有一次。"做好事是衡量一个好人的标准之一，能让处于困境的人得到帮助，获得温暖，看到希望。

生活在武汉市青山区的武钢房产公司离休干部、共产党员肖哲，堪称屹立青山不老松。他捐赠助人 30 多年不断，要求入党 37 年不停，直到 65 岁才如愿以偿。1986 年以来，他先后 9 次被评为武钢、武汉市、湖北省五好老干部，先后 9 次获"武钢房产公司优秀共产党员"称号，2014 年获"最美武钢人"称号。

在肖哲所在的社区和房产公司，熟悉他情况的人叫他"老捐赠"，因为他家虽不富裕，但见人经济困难就帮，捐钱捐物 30 多年不断。

1998 年夏，长江特大洪水，他多次打电话向有关部门和单位咨询情况，以普通党员名义捐款 2000 元。当汶川、玉树发生大地震以及西北发生干旱时，他在同事中捐款最多最快，总计 7000 元，并交纳特殊党费 2000 元。在钢花菜场边，他见到一名中年妇女的钱被小偷偷走，因无钱回家而哭泣，他二话不说，把身上仅有的 170 元给那个素不相识的打工妇女。

他还把爱心传递给年青一代，与武钢房产公司青年志愿者相约，到厂前桃花村探望两岁就瘫痪、现已长大成人的残疾姑娘刘玉，并将自己在《人民日报》上发表征文所得的 200 元稿酬揣在身上，还捎带上自家的一壶油、10 斤米。2004 年以来，肖哲经常春节前夕去探望她，送去米、油，还捐款 4600 元，并一再鼓励她不要悲观，树立战胜病魔的决心和勇气。

2011 年 1 月，央视《星光大道》节目主持人说某地有对双胞胎患脑瘫住院，急需手术，但家境贫寒，希望观众献爱心。这一消息使他彻夜难眠，第二天一早就寄去 5000 元。

当他得知武钢轧板厂有位李姓同志的 9 岁女儿被电弧烧伤很严重时，他冒雨前往该厂，给小女孩的父亲送去 1000 元表示慰问，后又登门给小女孩的母亲送去 1000 元，小女孩父母感动得热泪盈眶。他给家乡卧床不起、无钱医治的老同学袁品三也寄去了 3000 元；当他得知同单位一位职工的孩子得了不治之症时，离休的他十分关切，当即送去 1000 元以示安慰，先后捐款上万元；他积极响应武钢和省机关工委捐资助学的号召，一次捐出 500 元。对贫困大学生袁美，他一次资助 1100 元，并经常在电话中咨询其学习与家庭情况。

肖老不仅对受苦受难的同乡、同胞十分同情和关心，对国外受灾的人们，也奉献爱心。当得知印度洋发生海啸后，他捐款 1000 元。当人们问他为什么总捐赠时，他淡定自然地回答道："钱本是党和人民的，拿点钱解决他人的暂时困难是应该的，'人'字就是一撇一捺构成的，不就是要互帮互助吗！生活需要钱，市场经济看重钱，但更要看重做人，助人为乐，人乐己也乐。"

为人民谋幸福，就要亲民、爱民、敬民，更要为民。满足人民日益增长的美好生活需要，是广大党员干部奋斗的目标和方向。勤政廉政、造福人民是为官者的本分。2018 年 3 月 7 日，习近平总书记在参加广东省人大代表团审议时强调："共产党就是为人民谋幸福的，人民群众什么方面感觉不幸福、不快乐、不满意，我们就在哪方面下功夫，千方百计为群众排忧解难。"我们要在与群众的"零距离"接触中，不听"恭维话"，多听"真心话"，了解群众的喜怒哀乐、悲欢离合，爱群众之所爱，恶群众之所恶，想群众之所想，急群众之所急，办群众之所盼，同群众保持密切联系，深深根植于人民群众之中。

励志延伸

刘源，国网四川电力公司成都市高新供电公司副总经理，20 余年来，他始终牢记“有呼必应、有难必帮”的誓言，用贴心的服务和无私的奉献，为需要帮助的人们点亮了一盏盏灯，送去了光明与温暖，成为党联系人民群众的一座连心桥。他荣获“四川省道德模范”“第六届全国道德模范”“中央企业道德模范”等称号，被授予“全国五一劳动奖章”。

2005 年 6 月，刘源加入成都高新共产党员服务队，日复一日坚守在电力服务第一线。在日常的走街串巷工作中，刘源发现他所服务的社区有不少生活困难的空巢老人和残疾人需要帮助，于是他同队友一道，与社区的困难群众结成对子，开始了助人为乐、爱老敬老的奉献历程。

10 余年来，刘源先后照顾帮助了所在辖区 46 户孤寡老人和困难群众。他所帮扶的老人大多年事高、听力差，经常听不到门铃声，于是，刘源利用自己的专业知识发明了一种能够发光提醒的门铃，安装在老人们的家中。如今“爱心闪灯门铃”已经走进数百户老人的家中。

有一位名叫杜德柱的空巢老人，因高位瘫痪生活不能自理。从检查改造家中老旧电力线路安全，到为老人买药送医，再到端屎端尿、洗脚擦身，刘源就像儿子一样耐心照顾着老人的日常生活。后来，杜老搬出刘源所服务的社区后，依旧不舍刘源对她的这份亲情，而刘源也依旧风雨无阻地为杜老服务。老人在即将离世、说不出话的时候，仍然久久地握住刘源的手不愿放开。

刘源还先后走进藏族聚居区虾扎希望小学、仪陇老区成都电业希望小学，以及 20 多所川电留守儿童之家，开展送爱心、送温暖、捐资助学等活动，慰问及帮扶孤寡老人、残疾人、特困户 5000 余次，捐资助学近千人次。

全心全意为人民服务，不但要有群众观点、群众方法，同时还要有群众工作本领。党员干部要多与群众打交道，在与群众交往中锻炼本领。要从群众中来，到群众中去，多调查研究，将群众提供的素材总结提炼，把群众智慧集中起来，作出正确决策，解决实际问题。

密切联系群众，不仅是态度问题、感情问题，更是共产党人党性的集中体现，是领导干部政德规范的本质内涵。我们把群众放在心上，群众才会把我们放在心上；我们把群众当作亲人，群众才会把我们当作亲人。我们党是把人民利益书写于党章、宣示于誓词、贯穿于行动的政党。我们的权力是人民给的，人民给我们权力是要我们为人民服务的。党员干部要对群众坦诚，用真言实语回应群众的质疑，叩开群众的心扉；同时，语气要诚恳，语调应恰当，用词要准确，才能在沟通中叩开群众的心扉，达到沟通之目的。

我们强调“问政于民、问需于民、问计于民”，前提就是要拜人民为师，与群众保持密切沟通。带着感情与群众进行交流与沟通，比任何华丽的辞藻、美妙的语言、富有激情的演讲都更为真切、更能深入人心。只有设身处地与人民群众打成一片，才能与群众同甘共苦。

让人民群众有获得感

旗帜领航

为人民服务是共产党人的政治信仰，是一个根本性的政治信念。密切联系群众是我们党各项工作的取胜之道，是党始终保持先进性的重要法宝。

《天净沙·甘霖》说：“藤山滴水人家，长夜倦灯苦捱，书记察情令下，流水音佳，爱民人在今夏。”这首词是1992年藤山弄群众写给习近平同志的。那年7月，酷暑时节的福州市仓山区下渡藤山弄，100多户居民因为供水管径太小，水压上不去，饱受断水之苦，他们给习近平同志写了一封信，反映用水难题。习近平同志见信立即作出批示，要求有关部门迅速了解情况，马上解决问题。很快，现场勘察的队伍到了，供水管线的改造方案定了，接着，工程队破土动工，在连日高温下加紧作业，同年 8 月 7 日，为居民们接上了自来水。

全市的工作千头万绪，百来户居民的用水问题也许算不上大问题，但在习近平同志的眼里，群众的事，再小也是大事。他要求身边的干部牢记："百姓的事，要时时放心不下。"在福州工作期间，像这样反映问题、寻求帮助的群众来信，习近平同志接到过很多。有的来自远方的山西霍州，反映福州非法长途车售票点欺骗旅客的问题；有的来自外来务工人员，反映子女上学难的问题；有的来自贫苦的山区乡村，要求政府架桥修路，他知道后都指示有关部门和地方尽快努力帮助解决。

为人民谋幸福，是党员干部必须坚持的历史使命，是保持共产党人纯洁性的重要体现。党员干部行使权力如果背离道德准则的话，也就没有权力的正当性，就没有对人民群众的人文关怀，就无法实现社会财富的公平分配，就把群众的力量推向了反向轨道，"社会公仆"就会变成"社会主人""官老爷"，无限制地扩张自己的权力，那就增加了"水能覆舟"的社会风险。而要做到"权为民所用"，就必须法德并举，既要依法用权，又要以德用权，归根结底用权要讲官德。

楷模风采

郭明义，1958 年 12 月出生，鞍钢集团矿业公司齐大山铁矿生产技术室采场公路管理业务主管，中华全国总工会副主席，第十八届、第十九届中央候补委员。他多年来学雷锋做好事，时时处处发挥共产党员的先锋模范作用，被人民群众誉为"爱心使者""雷锋传人"，荣获"部队学雷锋标兵""鞍钢劳动模范""全国优秀共产党员""全国助人为乐道德模范""改革先锋"称号，被授予全国五一劳动奖章。从 2009 年发起成立郭明义爱心团队，全国各地已建立 1000 余支分队，180 多万名志愿者加入其中，在全社会广泛掀起“跟着郭明义学雷锋”的热潮。

1977 年 1 月，郭明义参军后，从一个青涩小伙成长为一个好兵，入伍第二年被评为“学雷锋标兵”，并于 1980 年入党。1982 年，郭明义复员到鞍钢集团矿业公司齐大山铁矿工作，先后从事 7 种不同的工作。他无论做什么都兢兢业业、任劳任怨，干一行、爱一行、钻一行、精一行，创造了一流业绩。十几年里，作为铁矿生产技术室采场公路管理员，郭明义坚持每天和一线职工奋战在一起，直接指挥修路作业，抢着最累、最脏、最危险的活儿干。他每天提前两个小时到岗，双休日、节假日不休息，十几年里多干了 5 年的工作量。他制定的养路技术标准、考核办法等均在国内领先，齐大山铁矿连年名列全国冶金矿山企业电铲、生产汽车效率第一名。

郭明义是一个追求纯粹的人，做好事不求人知，矢志不渝地追求真善美。1990 年开始，他 20 余年坚持无偿献血，截至 2010 年上半年，累计献血量达 6 万毫升，相当于自身总血量的近 10 倍。2005 年，鞍山有了血小板提取设备，他几乎月月捐献血小板。2006 年，一位工友的女儿患了白血病，另一位工友的儿子患了重度再生障碍性贫血症，他不仅带头捐款，还用各种方式发动大家献爱心，最终使两个孩子都得到救助。2007 年 2 月，鞍山市中心血站血源告急，向他求援。郭明义写了一份无偿献血倡议书，一个班组一个班组地进行宣传，最终齐大山铁矿 100 多名职工参加了无偿献血，总献血量达到两万多毫升。之后，郭明义先后又组织了 10 余次大规模献血，累计献血量达到 10 万多毫升。2008 年，鞍山市第一支“无偿献血志愿者服务队”成立，郭明义被推选为队长。他的工友高森山说：“以前给补助费，我都担心影响健康，不愿意献血。现在没有补助了，我却献了好几回，是被老郭的精神感召的。”2008 年 12 月，郭明义获得国家卫生部颁发的“全国无偿献血奉献奖”。

郭明义是工友们的贴心人，他所在采矿作业区的一个班组 30 名工友中有 23 人受过他的直接资助。给别人捐款，他从未有过丝毫犹豫，而对自己，哪怕花一分钱也要再三掂量。他一年四季都穿工作服，所有的补助和荣誉奖励都成为他的捐款，全家人至今还挤在市郊 20 世纪 80 年代中期所建的 40 平方米、没有任何装修的单室里。

他几十年往外拿钱，家里的日子却过得紧巴巴的，有时，连亲戚都忍不住摇头：“这个丈夫当得不及格！”妻子孙秀英却认真地说：“他是个好老公，他疼我，疼女儿。他做的不都是好事吗？”这个柔顺善良的妻子默默站在郭明义的背后，给予他最持久的支持和理解。

德不孤，必有邻。郭明义无怨无悔地无私奉献，还带动身边工友和全国各地志愿者投身社会公益事业。2009 年，郭明义创建了“郭明义爱心团队”。多年来，“郭明义爱心团队”下设的希望工程“郭明义爱心联队”“郭明义无偿献血志愿者应急服务大队”“郭明义捐献造血干细胞志愿者大队”等 7 个大队，共有 5800 多人。

2009 年春节前的一天中午，郭明义接到血站的电话，问他能不能提前捐献血小板。他知道，没有生命垂危的病人，血站不会打来这个电话。为了挽救一名患有严重融血症的临产孕妇的生命，郭明义没有犹豫，马上从采场迅速赶到血站。血站的同志让他献一个单位的血小板，他说，得保他们母子平安，于是他献了两个单位的血小板。当历时 1 小时 40 分的血小板采集结束的时候，疲惫的他在采血床上睡着了。一阵响亮的婴儿啼哭，向郭明义报了母子平安。在动人的婴儿哭声中，他欣慰地笑了。2010 年 6 月 25 日，鞍山市红十字会遗体（器官）捐献志愿者俱乐部成立，190 多名矿业公司的干部职工和 24 名鞍山市民踊跃参加，郭明义和妻子、妹妹、妹夫都是该俱乐部的成员。

2010 年 8 月 1 日，胡锦涛同志批示：“郭明义同志是助人为乐的道德模范，是新时期学习实践雷锋精神的优秀代表，要大力宣传和弘扬郭明义同志的先进事迹和崇高品德，为构建社会主义和谐社会提供强大精神力量。”此后，新华社、《人民日报》、中央电视台等中央媒体对郭明义同志的先进事迹进行了全面报道，在全国产生了广泛影响。

从 2010 年 10 月开始，郭明义先进事迹报告团在全国范围内作巡回报告，感动和激励了无数干部群众。2011 年 3 月，郭明义在新浪网上开通了“鞍钢郭明义”微博，仅仅 9 个月，关注的粉丝已经超过 400 万人，增长速度在所有博主中位列第一，覆盖的网民已达 5800 多万人。2011 年 4 月和 7 月，话剧《郭明义》和电影《郭明义》相继推出，受到广大观众的热烈欢迎和高度赞扬。

与此同时，郭明义的爱心团队迅速发展壮大，资助贫困学生 6000 多人，救助困难群众 4000 多人，参加造血干细胞捐献的志愿者 5000 多人，参加遗体器官捐献的志愿者 800 多人，参加献爱心活动的人员超过 20 万人。他永远怀着为党分忧、为国奉献、为民解愁的初心，始终为了和谐社会建设而不懈奋斗，他是当之无愧的当代雷锋，是当之无愧的社会主义核心价值观的生动实践者！

面对社会上存在的不公平现象，郭明义深恶痛绝。2008 年 3 月，郭明义听说老同学乔广全要进京上访，马上找到他了解情况。原来，几年前乔广全带着 20 多名下岗职工打工时，施工方拖欠了他们 6 万多元工资，多次讨要，就是不给，并扬言：“想告我？你爱去哪儿去哪儿！”

听了乔广全的介绍，郭明义拍案而起：“我一定为你们讨回公道！”此后一连许多天，郭明义有空就往劳动、建设等部门跑，反映情况，据理力争。在郭明义积极奔走下，工人的工资全部被讨回了。

有人问：“老郭，你这么做，图什么？”他回答道：“从在党旗下宣誓的那一刻起，我就选定了自己的人生道路，要实践对党的誓言，就像父母抚养子女、儿女孝敬老人一样，是天经地义的事。”

对于党中央、国务院于 2018 年 12 月 18 日授予他“改革先锋”称号，郭明义坦诚地说，自己只是做了一些应该做的事情，这份荣誉是属于全体鞍钢人的，体现了党和国家对鞍钢的厚爱。作为“雷锋传人”，郭明义用实际行动证明，在改革开放和市场经济条件下，“雷锋精神”依然具有强大的生命力、示范力和感召力。

励志延伸

每一个脱贫的重任都需要有优秀的干部扛起大旗，王志刚便是青海达日县扶贫工作的“领头雁”。2016 年 5 月，中国普天信息产业集团公司党组选派王志刚到龙才村担任第一书记兼任扶贫驻村工作队队长。

刚到任时，王志刚面临的最大问题就是需要适应这里高寒、缺氧的生活环境，可他是个“缺氧不缺精神”的人，第二天就深入村里，熟悉龙才村牧民生产、生活情况。

牧民旦特是个无房户，一直寄宿在亲戚家。王志刚做了详细的调查了解后，多次和上级领导和相关部门协调，为 30 个无房户解决了住房问题。在实施易地搬迁扶贫项目中，村里把包括旦特在内的贫困户确定为项目实施对象，同时让旦特做生态管护员，每个月能拿到 1000 多元工资。

龙才村是个贫困村，山高路远，集体经济发展缓慢，王志刚跟有关领导多方研究讨论之后，发现以“旅游业”为主建设的“扶贫产业园”将是安置贫困群众的最佳途径。看到商机后，王志刚三天两头往返于县与村之间，沟通联系相关单位，在县扶贫局牵头下，龙才村整合 2016 年以来各类扶贫资金 424 万元，在县城修建了集住宿、餐饮、修车、洗车服务为一体的吉迈镇龙才村旅游扶贫产业园。

产业园建成后，王志刚将龙才村 42 户贫困户 121 人纳入产业园效益分红，以每年 30 万元的价格将产业园承包出去，其中的 20 万元作为贫困户的分红资金，剩余的 10 万元作为龙才村产业滚动发展的资金。产业园内的金色家园酒店还聘用了 5 名龙才村的贫困户人员在此当服务员，每月有 2500—3000 元的工资收入。

与此同时，王志刚还带领村干部继续谋思路，出实招，确立建设“达日县吉迈镇扶贫联社蔬菜大棚项目”。该项目从 2017 年年初已经开始对外承包，年租金 18 万元全部用于对扶贫联社贫困户的工资以及分红，进一步提高扶贫“造血”功能。

自担任第一书记以来，王志刚在工作中尽职尽责、任劳任怨，赢得了牧民们的信任和县领导的好评，被达日县委、县政府授予2016年度“优秀第一书记”称号。

为人民谋幸福，既是对各级领导干部提出的行为准则，也是我们党的追求。习近平总书记在党的十九届一中全会闭幕后与中外记者见面时的讲话中指出：“我们要牢记人民对美好生活的向往就是我们的奋斗目标，坚持以人民为中心的发展思想，努力抓好保障和改善民生各项工作，不断增强人民的获得感、幸福感、安全感，不断推进全体人民共同富裕。”“群众在干部的心里有多重，干部在群众心中就有多重”；“常怀忧患之思，常念人民之托”；“对于我们共产党人来说，老百姓是我们的衣食父母，我们必须牢记全心全意为人民服务的宗旨”；“像爱自己的父母那样爱老百姓”……在不同时期和不同场合，习近平总书记用朴实无华的语言表达着对人民群众的真挚情感。居高不移公仆之心，权大不忘责任之重。坚持以人民为中心、为人民谋幸福，不仅是态度问题、感情问题，更是共产党人党性的集中体现，是大大小小执政规律中最根本的规律，也是方方面面执政要求中最本质的要求。

用真情凝聚人心

旗帜领航

通情才能达理。白居易有言：“感人心者，莫先乎情。”大意是，没有比由衷而发的感情更能打动人心的了。动之以情，打好感情牌，以情感人，加深情感交流，定能赢得对方的心。“情自肺腑生，方能入肺腑。”说话人的话语一定要受到发自内心的充沛情感的支配，充满着自己的真情实感，才可能产生感染力、影响力和号召力。

周恩来虽身居高位，但对普通百姓始终充满着真挚的热爱。1966 年，邢台发生大地震，他不顾自身安危，第二天就赶往余震仍在继续的灾区，亲临指挥，慰问群众。1973 年，他重返延安，目睹老百姓生活困难的情景，禁不住潸然泪下，痛心自责："我对不起老区人民。"他忠于人民，始终把为人民服务作为人生的最高准则，殚精竭虑，鞠躬尽瘁。周恩来逝世后，百万人泪洒十里长街的场面让人动容。

用真实的情感、竭诚的态度与群众沟通交流，比任何华丽的辞藻、美妙的语言都更为真切、生动。用真实的情感、竭诚的态度去呼唤人们的心灵，对真善美热情讴歌，对假丑恶无情鞭挞，甘于为人民鼓与呼，勇于为真理论与争，让对方闻其言、知其意、见其心，达到情感上的共鸣、共振，以发生磁铁般的影响，唤起大家的热情。

楷模风采

2013 年 9 月 26 日，是宋丽萍最难忘的日子。在全国道德模范表彰大会上，习近平总书记握着宋丽萍的手，亲切地鼓励她："好好干下去！"宋丽萍是中国石油化工集团有限公司中原油田第十社区管理中心居民调解员兼志愿服务站站长。宋丽萍曾获"全国道德模范提名奖""央企道德模范""央企楷模""全国岗位学雷锋最美人物"等荣誉，这些光环背后，是她的辛苦付出与辛勤汗水。她的意志坚强如铁，待人却保持着侠骨柔情。

从她 27 岁第一次到敬老院帮老人们干活儿，老人们就喜欢喊她"闺女"。1998 年初春，宋丽萍在中原油田电源总厂当工人，听同事说河南范县有家村办养老院住着十几位孤寡老人，食宿条件很差，她周日搭公交车去了那里。推开半掩的木门，呛人的霉味扑面而来，一位 80 多岁的老奶奶倚在床沿上，面色青灰。宋丽萍鼻子一酸，赶紧脱下外套，裹在老人身上，又捧住老人的手——"好凉啊！"

宋丽萍把老人的手焐热后，转身去镇上买来棉被、褥子、床单、棉袄、棉裤、洗衣粉和蛋糕。她给老人换好棉袄、棉裤，把蛋糕送进老人嘴里。老人的眼圈红了：“闺女，你是谁呀？”她两眼一热：“我是您的孙女！”她又给老人洗脸、梳头。宋丽萍要走了，老人攥着她的两手不松：“好孙女，往后还来呀！”从那一天开始，宋丽萍的志愿服务启程了。

这些年，宋丽萍把爱心志愿服务队分为义诊保健、夕阳红巡逻、舞蹈戏曲、家电维修、陪护接送等小分队，为居民提供精准服务。有些人不理解宋丽萍，说：“你成天作秀，哪天是个头？”她慨然作答：“如果我们每个人都去帮助别人，就会改变周围的人，大家都受益。要是大家都冷淡，受害的还是咱们自己。我就是有帮助别人的瘾，我要一直‘秀’到不能动弹的那一天！”

退休员工李志泉遭遇车祸后，得了一笔赔偿款。老伴需要手术，女儿让他把赔偿款拿出来用，他不肯。老伴出院后一气之下搬到女儿家。李志泉拄着双拐把煮好的水饺送到女儿家，却吃了闭门羹。

“父亲固然有些抠门儿，咱当闺女的也得反思一下，是不是平常对老人不够孝顺，他才担心日后缺钱继续疗伤？”宋丽萍敲开李家女儿房门，拉过她的手，笑盈盈地开导。李家女儿脸红了，当天就把母亲送回父亲身边，每天回家照料双亲。

2006 年暮春的一天，宋丽萍听说河南濮阳县马楼村小伙子李亚乾患了种怪病——在阳光下晒一会儿，裸露的皮肤就又痒又疼，成片地起疱、脱落，父母花光了积蓄也没治好他的病。第二天早晨，宋丽萍和志愿者赶到李亚乾家，当天就把他的病情资料传到北京的 4 家医院，当北京协和医院免费为李亚乾治疗的喜讯传来后，宋丽萍又和大伙儿走上街头，为李亚乾募集路费……两个月后，李亚乾一家把锦旗送到宋丽萍所在单位。

女工张红霞因患糖尿病引发肾衰竭、双目失明，她每周需到医院做两次血液透析。张红霞的母亲患有心脏病，父亲截瘫，她的姐妹、弟弟工作都很忙，挤不出空儿来陪护她。宋丽萍听说张红霞的难处，就安排队员轮替陪护。6 年里，他们总是准时陪护张红霞往返医院，直到 2016 年张红霞病逝。

油田不少生产单位地处偏僻，一些员工常年奋战在国内外采油第一线，他们难以寻到自己的另一半。宋丽萍千方百计动用社会关系，为大龄员工牵线搭桥，将 37 对青年送入婚姻殿堂。

20 多年来，宋丽萍除了累计献血 1.2 万毫升外，还为白血病男孩捐献 55 克造血干细胞。她只穿一身红工装，仍然从微薄的收入里节省出 8.1 万元，资助贫困家庭。宋丽萍每月到手的工资不到 2000 元，但她的手机昼夜开机，每个月话费就得 200 元。她解释说："半夜里，万一谁家的媳妇要生孩子了，谁家的小孩要住院了，谁家的老人去世了，人家联系不上我怎么办？"一些遇到困难的人，只要给宋丽萍打电话，她就会像亲人一样，尽最大的努力去帮助他们。20 多年来，她不忘初心，把人民群众当作亲人，带领宋丽萍爱心志愿服务队 2600 多名队员年复一年，薪火相传，用真行、真情、真心、真意播撒友善的爱心，无悔笃行"与油田同行，为人民奉献"。宋丽萍爱心志愿服务队已成为中原油田乃至中国石化的闪亮名片。

"油田是个大家庭，一人有难大家帮。"宋丽萍呼吁志愿者，"我们多搭把手、出份力，营造出温馨的大后方，员工就能安心闯市场。"哪户居民有困难，头一个想到的必定是宋丽萍爱心志愿服务队。宋丽萍爱心志愿服务队为 12 名重症患儿联系医院治疗并义务陪护，为 28 名重症患者捐款 60 多万元，向黄河滩区小学捐赠图书 18 万册，与 384 名空巢老人结成帮扶对子，成为中原油田精神文明建设一道亮丽的风景线。

2017 年 9 月，国务院国资委党委在北京举办第二届"央企楷模"发布会，宣读了对宋丽萍的颁奖词：一身红工装，一副热心肠。你把"心灯"点亮，让卑者自尊、残者自立、弱者自强。你看起来无比坚强，其实内心柔软无限。一双友爱之手，汇聚强大的正能量，温暖着百里油区和中原大地，用志愿精神的光芒照亮油田每个角落。

励志延伸

“心有灵犀一点通”，人与人之间只有注重心灵的沟通，加强情感的交汇与交流，才能心心相印。国有企业党员干部与群众的交往，要从情感入手，关爱群众，以情感为桥梁，走近群众，了解群众，与群众“心连心”。只有“走进”群众的心中，才能真正摸清人民群众的思想脉搏，了解基层的真实情况，真正找到问题的症结所在，有的放矢地开展工作、解决问题。

解黎明，1947 年参加革命工作，1953 年加入中国共产党，1985 年由原山西临汾地区电业局（现临汾供电公司）工会副主席的岗位上离休。一位普普通通的离休干部，在趋于平淡的晚年生活中迸发出耀眼的光芒。

1997 年，解黎明得知北京知青程玮放弃优越的生活条件，离职舍家自筹资金来到贫困的大宁县搞扶贫开发，深受感动，于是派儿子专程将 1 万元送到程玮手中，解决了 19 名儿童上学问题。以此发端，解黎明开始了长达 15 年的捐资助学之路。

2000 年 7 月 1 日，解黎明和老伴向临汾市尧都区委、区政府和临汾供电分公司党委写信，以书面形式郑重承诺：在每年 7 月 1 日党的生日这天，每人拿出 1000 元，共 2000 元捐助贫困学生，直至他俩离开人世。2002 年 6 月，与她相濡以沫度过 58 个寒暑春秋的老伴因病去世。7 月 1 日那天，她仍按时把 2000 元送到临汾供电分公司机关党总支书记手中。多年来，她用自己的无私与坚守践行了诺言，而捐款钱数也远远超越了承诺的 1000 元，达到近 10 万元，资助学生逾 150 名。

2011 年“七一”前夕，解黎明再次向组织郑重申请，每年在捐助贫困家庭大学生 1 万元的基础上，再拿出 1 万元捐助贫困家庭。至此，解黎明每年捐助的金额达到了她养老金的 40% 以上。实际上，这是她的第三个承诺，此前，为了实现“把一切献给党”的誓言，她摒弃世俗偏见，决定去世后将遗体捐献给祖国医疗事业。

据粗略统计，1988 年以来，解黎明共获得各类荣誉 30 余次。一张一尺多长摆放在她家的狭小客厅的合影照片，是她获得“全国老干部先进个人”称号后在人民大会堂出席表彰大会的合影，但很少有人知道，照片上她穿的那件呢子大衣已伴随她 40 多年。

解黎明对别人总是很大方，对自己却斤斤计较。她说：“我们现在的生活好了，但艰苦奋斗的传统不能丢。”她现在居住的还是老伴单位的宿舍，最拥挤时全家三代五口人挤住在 36 平方米的房子里。没有时尚家具，没有高档电器，衣服多是十几年、二十年前买的。

解黎明的事迹，没有轰轰烈烈的场面，没有曲折离奇的情节，有的是一位电网企业离休干部的无私奉献，有的是一位革命老妈妈心系百姓的至善至爱，有的是一位老共产党员跨越半个世纪的坚守与追求。解黎明倾一己之力扶贫济困，怀赤子之心播光传热，把奉献当作事业来做，为当代共产党人谱写了令人动容的爱民之歌。她荣获“全国创先争优优秀共产党员”“第四届全国道德模范”“全国三八红旗手”等称号。

习近平总书记在 2017 年春节团拜会上指出：“当今社会快速变化，人们为工作废寝忘食，为生计奔走四方，但不能忘了人间真情，不要在遥远的距离中割断了真情，不要在日常的忙碌中遗忘了真情，不要在日夜的拼搏中忽略了真情。”“真情，需要用社会主义核心价值观来引领，需要用中华民族传统美德来滋养。真情，是不虚、不私、不妄之情。真情不虚就是要忠诚老实、诚恳待人，真情不私就是要砥砺品德、刚正无私，真情不妄就是要光明磊落、坦坦荡荡。”

党员干部对群众有没有感情、感情深与浅，既与自身的成长经历有关，也与对党的宗旨的理解和遵循有关。生于群众、长于群众的党员干部，往往对群众怀有一种天然的情感，会把群众当亲人；长期与群众打交道、全心全意服务群众的党员干部，必然会把群众当作衣食父母，在认识深处尊重群众、爱护群众；对党的历史有深刻认知的党员干部，必然会把群众看作是真正的英雄，树立正确的群众观点，建立与群众的深厚感情。

2018 年 3 月 7 日，习近平总书记在参加广东省人大代表团审议时强调：

“共产党就是为人民谋幸福的，人民群众什么方面感觉不幸福、不快乐、不满意，我们就在哪方面下功夫，千方百计为群众排忧解难。”在改革的重要关口、关键时刻，党员干部必须坚持以人民为中心，想群众之所想，急群众之所急，办群众之所盼，在新时代有新作为。

“一万年太久，只争朝夕。”面对“两个一百年”奋斗目标，国有企业党员干部一定要以永不懈怠的精神状态和披荆斩棘的奋进姿态，防止和纠正马虎、凑合、不在乎的不良作风，防止和纠正动力不足而“不想为”，担当不足而“不敢为”，把理想信念举过头顶，把责任担当扛在肩上，把人民群众当作亲人，撸起袖子加油干。

常怀赤子之心

旗帜领航

习近平总书记说：“对于我们共产党人来说，老百姓是我们的衣食父母……像爱自己的父母那样爱老百姓，为老百姓谋利益，带着老百姓奔好日子。”“人民对美好生活的向往，就是我们的奋斗目标。”这是对共产党人与人民群众真实关系的准确概括。把人民对美好生活的向往作为奋斗目标，这是时代的召唤。

对国有企业党员干部来说，不忘初心、牢记使命，就要始终把人民放在心中最高位置，强化党的宗旨意识，维护和发展最广大人民的根本利益。我们的工作干得好不好，群众能够最先真切地感觉到。要心中时刻装着人民，饱含真情，全情投入，多解民生之忧，多谋民生之利；有利于人民的事，再小也要做，柴米油盐这些看似很小的事情，在人民心中就是日常生活中最重要的事；要将求真务实的精神贯彻到为民办实事的具体工作中，真抓实干地解决好民生问题，关心困难群体，多做“雪中送炭”的事，多搞造福于民的民心工程。

楷模风采

《人民日报》2016 年 8 月 30 日报道了一个故事：秦巴山深处李家台村，三面被汉江环绕，一面靠着大山，村里 368 户，共 1168 人，过的还是靠山吃山、靠水吃水的日子。这几年村里男丁大都出去打工，村里还有近 1/3 的贫困户。

2011 年，刘满堂由政府机关调到中国核工业建设集团有限公司工作，2015 年中组部发出号召后，刘满堂觉得自己既有农村工作的经历，又掌握一定的农业科技，符合选派条件，于是主动请缨到贫困山村任职。

李家台村是陕西省扶贫重点村，村里主要以传统种植业、养殖业和劳务输出为主，山大人稀，基础设施处于缺路、缺水、缺电的状态。到村后，刘满堂婉拒县里安排的住房，在村里租了间民房，购置了简单的家具，便一头扎进工作中。到村三四天，刘满堂就走访了 30 余户人家，与村“两委”一班人对 91 户贫困户逐户制定了详细的脱贫措施。刘满堂给自己规定了三项原则：指导不领导、帮带不包办、帮忙不添乱，“关键在实干，出十个主意，也不如一个行动。”

李家台村 8 个组有 7 个都在半山腰上，“看着一拃远，走路要半天”，吃水、出行一直是当地群众生产、生活的两大难题。刘满堂摸清情况后，募集资金 150 多万元，先期启动了群众饮水工程和通村路建设。

起初，一些群众半信半疑，有的心存畏难情绪，刘满堂便挨家去做工作，宣传带动更多的群众参与进来。项目开工后，他又天天泡在工地上，翻山越岭，现场指挥。项目进行中，刘满堂注意到，有 3 户困难群众居住地远离通村路，他便个人出资 1 万元，将路修到他们的房门前。

高长群是受益的 3 户贫困户之一，她指着刚返修加固好的房子说：“刘书记太心细了，要没有这路，返修房子的料就运不上来，我还得住在危房里。”

刘满堂的干劲感动了村里人，大家纷纷参与进来，不仅义务投工投劳，而且涉及的征地、毁苗也不要赔偿。在修建二组的通村路时，在外做工程的李继密开来自己的铲车、挖掘机，自己给车加油，供免费使用，大大加快了工程进度。村支书王东说：“刘书记来了几个月，对群众的影响力可大了，我做不通的工作，刘书记一来，村民的工作就做通了。”

针对当地工业化和城镇化条件不足问题，刘满堂借助中国核工业建设集团有限公司资源实施劳务扶贫和教育扶贫，为旬阳市免学费培养学生 140 多名并帮助就业，为李家台村 22 名贫困大学生捐款 10 多万元。

“有人问：你这个级别、这把年纪，还到村里来干什么？其实，能让一个村脱贫，做多少都不算多。一年时间太短，看不到什么，我申请了 3 年，希望能有些成果。”刘满堂信心满满。

励志延伸

树立正确的权力观和政绩观，是领导干部为政之德的根本体现。“不要人夸好颜色，只留清气满乾坤。”要多做长期有利于人民的实事，以实打实的政绩发挥好“头雁效应”，不做劳民伤财的面子工程和形象工程。要把“官位”当作为人民服务的岗位，乐于把整个身心乃至全部生命融入全心全意为人民服务之中，献给为之奋斗的壮丽事业。

2013 年 8 月 28 日，现实版《冲上云霄》上演感人一幕：墨尔本飞往上海浦东的 MU738 航班起飞约一个半小时后，一名仅 18 个月大的小男孩，在玩耍中不慎导致手指被机上液晶屏夹伤。面对孩子血流不止的手指和还将持续的 9—10 小时的航程，在机上医生的建议下，为保住孩子的手指，在得到机上近 300 名乘客的支持后，当班机组果断决定返航。机上有旅客发微博，赞扬机组处置得当，先后被数十家媒体刊登报道，赞扬东航不计成本救人之善举。当班机长是东航最年轻的 A330 机型分部机长——陈中华。

为了做最好的飞行员，陈中华参加工作后悉心钻研技术，发挥自己年轻、精通英语的优势，主动请教，向身边的老飞行员、优秀飞行员学习，迅速成为技术骨干。自2009年改装空客A321机型后，陈中华于2010年正式成为A321责任机长。在将近10年的飞行生涯中，陈中华遇到的特殊情况不多，2013年的墨尔本返航事件可算是其中最为浓墨重彩的一笔。

事发时飞机仍在澳大利亚境内，陈中华在了解基本情况后去客舱亲自查看男孩伤情：小男孩手指皮肉全部拉开，只有骨头相连。孩子在大哭，一旁年轻的母亲手足无措、脸色煞白。飞机上的医生在简单包扎后提出专业建议——小男孩年龄过小，需在4小时内就医，否则手指可能会有坏死或残疾的危险。“人命大过天”，为了给孩子争取及时就医的时间，陈中华立即决定返航墨尔本机场，并做了感人至深的旅客广播，赢得了机上旅客的理解和支持。

由于起飞时加满了油，考虑到机型最大着陆重量可能会引发冲出跑道等安全隐患，陈中华与机组其他成员协商后当即决定执行放油程序。按照当时的飞机重量，需放40吨燃油。如果去特定的区域放油，按每分钟放1吨油来算，至少需要多飞40分钟。为了尽可能为小孩争取救援时间，他跟澳大利亚管制主动协调并获准边飞边放，能多争取一秒是一秒。一个多小时后飞机回到墨尔本，孩子立刻被送往当地医院就近治疗。据了解，小孩已无生命危险，手上伤口已经得到妥善处理。

事后，央视记者在第一时间采访了陈中华了解事情经过，他积极配合媒体宣传，传播“爱在东航”传递爱心、服务社会的精神。他说道：“东航的理念一直是旅客生命财产安全至上，当危及旅客的突发情况发生时，公司不计成本也要先保障旅客的利益。”视野可以高，心态要平。陈中华，这位新党员和年轻机长，将继续牢记党旗和航徽下的使命，牢记肩上四条杠的责任，在蓝天白云间驰骋，为中华之崛起而平稳飞行。

习近平总书记在庆祝中国共产党成立95周年大会上指出：“95年来，

一代又一代优秀中国共产党人，为祖国和人民无私奉献，生动展示了共产党人的为民情怀、高尚情操。”领导干部再聪明、再博学，也不可能尽知天下事，总有些知识不晓得，总有些经验不具备。智慧从哪里来？来自向别人请教、咨询。群众实践中蕴藏的丰富智慧，文件上读不到，会场中听不到，办公室想不到。向实践学习，从实践中总结经验，实质上就是向人民群众学习，学习群众的智慧，总结人民群众的实践经验。领导能力和领导水平，只有在工作实践中才能得到提高。只有拜群众为师，甘当群众的学生，才能提高自己的能力和素质，增强服务群众的本领。凡事想着群众，一切为了群众，使政绩体现在群众的利益中，使力量来自群众的支持中，使赞语来自群众的口碑中，从为群众谋利益的勤恳工作中，从为实现中国梦的努力奋斗中，实现人生价值。

诚信：成就事业之基

旗帜领航

诚信是祖先留给我们的宝贵精神财富，是一种美好的品格。“一诺千金”的佳话，回响于历史长廊；“一言既出，驷马难追”之箴言，流传于华夏故园。冯梦龙说：“不忠不信，何以立于天地之间？”李白诗云：“三杯吐然诺，五岳倒为轻。”极言诚信之重要。一个人的口碑好不好，很大程度上是以诚信度高不高来决定的。一个人不讲诚信就无法在世间立足。

诚信是一个人的立身之本、处世之宝。人与人之间进行交往与沟通，应该相互信任、坦诚相待。鲁迅说过：“伟大的人格的素质，重要的是个‘诚’字。”诚信是人格魅力的标志。讲诚信的人活得最潇洒，讲诚信的人做事受到别人的信任。

真诚守信是闪光的高尚品格。人的尊严和光荣不在于精明而在于诚信。

真诚守信的领导是有力量、有威信的人，他对人对事皆出于真心，对上对下胸怀坦荡，脸无面具，身无媚骨，心无邪术，说实话、办实事、言必信、行必果，决不说一套、做一套，人前一套、人后一套，决不会为了牟取私利而虚伪、狡诈、欺骗，自然能增添人格魅力，赢得尊敬和信任。

楷模风采

尚金锁，中共党员，河北柏乡国家粮食储备库主任，第九届、第十届全国人大代表，全国劳动模范、“全国五一劳动奖章”获得者，享受国务院政府特殊津贴待遇。尚金锁几十年如一日坚持诚信经营，创立企业名牌，赢得市场信任，使柏乡粮库实现连续 20 年赢利上台阶，人均创利、人均经营量、吨经营量费用开支 3 项主要经济指标连续 10 年在全国同行业名列前茅，由全省最小的一个基层粮站发展成为全国同级库中最大的粮库，先后荣获“全国礼貌单位”等称号。

他带领员工始终以强烈的事业心和职责意识，用一流的工作状态管理中央储备粮，用最完好的设施储存中央储备粮，用最先进的技术保管中央储备粮，用最优质的粮食轮换中央储备粮，确保中央储备粮数量真实，质量良好，确保国家急需时调得出、用得上。

他组织起近 2000 人的农村粮食经纪人诚信队伍，通过加强职业道德教育、信息服务和业务培训，帮农民种好粮、管好粮、卖好粮，把诚信服务延伸到千家万户。柏乡周边几个县的农民，宁可舍近求远，也把粮食卖到柏乡粮库，图的就是尚金锁领导的柏乡粮库服务好、信誉好，不压级压价。

他对客户不欺、不瞒、不糊弄；重合同，守信用；注重产品质量，讲究货真价实；规规矩矩经商，堂堂正正做人，使柏乡粮库的贸易伙伴由几年前 4 个省市的十几家增加到 25 个省、区、市的 300 多家。

他对银行讲诚信，柏乡粮库连续 16 年被评为全省金融信贷 AAA 企业，是全省唯一一家连续 16 年获此殊荣的企业，也是全国唯一一家荣获“中国农业发展银行首批黄金客户”称号的县级粮库。

励志延伸

王萍，中国华电集团公司贵州黔源电力股份有限公司安全生产部可靠性管理及统计专责，而更为大众熟知的是她的网名——念念，“宝贝回家”寻子网贵州区域负责人。2003 年，她初涉公益事业，从此放弃工余休闲生活，奔波于公益路上，一发不可收。她用满腔的爱心和智慧创造着一个个奇迹，演绎了一段段精彩，圆就了一个个离散家庭的团聚梦想……

5 岁被拐，离家 21 年的姜学威（俞光义）怎么也不敢相信，仅凭自己残存的一点点记忆碎片，王萍和“宝贝回家”的志愿者们就帮助他找到了亲生父母。

姜学威被人贩子倒卖三次后，被卖到了福建省三明市尤溪县。无数个夜里，他都在无声地哭泣，猜想自己到底姓什么？叫什么？生日是哪天？父母长什么模样？他们在哪里？他们是不是也一直在找寻着自己？

2011 年，他在“宝贝回家”网站登记了寻亲信息。贵州“宝贝回家”志愿者群与他联系，开启了他的寻亲之路，并在 2013 年帮助他找到了亲生父母，还有他原本的名字——俞光义。

2009 年，王萍在天涯论坛看到一则“儿子你在哪里”的信息，信息里有一张图，一个妈妈身上挂了块很大的板子，板上贴着一张孩子的照片，那孩子长得跟她两岁的儿子特别像。“当时，有一种揪心的疼，儿子不在身边一天，我的心里都挂念得很，想想那些一直在寻子路上的父母，他们的痛苦又该是怎样的深入骨髓……”当年 7 月，王萍加入了“宝贝回家寻子网站”，成了一名志愿者，并逐渐成长为贵州地区的志愿者负责人。

刚开始当志愿者那阵子，经常有家长打来电话，可还没说上几句话就开始哭，家长哭两个小时，王萍就陪着哭两个小时，边哭边劝。每当帮助孩子们找到回家的路，送孩子回家与家人团聚、抱头痛哭的时候，她也会陪着笑、陪着哭，而回家的孩子们则会拉着她的手，久久也不舍得松开，张仲建就是其中一个。

“我 5 岁被拐离家，我对家的印象只有发音而已，谁能想到，仅仅通过发音，王萍和志愿者们就帮我找到了家！”他还记得那天是深夜 1 点，他下了夜班后，鼓足勇气来到附近的网吧，在宝贝回家网站登记寻亲信息。“shibing”和“zhangpingping”这两个音节就是唯一的线索。王萍和贵州的志愿者们通过爱心接力，从发音中，找到了贵州省施秉县，又通过比对贵州省施秉县的相关寻亲信息，根据当地孩子起名的习惯，联想到“张萍萍”的大名会不会是“张萍”，并联系了在当地的志愿者，仅用了 50 个小时就找到了张仲建的姐姐张萍。被拐 19 年后，当张仲建终于回到那个在梦中怎么也抓不住的家时，他紧紧地拉着王萍和志愿者的手，除了感谢还是感谢。

“我们开心地流泪。”王萍无不感慨。“好感动！让我们为那些被迫漂流在外、心中有个信念一直坚持寻家的孩子鼓励！为那些这么多年砸锅卖铁想尽各种办法坚持寻找孩子的父母鼓劲！为一直默默付出坚持帮助这些离散家庭的志愿者们鼓掌！”又是一个成功的案例，在发帖时，王萍不忘击响三“鼓”，为团聚的家庭、为同一战线上的志愿者们鼓劲加油！

王萍时常在书房熬夜，翻看数以万计的寻子帖，查找零星线索，为寻子的父母和寻亲的孩子点亮回家的希望。她放弃周末和节假日休息，带领着“宝贝回家”的志愿者们奔赴贵州山区宣传反拐措施。她自筹资金，在贵阳市、毕节市、遵义市等多地举行寻亲大会，说服被拐孩子消除种种顾忌和担忧，勇敢地踏上寻亲之路。

在十几年的爱心公益长征路上，王萍在奉献爱心的过程中，收获快乐；在帮助寻亲的过程中，收获勇敢和坚韧。同时，她也把奉献、友爱、互助、进步的志愿者精神在周围的亲戚、朋友和同事中扩散开来，带动更多的人奉献自己的爱心。

“我见过最短的铅笔就这么一点。”采访中，王萍比画着。在一次与基层电站志愿者一起开展的公益活动中，王萍留心到那里的孩子们用的铅笔不足一寸。回来以后，王萍在单位发动起捐文具活动，号召单位同事捐了3000多元，建了四个“七彩阳光图书室”，并联系北京一家书商，以免邮费、一折书价的优惠购了1000册儿童读物汇编成册让孩子们看。孩子们喜欢得不得了。在她的感染下，贵州黔源电力公司的10多名同事都成了“宝贝回家”的志愿者。

北宋理学家张载说：“诚，故信；无私，故威。”——诚实，所以有信用；无私，所以有威望。一个团队、一个人是否具有凝聚力，在很大程度上取决于是否真诚守信。“君子修身，莫善于诚信。”诚信是高于云天的品格，是一个人踏入这个世界的通行证，是我们必须具备的一种最基本的能力和素养，是可以胜任工作必备的“软件”之一。诚实守信，展示了一个人的思想品德和道德觉悟，反映了一个团体的信用程度。没有诚信的品格，热情就会变成阿谀，谦虚变得虚假。在处理人际关系时，应该忠厚老实，心口如一，有一点侠骨柔肠。有了诚信的光辉，高尚的人格会光辉四射，美丽的心灵能溢彩流光。对人怀着一颗纯洁无瑕、纯粹无杂的真诚之心，会使人感受到真诚的千钧力量。而虚假、做作的人，则往往会弄巧成拙，搬起石头砸自己的脚。

一分部署，九分落实

旗帜领航

崇尚实干、落实到位，是谋事创业的必然准则，也是共产党人一以贯之的优良品格。

新时代是奋斗者的时代，新时代的奋斗目标远大、任务繁重，面临的风险挑战众多，人民群众的要求和标准较高，需要体现高效执行力。每一名党员干部，都要在“执行力”上下大气力。当前，我们正处在滚石上山、爬坡过坎的关键时期。党员干部要发挥以上率下的“头雁效应”，不断强化“一日无为、三日难安”的紧迫感，增强狠抓落实的本领，一步一个脚印，确保抓具体、抓到位、抓出实效。

习近平总书记说：“不管你做多少工作，变多少花样，群众不满意，一切工作都是白做。我们所做的工作着眼点、落脚点都在群众。”“要抓实、再抓实，不抓实，再好的蓝图只能是一纸空文，再近的目标只能是镜花水月。”可以说，不解决问题，就是最大的形式主义，只会导致矛盾在推诿中升级，问题在拖延中爆发。

楷模风采

中国电信集团有限公司南京分公司政企客户支撑中心党支部书记、副主任、高级工程师杨春泽，在平凡岗位上书写了“互联网＋电信”的传奇。他的创新成果丰硕，已拥有13项国家专利产品，产生8000多万元的经济效益。他将专利无偿献给自己深深热爱的电信事业，他的创新产品走入千家万户，服务百姓：“宽带电话机”应用数量达300多万台，“USB端口供电的ADSL宽带猫”应用数量达20多万台。有厂家提出100万元买断他的某项专利，杨春泽毫不犹豫地拒绝了。“我不可能也不应该拿着这些专利去牟利。只有通过电信这个平台，专利产品才能得到最快最好的推广与应用。”

国务院国资委授予杨春泽的颁奖词：从批评到主动，“用心”才能转身；从对立到融合，执着方能破题。你从“抱怨”声中寻找事业支点，把光荣缀满胸前；你从自主创新中刷新事业高度，在平凡岗位上成就互联网＋电信传奇。

在成长历程中，杨春泽与创新结下了不解之缘。小学四年级时，杨春泽为妈妈发明了一台自动卷毛线机。大学毕业进入电信公司后，杨春泽每天睡前要在枕边放置纸和笔，以便随时记录半夜里迸出的灵感；为了创新，他可以连续蹲在地上工作 5 个小时。

2003 年夏天，杨春泽处理投诉时发现，客户用自己的电话上网十分不方便。有没有好的办法？杨春泽一下子“钻”了进去，每天把自己关在屋子里，拆装、实验、查阅资料。几个月后，他的第一个国家专利发明——新型电话机问世，目前已销售数百万台。

2004 年，杨春泽新婚第三天就带队参加了网络割接，他对妻子说：“本来打算和你去宁夏度蜜月，但网络割接任务急，等我完成任务再好好陪你。”

工期不等人，夜夜连轴转，有一天，杨春泽夜间在电信机房做割接，头脑有些昏沉，他一脚踩空，被地板上的铁柱刺得腿部鲜血直流，同事吓坏了，被铁器刺伤如不及时处理容易得破伤风呢！杨春泽却毫不在意，同事多次劝说，他才去医院进行清创包扎，而后，回来继续工作。那次回到家，腿上的伤口被妻子发现，问清原委，妻子心疼地责怪道：“工作我不拦你，但你要注意安全呢！”杨春泽连声诺诺，但是一旦投入工作后，他就又进入了近乎忘我的状态。

经常跟杨春泽一起共事的同事们发现一件怪事，即使天气炎热，但只要这天到用户家测试，杨春泽就不带水杯，给他矿泉水也不喝。同事奇怪，就问他：“杨主任，你怎么不喝水？你不渴吗？”杨春泽笑笑：“水喝多了要上厕所，在客户家里会给用户带来不方便。”久而久之，杨春泽养成了在外不喝水的习惯。

杨春泽的领导掩饰不住对他的喜爱，多次说：“不管什么难啃的骨头，交给杨春泽我就百分之百放心！”

2010 年，中国电信大力推进“光纤到户”，但当时现有光测仪器价格高，操作不便。杨春泽顶酷暑、冒风雨、熬通宵，终于研制出一款具有发光、收光和“红光笔”等功能的光测仪，单价从 3500 元降至 600 多元。以前维护人员几个人共用一个设备，现在人手一个，大大提高维护和修障效率。

杨春泽所在的工程建设中心属于南京电信的核心部门，负责宽带接入网、宽带骨干网、WLAN 无线网和校园网等项目的建设。杨春泽觉得，能在工作中发现问题是一种乐趣。抱怨能提供思路，不管哪个环节出现的抱怨，都是一次解决问题的机会。把抱怨当机会，是杨春泽一贯的工作准则。“不方便”“容易坏”“体积大了”……在他的电脑里，密密麻麻地记着自己接触到的各种“抱怨”，这些抱怨声在杨春泽那里，却产生出创新的火花。通过敏锐的观察，杨春泽发现，很多家庭虽然关了电脑，但很容易忘记及时关闭 ADSLMODEM 电源变压器，造成电源变压器和 ADSLMODEM 发热和损坏。盛夏季节，电压不稳，也容易造成用户上网掉线。ADSLMODEM 加上铁疙瘩一样的电源变压器，占插座，占地方。经过几个月的改进，他设计出的“小猫”终于“降伏”了市面上所有的网卡，通过电脑 USB 端口供电的 MODEM，数据仍通过网线传输，还可以和电脑做到同步开关机，用户再也不用担心变压器发热了。同时，每只“小猫”的重量不到传统 ADSLMODEM 的 1/5，节约了原材料。这个创新产品还引起了德国著名的 ADSLMODEM 芯片供应商英飞凌公司的兴趣。

杨春泽铿锵行走在创新之路上，不断刷新事业高度，2011 年，南京电信以“杨春泽”命名的创新工作室正式创立。该创新工作室为广大电信员工提供了梦想成长的土壤、施展才能的舞台，诠释了央企人“大众创新”的责任与担当。

“牡丹花好空入目，枣花虽小结实成。”为政之要，贵在落实；落实之要，贵在执行。要有真抓的实劲、敢抓的狠劲、善抓的巧劲、常抓的韧劲。难事最怕“实干”二字，敢闯敢试、雷厉风行，真抓实干认真干了，难题都能迎刃而解。要敢于站高处振臂高呼，拿出燕子垒窝的干劲、蚂蚁啃骨的韧劲、老牛爬坡的拼劲，对重点难点问题，牵头组织力量协同攻关、重点突破，着力解决涉及全局的突出问题，以点带面，推动全局。善于做榜样，带领职工一环紧着一环拧，一锤接着一锤敲，“投身一线、打赢前线、推进全线”，“领”出头雁效应，“导”出示范效果。

励志延伸

经过层层筛选，华亭煤业集团最终在 2011 年年初选定砚北煤矿采掘专业技术主管、矿井技术领军人才马良慧执掌新窑煤矿。放弃工作多年的老单位，去一个充满机遇和挑战的新地方，马良慧的心情也很复杂。这个喜欢挑战的西北汉子最终还是知难而进，勇敢地站在了命运的面前。

认真梳理矿井在发展中存在的问题后，马良慧迅速进入角色，重新修订完善制度，突出了安全管理和经营管理两条主线；开展班组核算和班组建设工作，建立了一套完备的考核机制，总结形成了“刘金贵班组管理经验”，并大力推广运用；推行对标管理和目标成本管理，有效降低了成本，提高了矿井经营管理水平。

马良慧常说：“我们的工作就是为员工谋利益，而员工最大的利益就是生命。”他对待安全工作总是心细如发，每次下井，大到顶板的支护质量，小到锚杆螺丝的松紧，他都要仔细查看，亲自上手，任何一点安全隐患都不放过。在矿井 4502 工作面回撤、4503 工作面安装期间，马良慧多次召开专题会议，与技术人员一同研究运输环节、巷道准备、安装方案等前期准备工作。那段时间，他几乎每天都要下一次井，和工人一道奋战在工作面回撤、安装现场，职工们都说：“马矿长是个好矿长，更是一个好工友、好大哥。”

“安全是牵扯到千家万户的事儿，要保证矿区和谐稳定就必须抓好安全。”马良慧是这样说的，也是这样做的。在工作中，他坚持对“三违”人员采取处罚与教育并重的原则，让“三违”人员既“丢面子”又“失票子”。对此，有些职工怨气很大，但马良慧却依然“我行我素”，他说：“罚钱不是目的，如果这样做能够保证大家的安全，这个骂声我愿意听。”从这句朴实的话语中，不难听出这个西北汉子的良苦用心和坚定执着。

多年的安全生产管理实践使马良慧意识到，要实现安全发展，就必须依靠科学，进行科学有序的管理。他将现代化管理手段应用到煤炭生产中，组织完成的《工作面运输顺槽与车场石门立体交错布置》《S1201 综放工作面超前深孔爆破研究与应用》《前置式端头液压支架在急倾斜特厚松软煤层综放工作面的开发与应用》等科技项目，分别获得甘肃省煤管局、中国煤炭工业协会科学技术成果奖。

领导干部作为企业中坚群体，身份特殊，责任重大。在新时代“大考”中，我们能不能做出让人民满意的答卷，关键在于领导干部是否有过硬的素质和本领。“我们党要始终成为时代先锋、民族脊梁，始终成为马克思主义执政党，自身必须始终过硬。”对领导干部提出的“五个过硬”要求，是检验自身是否“合格”的“硬标尺”。党的干部，必须做到信念过硬，带头做共产主义远大理想和中国特色社会主义共同理想的坚定信仰者和忠实实践者；必须做到政治过硬，牢固树立“四个意识”；必须做到责任过硬，以钉钉子精神担当尽责；必须做到能力过硬，全面提高领导能力和执政水平；必须做到作风过硬，打赢反“四风”持久战。

崇高事业装满心间

旗帜领航

罗曼·罗兰曾经说：“信仰不是一种学问。信仰是一种行为，它只在被实践的时候才有意义。”任何理想的实现都离不开实践。理想之所以能够成为一种推动人生实践以创造美好生活的巨大力量，就是由于它具有实践性。它不是停留于主观领域，而是进入人们改造世界的活动，化为人们行动的热情和意志，成为一种实践的力量。

习近平总书记用实际行动努力让百姓梦想成真，“人民对美好生活的向往就是我们的奋斗目标”体现的是“夙夜为公”的工作状态。以习近平同志为核心的党中央用实实在在的脚步走近群众，凸显了共产党人执政为民的本色。

楷模风采

陈日新，平朔煤炭工业公司原党委书记、总经理，曾任大同矿务局局长、朔州市政协主席。他以敢闯敢试、敢冒风险的精神，率先引进西方先进经验和设备，使我国改革开放初期首个最大的中外合作项目——平朔安太堡露天煤矿建设项目从开工建设到竣工投产，只用当时我国建设矿山周期的1/4时间，创造了高效率、高科技、高效益、快节奏“三高一快”的平朔模式，推动了我国煤炭工业露天开采水平一步跨越30年，在探索中外合作经营企业模式，为大规模引进外资、合作创办企业发挥了示范引领作用。平朔安太堡露天煤矿被誉为我国改革开放的“试验田”。2018年12月18日，党中央、国务院授予陈日新“改革先锋”称号，评价他为“中外合作‘平朔模式’的创造者”。

30多年前，雁门关外的洪涛山下，一片荒芜，各路建设大军浩浩荡荡开进工地。1982年1月24日，陈日新率领筹备处15名员工上任了。他说：“今天是除夕，咱们就在去安太堡的路上辞旧迎新吧！”

平朔安太堡露天煤矿是我国首个与外方合作的项目，中外合作谈判仍在进行，合同没有签字，建设资金成了最大难题。在当时计划经济的背景下，建设资金短缺、人才技术匮乏……每每遇到困难和非议，邓小平“此事应积极进行，争取时间”的批示就闪现在他眼前。在中央领导的支持下，他积极争取立项投资，协调联系设计施工单位进驻现场，展开了热火朝天的前期筹备工作。在与合作方中国岛溪煤炭有限公司谈判过程中，因国际煤价大幅下跌，有些人对项目能否继续产生了怀疑。面对传言，陈日新坚信，安太堡露天煤矿建设项目是党中央、国务院的战略决策，国家改革开放方针不会变，外国人不干，我们自己干也要干成。在这种信念的影响下，项目保证了现场工作没有停、职工思想没有乱、施工队伍没有散，安太堡露天煤矿的建设朝着既定目标快速推进。陈日新分别从国家计委、煤炭部要到垫拨的3000万元和8200万元，解了燃眉之急。

1987 年 9 月 10 日，安太堡露天煤矿举行投产典礼，这座现代化露天煤矿从动工兴建到竣工投产，只用了短短 26 个月，仅仅相当于当时我国百万吨煤矿建设周期的 1/4，年产原煤 1533 万吨，公司总定员 4500 人，机关干部 140 人，人均效率 30 吨。按照当时国内同等生产规模的井工矿编制，平朔公司的人员编制至少需 8 万人。陈日新坚持简化管理层级，按工作量定职能、定机构、定人员，培养了一支高效精干、技术过硬的人才队伍，实现了“引进外资、引进技术、引进设备、引进管理和培养人才”的目标。

在任安太堡矿联合管理委员会主席期间，陈日新完全可以比照外方人员拿高工资，可他的工资只有外方总经理的 1/30，同生产一线的工人相差无几。他说：“在工资上我们要看国内的左邻右舍，不能学外国！”

1991 年，外方撤出后，安太堡矿面临剥采关系严重失调、设备集中进入大修期等严重困难。在陈日新带领下，安太堡矿成立配件国产化办公室，推行包机管理，优化劳动组合，组建群监队伍，开展节能降耗竞赛，强化内部管理，企业生产和经营很快走上良性循环。三层楼高的巨型运输卡车来来往往，六层楼高的电铲车高大无比，一斗下去能挖 100 吨煤，三斗就能装满一辆 2700 马力的巨型卡车。

两年后，安太堡矿年利润达到 5.2 亿元。经过安太堡矿的实践，2006 年 3 月，安家岭项目建成投产，年产原煤 3450 万吨，是我国第一个实现“投资减半、产量翻番”的煤炭项目。2010 年 12 月，平朔建成我国首座单一的露井联采亿吨级矿区。直至今日，安太堡露天煤矿的成功，仍然为国内大型煤炭企业实行中外合作、联合经营提供着示范引领，为国内露天煤矿的生产和管理提供着可复制的经验和人才团队。

中国软件与技术服务股份有限公司税务事业本部总经理助理刘雪莲，1999 年走上工作岗位，她把自己的青春都献给了国家一号电子政务工程——金税工程。金税工程是世界上年处理能力最强的电子政务工程，承载着国家的“兴税梦”。

在 2011 年至 2014 年“金税三期核心征管及应用总集成项目”开发阶段，刘雪莲主抓对接国家税务总局及各地局方的需求分析工作。面对“金税三期”项目规模大、技术难点多、标准高、工期紧等重重困难，她带领需求团队一直处于“5+2”“白 + 黑”的工作模式，连续几年奔波于全国“金税三期”需求分析现场，并创造性地结合这个项目特点“量体裁衣”。通过改进方法、规范模板，明确标准、量化要求等方式，刘雪莲带领团队建立了一套完整的需求管控体系，使需求分析工作有章可循。在多年的需求分析工作中，坚持用有效的方法指导需求分析团队工作的开展，团队平均每人每周工作 70 小时以上，投入正常工作近两倍的工作量，从而保障“金税三期”项目顺利通过需求分析评审阶段，提升整个项目的进度，保障了国家税收信息化项目顺利上线。

在 2015 —2016 年“金税三期”项目上线推广阶段，刘雪莲坚持冲在第一线，足迹遍布全国 70 个国税、地税省局单位。她深入现场核实情况，对待各项工作亲力亲为，白天开会，晚上验证定位问题、解决问题，认真对待各地方局提出的每一个疑问；仔细分析、合理建议、从容应对，以扎实的专业知识和忘我的工作态度服务于现场客户。她带领需求团队，群策群力攻克了一个又一个难题，有效保障了全国“金税三期”项目的最终实施上线，得到国家税务总局和各地方局的一致好评。

2017 年，中软首次承担全国 70 个省级单位的运维工作，刘雪莲带领团队及时做好系统升级完善的需求分析、系统测试和运维支持工作，制定运维实施规范，细化运维工作流程，定义工作模板，规范填写说明，从工作出发，组织构建内部运维管理平台，做到问题修改有据可依，问题处理可追溯可跟踪，实现运维工作全流程管理，确保了全国各单位金三系统“首个运维年”平稳运行。

2018 年，除了“金税三期”运维工作之外，中软又迎来国务院机构改革下的国地税合并任务。刘雪莲又带领团队在各地驻点保障国地税信息系统合并分析工作，深入分析，制订 10 多类专题方案以及分步实施计划，指导团队全面梳理原国地税系统功能、参数、消息、待办任务、数据同步等处理逻辑，合理设计改造系统；并同步发布实施手册，根据改革工作方案要求稳步推进，持续提升优化系统相关业务办理，坚决配合全国各地方局完成国地税合并。

励志延伸

黄桂云 1992 年参加工作，当时有多个工作岗位和专业供她选择，她义无反顾地选择所学专业绿化。2007 年，三峡集团公司组建三峡苗圃研究中心（长江珍稀植物研究所前身），让她主持研究中心的工作，负责三峡地区特有珍稀植物抢救保护工作。为了学习珍稀植物保护知识，她每天工作到半夜 12 点，查阅大量文献资料，多次参加全国性学术交流会，虚心向国内从事珍稀植物保护专家请教。

为了做好珍稀植物保护，黄桂云凭着一双腿，几乎踏遍了库区 5.5 万平方公里的山山水水、溪沟田壑，对三峡坝库区的地形地貌、立地条件、林种结构、林木生长等情况都了然于胸，被同事们誉为“活字典”“活地图”。她深入珍稀植物原生地实地调查，忍受着野外工作蚊虫叮咬、毒蛇出没带来的恐惧，在荆棘丛生的深山峡谷中穿梭，睡的是帐篷、啃的是干粮、喝的是泉水，风吹日晒，皮肤裂了，脸晒黑了，她从没叫过一声苦、喊过一声累。有一次，她脚底一滑，差点从几十米高的悬崖上摔下去，那“惊魂一刻”让同伴们至今都记忆犹新。腿脚手臂被荆棘划伤了，她扯一把药草，用嘴巴一嚼，敷在伤口上，用布条一缠就接着干活。

2008 年，黄桂云在三峡坝库区巴东、巫山等地野外考察时，发现海拔 1000 多米的滑坡山体上，生长着国家一级重点保护的红豆杉、珙桐等珍稀树种。她专程去北京找中国林科院齐力旺教授，请教如何保护这些珍稀植物和名贵树种。齐教授说，珍稀植物之所以稀少，最重要的原因在于它们对生长环境特别挑剔，引种移栽是保护它们的通常做法。三峡坝库区地表都是花岗岩风化砂，引种移栽珙桐和红豆杉，很难成活。

黄桂云不服输，也不甘心。她为了深入了解红豆杉、珙桐的生长环境，在引种之前，爬到它们野生地的树林里搭起了帐篷，住了一个多月，每天观察记录它们生长的光、热、水、气以及土壤条件指标数据，掌握了第一手资料，黄桂云就更有把握了。在移栽树种的时候，她按照“生境相似性”原理，特意从它们的“老家”运来一车原土，把周围那些灌木、野草、藤蔓都一起“移民”。为了保证珍稀植物在新家中能够成活，她带领科研人员为珙桐搭建了几十米高的遮阴网，安装迷雾系统，营造适宜生长的小环境。为了增强红豆杉表土的透气性，黄桂云想到医院抢救病人时常使用呼吸机，也为它安上了带透气孔的 PVC 管，让它自由呼吸透气、成活生长。在黄桂云心中，这些珍稀植物就像自己的孩子一样，需要精心呵护、陪伴成长。通过她的努力，引种珙桐在低海拔区成功开花结果，在华中地区尚属首例；红豆杉结出了粒粒饱满的相思红豆，这是对她多年来默默守护珍稀植物最丰厚的褒奖。

2011 年，黄桂云主持编写了《三峡珍稀植物研究引种图册》，为三峡特有珍稀植物引种提供理论指引和技术参照；2016 年，她主编了《三峡基地引种植物图鉴》，并在核心期刊上发表专业论文 20 余篇。

截至 2018 年年底，该植物所完成了 516 种 18720 株三峡特有珍稀植物的引种工作，移栽成活率达到 90% 以上，并建立了“一树一档案”，详细记录引种珍稀植物生长状况，三峡工程建设受影响的 500 余种植物全部得到有效的保护。通过黄桂云的努力，疏花水柏枝、荷叶铁线蕨、珙桐、红豆杉等特有珍稀濒危植物，从悬崖陡壁或溪沟荒滩中被移栽到三峡坝库区，在这里安了“新家”。

2018 年 4 月 24 日，习近平总书记来到三峡坝库区，察看三峡工程和坝库区周边生态环境，在大坝左坝首的长江珍稀植物科研示范区里亲手栽种了一棵楠木树，黄桂云在现场向习近平总书记汇报了三峡坝库区生态保护情况，并获得习近平总书记的赞扬：三峡坝区风景如画，生态环境保护得很好。黄桂云立志要牢记习近平总书记的高度肯定和殷切期望，继续发扬攻坚克难精神，不断攀登新的高峰，为生态三峡、美丽中国贡献全部力量。